金元医籍语言研究
—— 以词语考释和量词为考察对象

涂海强 ○ 著

四川大学出版社

图书在版编目（CIP）数据

金元医籍语言研究：以词语考释和量词为考察对象 / 涂海强著. — 成都：四川大学出版社，2023.6
（语言与应用文库）
ISBN 978-7-5690-5896-3

Ⅰ. ①金… Ⅱ. ①涂… Ⅲ. ①中医典籍－古汉语－研究－辽宋金元时代 Ⅳ. ①H109.2

中国版本图书馆 CIP 数据核字（2022）第 255287 号

书　　名：	金元医籍语言研究——以词语考释和量词为考察对象
	Jin-Yuan Yiji Yuyan Yanjiu——yi Ciyu Kaoshi he Liangci wei Kaocha Duixiang
著　　者：	涂海强
丛 书 名：	语言与应用文库
丛书策划：	张宏辉　黄蕴婷
选题策划：	徐　凯　余　芳
责任编辑：	徐　凯
责任校对：	毛张琳
装帧设计：	墨创文化
责任印制：	王　炜
出版发行：	四川大学出版社有限责任公司
地　　址：	成都市一环路南一段 24 号（610065）
电　　话：	（028）85408311（发行部）、85400276（总编室）
电子邮箱：	scupress@vip.163.com
网　　址：	https://press.scu.edu.cn
印前制作：	四川胜翔数码印务设计有限公司
印刷装订：	四川省平轩印务有限公司
成品尺寸：	170 mm×240 mm
印　　张：	16.5
字　　数：	280 千字
版　　次：	2023 年 7 月 第 1 版
印　　次：	2023 年 7 月 第 1 次印刷
定　　价：	78.00 元

扫码获取数字资源

本社图书如有印装质量问题，请联系发行部调换

版权所有 ◆ 侵权必究

四川大学出版社
微信公众号

目 录

绪 论 …………………………………………………………（ 1 ）

第一章　金元医籍的语言特点与语料价值 …………………（ 20 ）
　第一节　语言特点 ……………………………………………（ 20 ）
　第二节　语料价值 ……………………………………………（ 24 ）
　小 结 …………………………………………………………（ 28 ）

第二章　金元医籍词语考释 …………………………………（ 29 ）
　第一节　动词 …………………………………………………（ 29 ）
　第二节　名词 …………………………………………………（115）
　第三节　形容词 ………………………………………………（135）
　第四节　他类词 ………………………………………………（161）
　小 结 …………………………………………………………（164）

第三章　金元医籍量词研究 …………………………………（169）
　第一节　医籍量词语料 ………………………………………（169）
　第二节　医籍量词类型 ………………………………………（170）
　第三节　量词系统历时比较 …………………………………（233）
　小 结 …………………………………………………………（238）

参考文献 ………………………………………………………（243）

绪　论

一、国内外研究现状

金元医籍是中国古代医籍文化的宝贵遗产。《四库全书总目提要》指出"医之门户分于金元",既表明了金元医籍的重要,也揭示了金元时期"医学争鸣,学派蜂起"的历史现实。这一时期先后涌现了刘完素、张从正、李东垣和朱震亨四位中医学大师,人称"金元四大家",他们推动了中医学的发展。时至今日,与他们相关的金元医籍文献已得到了挖掘、整理。学界影印和点校编纂了《金元四大家医学全书》,这是中医界的一大瑰宝,也是研究金元医籍语言现象的重要参考资料。当前,学界对医籍文献的研究多集中在先秦两汉的医籍与出土的帛书、医简和敦煌医药文书上,如马王堆汉墓帛书、武威汉代医简、张家山汉简、敦煌汉简医药简、居延汉简医药简、居延新简医药简、敦煌吐鲁番医药文书等,而对金元医籍文献的语言研究较少。金元医籍承前启后,具有重要的中医学史和汉语史地位,对其进行研究将有补中医医籍研究的不足,其中的医籍词语与文字、音韵、训诂理论密切相关,主要表现在以下几个方面。

(一) 中医古籍与训诂

中医古籍属于经、史、子、集中的子,在中国文献史上占有重要地位。成书于战国时期的《黄帝内经》是我国现存最早的一部医学文献,以假托黄帝、岐伯问答的形式连缀成文,是一部以医理为主,倡导辨证论治,兼论针灸、方药的医学著作。后代中医家如张仲景、孙思邈、杨士瀛、朱丹溪、李时珍、王肯堂、汪昂等,都是在前人的基础上,"勤求古训,博采众长",形成了自己的中医典籍。

1. 训诂研究

20世纪80年代，中医古籍开始引起学界的关注。众多学者运用传统训诂学的方法整理中医文献。如崔仲平认为训诂是中医古籍整理的一项重要内容，主要包括注字音、释通假、正字形、解词义、详出处、明句义等。① 邱纪凤在《中医文献学的地位和作用》②一文中提出了中医文献学的任务：辨章学术，考镜源流，推荐好书，指引读者。他认为中医文献学应是中医科学者的必修课，其中"辨章学术、考镜源流"就涉及训诂学。在中医古籍整理中，日益突出的训诂问题促使钱超尘撰写了专著《中医古籍训诂研究》，此书成为中医古籍训诂学的典范之作。训诂学家陆宗达先生称赞钱超尘有首创之功，认为其专著"运用训诂学原理，研究和阐述了中医古籍的训诂特点、方法、成就和历史发展，不但扩大了传统训诂学的应用范围，而且对于研究和整理中医古籍，也是很有意义的"③。全书共三章十三小节，23万字。此书出版后，不少学者撰文对其进行介绍，如杨帆《推荐〈中医古籍训诂研究〉专著》④、崔仲平《茫茫坠绪寸心织——钱超尘〈中医古籍训诂研究〉评介》⑤、钱超尘《介绍一部中医古籍训诂力作》⑥等。

20世纪90年代，在钱超尘的引领下，出现了一大批运用训诂学方法研究中医古籍的学者，成果丰硕。如徐又芳在《天津中医学院学报》第1期、第3期、第4期上先后发文介绍了中医古籍的训诂方法，认为中医古籍的训诂内容"应包括解释词义、分析句读、注明读音、阐明语法、说明修辞手段、阐述医理、串讲大意等"，指出说解词义可以从形、音、义入手，直说词义有"同训、分训、互训、递训、标明义界、以共

---

① 崔仲平：《中医古籍整理工作中的训诂问题》，载于《吉林中医药》，1984年第4期、第5期。
② 邱纪凤：《中医文献学的地位和作用》，载于《云南中医学院学报》，1984年第2期。
③ 钱超尘：《中医古籍训诂研究》，贵州人民出版社，1988年版，第110页。
④ 杨帆：《推荐〈中医古籍训诂研究〉专著》，载于《中医药文化》，1989年第1期。
⑤ 崔仲平：《茫茫坠绪寸心织——钱超尘〈中医古籍训诂研究〉评介》，载于《中医药文化》，1989年第3期。
⑥ 钱超尘：《介绍一部中医古籍训诂力作》，载于《贵阳中医学院学报》，1995年第3期。

名释别名"等多种方式。①

王熠在《详于训诂 言必有据——〈研经言〉特色谈》②一文中指出《研经言》运用训诂学知识阐述医学问题，自成一体。《研经言》一书分为论、说、释、解、辨五类，有基础理论、诊断方法、辨证辨病、治疗方法、方剂、药物、书籍评价七个方面的内容，其中便有训诂学的内容，如《鼠瘘解》篇云："鼠当为窜，鼠性善窜，故窜字从鼠，鼠字即通窜。……窜俗作串，瘘与疬为双声……疬患即串瘘之倒言也。鼠如字读，则与注为声转，瘘与流为声同，流注即鼠瘘之倒言也。"

21世纪初，学界开始深入挖掘医籍文献中的训诂学思想与价值。如宋书功《清儒医籍训诂研究之一——〈广雅疏证〉与医籍书证》③指出王念孙父子在《广雅疏证》中征引了大量的医籍词语书证，有261条，约占全部词条的1/9，如《素问》《灵枢》《伤寒论》《金匮要略》《周礼·周官·医师》《养生论》《抱朴子·黄白篇》《范汪方》《服食经》《史记·扁鹊仓公列传》等，认为王氏父子运用训诂学的方法对中医古籍进行了"勘误纠谬"，是清代中医古籍研究的代表作。段逸山《训释文理 阐发医理——古医籍注释举要》④一文提出阅读古医籍应当借鉴前人注释，探求文理，发掘医理，少走弯路。如"后饭""先食"等词语，《汉语大词典》等语文辞书未收，前者见于《素问·腹中论》"以五丸为后饭"，后者见于《伤寒论·辨太阳病脉证并治》"先食温服五合"。刘丹、赖文在《中医古籍训诂当注重名实考据》⑤一文中提出"辨别名实"应成为中医古籍的一项训诂内容。王姝琛、崔为在《〈联绵字谱〉及其

---

① 徐又芳：《中医古籍训诂方法简论（一）/（二）/（三）》，载于《天津中医学院学报》，1989年第1期，1990年第3期，1995年第4期。
② 王熠：《详于训诂 言必有据——〈研经言〉特色谈》，载于《中医文献杂志》，2000年第1期。
③ 宋书功：《清儒医籍训诂研究之一——〈广雅疏证〉与医籍书证》，载于《北京中医药大学学报》，2000年第1期。
④ 段逸山：《训释文理 阐发医理——古医籍注释举要》，载于《医古文知识》，2001年第3期。
⑤ 刘丹、赖文：《中医古籍训诂当注重名实考据》，载于《医古文知识》，2004年第2期。

对中医古籍训诂的启示》[1]一文中采用分类整理的研究方法，通过联绵词训释中医古籍。这一时期还涌现出中医训诂方面的代表作，推动了汉语史与中医古籍的跨科学研究。如张显成在其专著《先秦两汉医学用语汇释》[2]中运用"聚合求义"词汇学理论，考释了"内廉""外廉""上廉""下廉""前廉""后廉""内侧""外侧""上侧""下侧""前侧"等方位词语，指出出土医籍文献具有历史词汇学价值，可以"提供词语语源，订补词语训释，增补词语，词语用例补缺，提前'始见书'"。陈瑜、许敬生在《简论清代五位著名医家在〈内经〉训诂方面的成就》[3]一文中论述了张志聪、尤怡、黄元御、陆懋修、周学海五位清代医家在《内经》训诂方面的成就，如确定义界、综释全句、单列训词、评述考证等。黄作阵的博士学位论文《近30年中医训诂成就研究》[4]全面系统地总结了30年来中医训诂取得的成就，列举了主要代表人物与著作，如钱超尘《中医古籍训诂研究》、陈竹友《简明中医训诂学》、王筑民《中医古籍训诂概论》、郭霭春《黄帝内经素问校注语译》、马继兴《马王堆古医书考释》、李今庸《古医书研究》、张纲《中医百病名源考》等，填补了中医训诂史研究的空白。黄作阵在《训诂学与中医古籍研究》[5]一文中认为"中医训诂，不仅是我们与古人沟通的桥梁，而且这些训诂本身就含有很多的中医理论和临床经验，因此中医古籍中的训诂与古代的中医文献一样，都是我们学习中医的宝贵财富"，并指出文字语言训诂是解读中医文本的关键。其又在《〈中医古籍训诂概论〉在中医训诂学方面的贡献》[6]一文中评介了王筑民、辛维莉合著的《中医古籍训诂概论》，认为该著作是对钱超尘《内经语言研究》《中医古籍训诂

---

[1] 王姝琛、崔为：《〈联绵字谱〉及其对中医古籍训诂的启示》，载于《长春中医药大学学报》，2004年第3期。
[2] 张显成：《先秦两汉医学用语汇释》，巴蜀书社，2002年版，第83页。
[3] 陈瑜、许敬生：《简论清代五位著名医家在〈内经〉训诂方面的成就》，载于《江西中医学院学报》，2005年第4期。
[4] 黄作阵：《近30年中医训诂成就研究》，北京中医药大学博士学位论文，2006年。
[5] 黄作阵：《训诂学与中医古籍研究》，载于《中华中医药学会会议论文集》，2008年，第13~16页。
[6] 黄作阵：《〈中医古籍训诂概论〉在中医训诂学方面的贡献》，载于《贵阳中医学院学报》，2011年第5期。

《研究》的继承与发展。

21世纪以来，学界更加重视训诂学在古医籍整理方面的运用，也关注了中医古籍训诂中出现的问题。如王育林的《中医古籍的几个问题》[①]一文从六个方面展开论述，即要借鉴文史古籍训诂经验，训诂的准备，训诂方法和适用条件，训诂的原则，形训、声训的滥用，训诂中辞书的使用。付艾妮的《训诂学在中医古籍整理研究中的运用》[②]一文主要从医籍词义诠释、本草学著作名物训诂、校勘与训诂结合整理医籍。

2. 词语考释

（1）疑难词语考释

20世纪80年代，学界就开始了中医古籍词语的训诂工作。如崔仲平在《医籍形训拾零》[③]一文中通过因形求义考察了医籍词语的形训，如"尺"与"寸"；在《医籍声训二百例》[④]一文中，通过因声求义考察了医籍词语的声训，如"散，制之以散者，散也。（龚廷贤《寿世保元》）""疢，久也，久在体中也。（《释名·释疾病》）"。李宁身在《"须臾"小考》[⑤]一文中认为"每一须臾"是四十八分钟。胡止犀在《医籍训诂举隅（一）/（二）/（三）》[⑥]一文中指出"罢极"即"止息疲倦"，"解㑊"为"懈堕"，"偻附"是"附娄倒文"，"浑"当读为"滚"，本字是"混"，"浑浑革至如涌泉"中的"浑浑"实则为"滚滚"，指"脉气滚滚（混混）急来如涌泉之状"。杨骏在《"一夫法"考略》[⑦]一文中确定"一夫法"适用于上肢和下肢定位取穴，不适用于腹部直寸和背部横寸。刘时觉《释醫字》[⑧]一文认为"醫"有两个古义：一是医生，二是

---

① 王育林：《中医古籍的几个问题》，载于《中华中医药学会会议论文集》，2012年，第4~11页。
② 付艾妮：《训诂学在中医古籍整理研究中的运用》，载于《中医学报》，2013年第11期。
③ 崔仲平：《医籍形训拾零》，载于《中医药文化》，1985年第2期。
④ 崔仲平：《医籍声训二百例》，载于《新疆中医药》，1985年第3期。
⑤ 李宁身：《"须臾"小考》，载于《中医函授通讯》，1985年第6期。
⑥ 胡止犀：《医籍训诂举隅（一）/（二）/（三）》，《湖北中医杂志》，1986年第3期、第4期、第5期。
⑦ 杨骏：《"一夫法"考略》，载于《云南中医学院学报》，1986年第4期。
⑧ 刘时觉：《释醫字》，载于《四川中医》，1987年第3期。

饮料。马大正在《"带下"词义转化时间考》①一文中指出"带下"在东汉时期进入"病带"范围；到了晋代，医家以"崩"或"漏"来形容病带；隋代，《诸病源候论》首次用"带下"为病带定名，言及病因病理；唐代，人们对"带下"的词义转化为病带的认识进一步巩固、深化，如孙思邈《千金方》拓展了"赤白带下"的范围，包括白崩、白漏、十二症的病带。

20世纪90年代以来，中医古籍词语考释如雨后春笋般涌现，但成果比较零散，系统性不强。如高伯正、郭选贤在《尺寸口本义来历考》②一文中考释了尺与寸口的命名本义及来历，认为尺是"字形指事，尸是横体，引申特指为非常态竖伸的横上肢；乙是折屈，又是标志，自当是上肢屈肘而得的显露在外的可度量物长的尺骨"；寸口是"以其位言，义为近，寸骨处之口"。郑少祥《〈灵枢经〉"迎""随"含义探讨》③一文中认为"迎""随"涉及补泻原则、时机与补泻刺激量。陈贻庭在《古籍中表示"病愈"意义的词》④一文中区别了"病愈"同义词的语源、隐含义和用法，如"病愈"的同义词是秦汉前产生的痊、愈、瘥、瘳、间、起、已和止。周一谋在《"一伏时"考》⑤一文中指出"一伏时"意为"一复时"，即二十四小时。张丽君在《"肸膊"考释》⑥一文中认为"肸膊"即"肪膊"，指猪肉的脂肪。田树仁在《就咬咀一词答杨逢彬先生》⑦一文中指出"咬咀"即由捣碎的工具引申为捣碎的动作与方法。

进入21世纪，对中医古籍词语的考释更加深入，出现了专书医籍

---

① 马大正：《"带下"词义转化时间考》，载于《贵阳中医学院学报》，1988年第1期。
② 高伯正、郭选贤：《尺寸口本义来历考》，载于《中医药研究》，1990年第1期。
③ 郑少祥：《〈灵枢经〉"迎""随"含义探讨》，载于《浙江中医杂志》，1994年第12期。
④ 陈贻庭：《古籍中表示"病愈"意义的词》，载于《福建中医学院学报》，1994年第4期。
⑤ 周一谋：《"一伏时"考》，载于《湖南中医学院学报》，1994年第4期。
⑥ 张丽君：《"肸膊"考释》，载于《古汉语研究》，1995年第1期。
⑦ 田树仁：《就咬咀一词答杨逢彬先生》，载于《医古文知识》，1995年第1期。

词语考释。方有国在《医籍词语札记》[①]一文中考释了段逸山主编的高等医学院校教材《医古文》和宋书功主编的中医自学辅导教材《医古文》中的几个词条，如"适其脉""卒寒""百日方治""坐""豆比"等，认为"适其脉"即"谛其脉"，指"细察病人的脉象"，"适"与"谛"为通假字。李其忠等在《中医古今病、证命名源流辨析》[②]一文中指出金元前的医籍泛用"病""证"，明清医籍"证""症"并用。范开珍、谭庆刚在《古医籍的词语探微》[③]一文中通过词语比较与分类，提出古医籍词语的运用规律，如古今皆用而词义范围发生变化，古今皆用而形同义不同等。傅海燕在《〈黄帝内经〉"疾"与"病"的辨析及其意义》[④]一文中指出"疾"泛指疾病，非轻病；"病"有"疾加"义，表病情加重，泛指疾病，非重病。这些专书医籍词语考释极大地推动了汉语史的研究。另有不少论文亦对中医古籍词语进行了研究。郭颖在博士学位论文《〈诸病源候论〉词语研究》[⑤]中训释了同义词，如"恶露、恶血、秽露、秽汁、秽液、孤浆"等，指出了同义词形成的内部原因与外部原因。曹小云在《〈洗冤集录〉词语札记》[⑥]一文中考释了"觉举"（指自我检举）、"虚怯"（指身上不堪打击的虚弱之处）、"口词"（指口供）、"声说"（指说明、指出）、"翻异"（指翻供）等词，认为医籍词语考释可以补正《汉语大词典》释义、首见书证的缺失。贾成祥的《"涂地"与"涂炭"辨》[⑦]，鲍健欣的《刍议"丁"与"疔"》[⑧]，金栋的

[①] 方有国：《医籍词语札记》，载于《文献》，2000年第2期。
[②] 李其忠、李孝刚、胡冬裴等：《中医古今病、证命名源流辨析》，载于《上海中医药大学学报》，2001年第1期。
[③] 范开珍、谭庆刚：《古医籍的词语探微》，载于《湖北民族学院学报》，2001年第1期。
[④] 傅海燕：《〈黄帝内经〉"疾"与"病"的辨析及其意义》，载于《医古文知识》，2003年第4期。
[⑤] 郭颖：《〈诸病源候论〉词语研究》，浙江大学博士学位论文，2005年，第38页。
[⑥] 曹小云：《〈洗冤集录〉词语札记》，载于《安徽师范大学学报（人文社会科学版）》，2006年第4期。
[⑦] 贾成祥："涂地"与"涂炭"辨，载于《中华中医药学会全国第十七届医古文学术研讨会议论文集》，2008年，第16～18页。
[⑧] 鲍健欣：《刍议"丁"与"疔"》，载于《广州中医药大学学报》，2010年第1期。

《"撞客"考识》①，刘华珍、徐子亮的《"留饮"浅析》②，袁开惠等的《中医古籍词语考释三则》③，吕有强、袁仁智的《武威汉代医简"骆苏"考辨》④，刘佳缘、王宇等的《"辨证论治"词语源流考》⑤，宁静、王育林的《〈素问〉〈伤寒论〉〈金匮要略〉"几几"考》⑥等文则考释了医籍中的零星词语。宁静先后发表了《论髁的释义及演变》与《中医古籍涉医性状词研究运用的训诂方法》⑦两篇文章，后者运用因形求义、因声求义、因源求义、因文求义和因实求义的训诂方法，训释了"嘿嘿""施""几几""漐习""翕翕""蒸蒸""熇熇""喝喝"等医籍词语，吕彦在《中医语言中的"鬼""神"》⑧一文中考释了医籍中的"鬼""神"二词。

(2) 药名考释

20世纪80年代开始，学者从医理和文理角度对药名做了大量的考释工作，解决了很多疑难问题。单篇论文有王米渠、陈能进的《远志益智考》⑨，张显成的《简帛医书中的中药异名》⑩《马王堆医书疑难药名考释二则》⑪，王可成、王虹的《胡麻名考》⑫等。八九十年代的药名考释以孙启明、尚志钧、张延昌、张显成等的研究为代表，为中医药历史

---

① 金栋：《"撞客"考识》，载于《甘肃中医》，2010年第3期。
② 刘华珍、徐子亮：《"留饮"浅析》，载于《中医药通报》，2012年第5期。
③ 袁开惠、陈惠娟、孙文钟等：《中医古籍词语考释三则》，载于《北京中医药大学学报》，2013年第6期。
④ 吕有强、袁仁智：《武威汉代医简"骆苏"考辨》，载于《西部中医药》，2015年第10期。
⑤ 刘佳缘、王宇、陈艳焦等：《"辨证论治"词语源流考》，载于《上海中医药杂志》，2016年第6期。
⑥ 宁静、王育林：《〈素问〉〈伤寒论〉〈金匮要略〉"几几"考》，载于《北京中医药大学学报》，2018年第1期。
⑦ 宁静：《论髁的释义及演变》，载于《北京中医药大学学报》，2018年第4期；《中医古籍涉医性状词研究运用的训诂方法》，载于《吉林中医药》，2018年第12期。
⑧ 吕彦：《中医语言中的"鬼""神"》，载于《语言文字周报》，2020年4月16日第007版。
⑨ 王米渠、陈能进：《远志益智考》，载于《云南中医学院学报》，1986年第2期。
⑩ 张显成：《简帛医书中的中药异名》，载于《医古文知识》，1994年第2期。
⑪ 张显成：《马王堆医书疑难药名考释二则》，载于《甘肃中医学院学报》，1996年第4期。
⑫ 王可成、王虹：《胡麻名考》，载于《中药材》，1997年第9期。

与语言文字研究提供了珍贵的资料，如孙启明的药名考释系列论文①、尚志钧的药名考释系列论文②、张延昌、朱建平的专著《武威汉代医简研究》③、张显成的专著《简帛药名研究》④。其他药名研究还有夏纬英的《植物名释札记》⑤、李海霞的《汉语动物命名研究》⑥、钱超尘的《本草名物训诂发展简史》⑦、谭宏姣的《古汉语植物命名研究》⑧、李婵婷的《张仲景医籍药物名词研究》⑨、焦振廉等的《中医古籍中的药名俗写及整理思路》⑩、周祖亮的《简帛医籍动植物类疑难药名例考》⑪、石雨的《〈备急千金要方〉医学名物词研究》⑫、涂海强的《〈本草纲目〉药名词汇的认知研究》⑬。可以说，药名的考释为医籍文献的阅读提供了极大的便利，扫清了诸多障碍。

---

① 孙启明：《〈五十二病方〉仆累考》，载于《中成药研究》，1983年第5期；《〈五十二病方〉骆阮、白苦、苦浸考》，载于《中成药研究》，1984年第8期；《越鞠丸方名何释?》，载于《中医杂志》，1987年第12期；《话说党参》，载于《家庭中医药》，1994年第2期；《〈五十二病方〉鹊棠考辨》，载于《中华医史杂志》，1995年第4期；《〈五十二病方〉"蘪芜本"别释》，载于《中华医史杂志》，1997年第2期。

② 尚志钧：《〈五十二病方〉"蚖、蛇、全虫蜕"考释》，载于《中药材》，1985年第5期；《〈五十二病方〉"堇葵""毒堇""苦""仆累"考释》，载于《中药材》，1986年第6期；《〈五十二病方〉药物厚柎、朴、白付考释》，载于《中药材》，1987年第2期；《〈五十二病方〉药物丹、水银、青考释》，载于《中药材》，1987年第5期；《〈五十二病方〉药物"蒿、青蒿、白蒿"考释》，载于《中药材》，1988年第6期；《〈本草经〉"苦菜"释》，载于《中药材》，1989年第2期。

③ 张延昌、朱建平：《武威汉代医简研究》，原子能出版社，1996年版。
④ 张显成：《简帛药名研究》，西南师范大学出版社，1997年版。
⑤ 夏纬英：《植物名释札记》，农业出版社，1990年版。
⑥ 李海霞：《汉语动物命名研究》，载于《古汉语研究》，2001年第2期。
⑦ 钱超尘：《本草名物训诂发展简史》，载于《中华中医药学会会议论文集》，2002年，第19~79页。
⑧ 谭宏姣：《古汉语植物命名研究》，浙江大学博士学位论文，2004年。
⑨ 李婵婷：《张仲景医籍药物名词研究》，广西师范大学硕士学位论文，2007年。
⑩ 焦振廉、武文筠、任杰：《中医古籍中的药名俗写及整理思路》，载于《江西中医药》，2012年第9期。
⑪ 周祖亮：《简帛医籍动植物类疑难药名例考》，载于《农业考古》，2013年第4期。
⑫ 石雨：《〈备急千金要方〉医学名物词研究》，北京中医药大学博士学位论文，2014年。
⑬ 涂海强：《〈本草纲目〉药名词汇的认知研究》，浙江大学出版社，2017年版。

(3) 病名考释

20 世纪 90 年代以来，学者考释的"病名"成果零散而丰富，此处仅略举几例，如刘士敬的《几种古病名正义》[①]，草人的《"瘭"与"瘭病"考释》[②]，金栋的《"卒中"病名考》[③]，蒋路、杜武勋的《"胸痞"病名初探》[④]，李亚惠、赵红霞、高蕊的《中医郁证病名解析》[⑤]，郭培杰的博士学位论文《古医籍中厥病的文献研究》[⑥]，董野的博士学位论文《〈黄帝内经〉肾系疾病名义研究》[⑦]，杨颖的硕士学位论文《基于古文献对哮病的研究》[⑧]，刘文锋的硕士学位论文《秦汉痹症病名研究》[⑨]等。

3. 文字训释

20 世纪 80 年代，学界已关注到医籍训诂涉及的文字问题。如杨沛煊的《医籍通假句读举隅》指出："古籍文字，通假为多，后人读书，务必探其本字，依本字读，方能怡然理顺，如以假借之字领会，则隔阂难迈，致差之毫厘，谬以千里。汉唐学者对经籍之传注，虽以毛郑之精，犹多误解，而况其余。医籍自《内经》始，自齐梁全氏以降，隋唐及宋，交相训解，代不乏人，前贤诂训，便于后学，惟疏于字音通假，致曲训误诂，仍不乏其例。"[⑩] 陈增岳在《医用古籍通假字训诂举误》[⑪]中举例训释了"懒"是"癞"的借字；"蒋"是蒋席，非床；"跋胡疐尾"比喻进退两难；"邠"非"苏"借字，"邠"与"舒"是古今字，"邠"本为地名；"尸咽"不存在声训，是病症名。李戎的《研究通假字、古

[①] 刘士敬：《几种古病名正义》，载于《中医药学报》，1998 年第 6 期。
[②] 草人：《"瘭"与"瘭病"考释》，载于《医古文知识》，2001 年第 3 期。
[③] 金栋：《"卒中"病名考》，载于《世界中西医结合杂志》，2009 年第 3 期。
[④] 蒋路、杜武勋：《"胸痞"病名初探》，载于《浙江中医杂志》，2020 年第 5 期。
[⑤] 李亚惠、赵红霞、高蕊：《中医郁证病名解析》，载于《中国中医基础医学杂志》，2020 年第 4 期。
[⑥] 郭培杰：《古医籍中厥病的文献研究》，北京中医药大学博士学位论文，2013 年。
[⑦] 董野：《〈黄帝内经〉肾系疾病名义研究》，辽宁中医药大学博士学位论文，2014 年。
[⑧] 杨颖：《基于古文献对哮病的研究》，南京中医药大学硕士学位论文，2019 年。
[⑨] 刘文锋：《秦汉痹症病名研究》，福建中医药大学硕士学位论文，2020 年。
[⑩] 杨沛煊：《医籍通假句读举隅》，载于《云南中医学院学报》，1986 年第 3 期。
[⑪] 陈增岳：《医用古籍通假字训诂举误》，载于《中国语文》，1998 年第 1 期。

今字与区别字对于中医文献整理的意义——医籍校勘整理问题之四》[1]一文将"区别字"引进中医药学术界，认为"区别字"可以充实和完善中医文字学、训诂学的内容，使"中医文献语言学"和中医辞书的编纂以及医籍的校勘整理更加科学化，有利于中医药工作者和学习者更好、更深刻地理解医籍的文理和医理。范登脉、赖文在《俗字研究在古医籍整理中的应用》[2]一文中，以仁和寺本《太素》整理为例，提出俗字研究对中医古籍整理具有重要意义：订正文字讹误、揭示传本讹误原因、训释疑难词语。文字训诂方面代表性的博士学位论文有南京师范大学沈澍农的《中医古籍用字研究——中医古籍异位字研究》[3]。另外，涉及医籍文字训释的专著有李从明的《〈本草纲目〉字词句研究》[4]和李戎的《中医药通假字字典》[5]。

4. 音韵研究

学界对中医古籍音韵学的研究始于20世纪80年代。如张世禄的《汉语音韵学与中医典籍》[6]强调了汉语音韵学对研读中医典籍的重要性。李鼎在《"病"字的古音》[7]一文中认为"疕"是"病"字的古音。明德的《中医典籍中的音韵问题》[8]研究了中医典籍中的双声叠韵联绵词（如"瘰疬""关格""芎䓖"等），通假字（如"剂"假作"齐"、"厌"假作"魇"等），同音或音近相代（如天冬、麦冬，作天门冬、买门冬），药名弃本字用同音或音近字，同物异名，一词多译，声转，声

---

[1] 李戎：《研究通假字、古今字与区别字对于中医文献整理的意义——医籍校勘整理问题之四》，载于《医古文知识》，2000年第2期。

[2] 范登脉、赖文：《俗字研究在古医籍整理中的应用》，载于《中华医史杂志》，2000年第3期。

[3] 沈澍农：《中医古籍用字研究——中医古籍异位字研究》，南京师范大学博士学位论文，2004年。

[4] 李从明：《〈本草纲目〉字词句研究》，上海中医药大学出版社，1998年版，第13页。

[5] 李戎：《中医药通假字字典》，上海科学技术出版社，2002年版。

[6] 张世禄：《汉语音韵学与中医典籍》，载于《中医药文化》，1985年第1期。

[7] 李鼎：《"病"字的古音》，载于《中医药文化》，1986年第2期。

[8] 明德：《中医典籍中的音韵问题》，载于《西北民族大学学报（哲学社会科学版）》，1987年第1期。

训,同源字,歌诀押韵等。郝印卿的《奔豚音义考辨》[①]训释了"奔豚"一词,认为其义为小猪。

进入 21 世纪,学界更加注重音韵学理论在中医古籍研究中的运用,重视字音与字义的考订,出现了众多的研究成果。如戚燕平的《从音韵学角度探讨医籍语言现象及其规律》[②]、鲍晓东的《传统音韵学在古医籍整理研究中的应用》[③]、彭馨的硕士学位论文《两宋医籍音注研究》[④]、范开珍的《从医籍中看"工"的音义嬗变》[⑤]、李书田的《音韵与古医籍的读校之研究》[⑥]、魏晓光的硕士学位论文《中医药古籍中的释音研究》[⑦]、何丽敏的《帛书〈五十二病方〉通假字语音关系研究》[⑧]、刘敬林的《〈本草纲目〉"酾"字音义》[⑨]等。

此外,还有学者结合方言研究医籍文献里的语音现象。如张妮的《〈本草纲目〉音注所反映的明代湖北蕲春浊音清化》[⑩],从音韵学的角度探讨了《本草纲目》中的明代语音现象;程序研究了明代龚廷贤《药性歌括四百味》的韵脚[⑪];李军研究了明代湖北罗田医学家万金医籍歌括的韵部系统[⑫]。这些研究把医籍文献与方言研究相结合,考察语音演变的规律,探究方言的源头,具有开创性。

---

① 郝印卿:《奔豚音义考辨》,载于《山西中医》,1995 年第 2 期。

② 戚燕平:《从音韵学角度探讨医籍语言现象及其规律》,载于《北京中医药大学学报》,2000 年第 3 期。

③ 鲍晓东:《传统音韵学在古医籍整理研究中的应用》,载于《浙江中医学院学报》,2000 年第 4 期。

④ 彭馨:《两宋医籍音注研究》,广西师范大学硕士学位论文,2002 年。

⑤ 范开珍:《从医籍中看"工"的音义嬗变》,载于《湖北民族学院学报》,2004 年第 4 期。

⑥ 李书田:《音韵与古医籍的读校之研究》,载于《辽宁大学学报(哲学社会科学版)》,2004 年第 2 期。

⑦ 魏晓光:《中医药古籍中的释音研究》,长春中医药大学硕士学位论文,2008 年。

⑧ 何丽敏:《帛书〈五十二病方〉通假字语音关系研究》,载于《安徽文学》(下半月),2009 年第 6 期。

⑨ 刘敬林:《〈本草纲目〉"酾"字音义》,载于《中国语文》,2011 年第 3 期。

⑩ 张妮:《〈本草纲目〉音注所反映的明代湖北蕲春浊音清化》,载于《青岛职业技术学院学报》,2004 年第 1 期。

⑪ 程序:《从韵脚字校勘龚廷贤〈药性歌括四百味〉数则》,载于《江西中医学院学报》,2010 年第 1 期。

⑫ 李军:《明代湖北罗田方言语音的若干特征》,载于《语言科学》,2012 年第 2 期。

（二）中医古籍与量词

学界对医籍量词的研究亦始于 20 世纪 80 年代，如马继兴的《马王堆汉墓医书中药物剂量的考察》[1]、张东达的《古医籍数量词例谈》[2]等。他们的研究表明先秦两汉医籍中的量词系统还不发达，量词一般由名词演变而来，如"枚"本指树干，后用作物量词，可修饰金属单位，如"铜铎五枚"。90 年代，对医籍量词的研究逐渐增多，如毛永森的《古代医籍中中药的特殊量词》[3]，介绍了"铢""累""刷""刀圭""钱匕""赤""虎口""梃"等，另外还有徐莉莉的《马王堆汉墓帛书［肆］所见称数法考察》[4]、张丽君的《〈五十二病方〉物量词举隅》[5]也涉及了药物量词的考释。

进入 21 世纪，有关中医古籍量词的研究成果不断丰富，出现了专书研究。如李建平的《动量词"行"产生的时代及其来源——兼论"大小行"的语源》[6]，对范崇峰 2009 年发表在《中国语文》第 5 期的论文《敦煌医方量词两则》提出质疑，认为动量词"行"初见于汉代医籍，可指"大便次数"与"小便次数"，其语源与佛经文献无关。段祯的《浅谈〈武威汉代医简〉中的量词及其分布特征》和《刍议〈武威汉代医简〉中的量词用法》[7]探讨了武威医简里的量词用法。王亚丽的《敦煌医籍中的借用名量词》[8]考察了 23 个借用名量词，认为大部分名量词比较稳定，有部分名量词的指称范围或对象发生了变化，如"撮"，指

---

[1] 马继兴：《马王堆汉墓医书中药物剂量的考察》，载于《中药通报》，1981 年第 3 期。

[2] 张东达：《古医籍数量词例谈》，载于《陕西中医函授》，1981 年第 3 期。

[3] 毛永森：《古代医籍中中药的特殊量词》，载于《陕西中医》，1994 年第 4 期。

[4] 徐莉莉：《马王堆汉墓帛书［肆］所见称数法考察》，载于《古汉语研究》，1997 年第 1 期。

[5] 张丽君：《〈五十二病方〉物量词举隅》，载于《古汉语研究》，1998 年第 1 期。

[6] 李建平：《动量词"行"产生的时代及其来源——兼论"大小行"的语源》，载于《中国语文》，2011 年第 2 期。

[7] 段祯：《浅谈〈武威汉代医简〉中的量词及其分布特征》，载于《甘肃中医学院学报》，2009 年第 2 期；《刍议〈武威汉代医简〉中的量词用法》，载于《甘肃中医学院学报》，2009 年第 4 期。

[8] 王亚丽：《敦煌医籍中的借用名量词》，载于《南京中医药大学学报（社会科学版）》，2011 年第 4 期。

称范围较"把""握""抄"少，在敦煌医籍中主要指称豆豉、牛毛。李建平、张显成的《从简帛文献看汉语量词系统建立的时代》①认为两汉时期就有了汉语量词系统。王亚丽的博士学位论文《敦煌写本医籍语言研究》②考察了专用名量词、借用名量词、动量词，并对量词"息""撮""掘"进行了溯源。叶桂郴、伍翠婷的《〈肘后备急方〉量词研究》③对《肘后备急方》中的量词进行了穷尽性的梳理，把量词分为自然单位量词、借用单位量词、制度单位量词、专用动量词和借用动量词，考察得出名量词有 71 个，动量词有 9 个。张显成的《量词"步、石、斗、升、参"意义辨正——以出土文献为新材料》④补正了传统意义的量词的语义，如"步"既可以作为长度单位，也可以作为面积单位，"参"既可以作为重量单位，也可以作为容量单位，1 参是 1/3 小斗。刘建民的《小议个体量词"累"与"果"》⑤比勘了出土文献，认为"累"的重叠义与物量词"果（颗）"有关，与"块"属同源词。程文文的《出土医籍文献量词研究》⑥考察了 15 种出土医籍文献，如江陵张家山医简、武威汉代医简、阜阳本草简等，认为这些医籍中只有 44 个名量词，没有动量词，并把量词分为自然单位量词、借用单位量词和制度单位量词，指出这些量词具有系统性。刘敬林的《汉代医籍中还真存在着指"握、把"的量词"掘"》⑦，认为"掘"有"握、把"义，"掘"的本字是"掬"。一些学位论文也涉及了医籍量词研究，如顾亚芹的《〈本草纲目〉量词研究》⑧、朱圣洁的《〈医心方〉所引〈小品方〉词汇

---

① 李建平、张显成：《从简帛文献看汉语量词系统建立的时代》，载于《古籍整理研究学刊》，2011 年第 1 期。
② 王亚丽：《敦煌写本医籍语言研究》，兰州大学博士学位论文，2012 年。
③ 叶桂郴、伍翠婷：《〈肘后备急方〉量词研究》，载于《桂林航天工业学院学报》，2013 年第 4 期。
④ 张显成：《量词"步、石、斗、升、参"意义辨正——以出土文献为新材料》，载于《成都师范学院学报》，2014 年第 7 期。
⑤ 刘建民：《小议个体量词"累"与"果"》，载于《语言科学》，2016 年第 3 期。
⑥ 程文文：《出土医籍文献量词研究》，载于《长江师范学院学报》，2018 年第 1 期。
⑦ 刘敬林：《汉代医籍中还真存在着指"握、把"的量词"掘"》，载于《语言研究》，2018 年第 3 期。
⑧ 顾亚芹：《〈本草纲目〉量词研究》，南京师范大学硕士学位论文，2011 年。

研究》①等。

总的来说，学界关于医籍的研究成果较多，涉及的内容较广，但都比较零碎，不够全面，尤其是词汇研究最为薄弱。本书在以上研究成果的基础上，试图全面系统地研究金元医籍的词汇与量词。

二、金元医籍版本

本书以现存可考的时代最早的影印本为语料选取对象。比如金代著名医家刘完素的《素问玄机原病式》，版本众多，通过校勘与比较，笔者最终选用了明代吴勉刻《古今医统正脉全书》影印本，剔除《四库全书》本，并参校明嘉靖十四年（1535）乙未本以及《刘河间伤寒三书》《刘河间伤寒六书》。现将金元时期医籍文献版本的选用情况说明如下：

（一）金刘完素医籍版本

①《素问玄机原病式》：底本为吴勉学校刻《古今医统正脉全书》，参校本为明嘉靖十四年（1535）乙未本和《刘河间伤寒三书》《刘河间伤寒六书》。

②《黄帝素问宣明论方》（十五卷）：底本是《古今医统正脉全书》，参校本为《刘河间伤寒六书》。

③《素问病机气宜保命集》：底本为《古今医统正脉全书》，参校本为《刘河间伤寒六书》《素问》《灵枢》。

④《新刊图解素问要旨论》《刘河间伤寒医鉴》《伤寒心要》：底本为《古今医统正脉全书》。

⑤《伤寒直格论方》：底本为《古今医统正脉全书》，参校本为《刘河间伤寒六书》。

⑥《伤寒标本心法类萃》：底本为《古今医统正脉全书》，参校本为《刘河间伤寒六书》。

⑦《保童秘要》：底本为日本文化元年（1861）江户学训堂仿朝鲜铅印本。

---

① 朱圣洁：《〈医心方〉所引〈小品方〉词汇研究》，南京师范大学硕士学位论文，2018年。

（二）金张从正医籍版本

①《儒门事亲》：底本为《古今医统正脉全书》，参校本为清江阴朱文震校刻本，原浙江书局于光绪十八年（1892）据武陵顾氏影宋嘉祐堂刻本《医统正脉全书》与清宣统元年（1909）排印于梁园节暑的《豫医双璧》本，并参考上海科学技术出版社排印本及河南科学技术出版社的《〈儒门事亲〉校注》。

②《张子和心镜别集》：底本为《古今医统正脉全书》，参校本为《丛书集成》初编《儒门事亲·张子和心镜别集》（四）。

（三）金李杲医籍版本

①《内外伤辨惑论》：底本为《古今医统正脉全书》，参校本为明嘉靖八年（1529）《东垣十书》和国家图书馆出版社的《中华再造善本》（二函十二册）。

②《脾胃论》与《兰室秘藏》：底本为《古今医统正脉全书》，参校本为明嘉靖八年（1529）《东垣十书》和上海涵芬楼影印元延祐二年（1315）《济生拔萃》。

③《东垣试效方》：底本为《古今医统正脉全书》，参校本为上海科学技术出版社1984年影印明倪维德刊本《东垣试效方》。

④《医学发明》（节本与残本）：底本为《古今医统正脉全书》，参校本为上海涵芬楼影印元延祐二年（1315）《济生拔萃》、中华书局1991年版《医学发明》。

⑤《活法机要》：底本为《古今医统正脉全书》，参校本为上海涵芬楼影印元延祐二年（1315）《济生拔萃》、商务印书馆1937年版《丹溪心法》（民国二十六年初版木刻影印）。

⑥《丹溪脉诀指掌》：底本为《古今医统正脉全书》，参校本为清刘吉人辑录校正《二三医书》。

⑦《药类法象》：底本为《古今医统正脉全书》，参校本为元王好古《汤液本草》、明嘉靖八年（1529）《东垣十书》、人民卫生出版社1978年铅印任秋校点本《医学启源》、上海科学技术出版社1984年影印明倪维德刊本《东垣试效方》，以及中国医药出版社2019年版元代罗天益《卫生宝鉴》。

⑧《用药心法》：底本为《古今医统正脉全书》，参校本为明嘉靖八年（1529）《东垣十书》。

（四）元朱丹溪医籍版本

①《格致余论》：底本为《古今医统正脉全书》，参校本为人民卫生出版社1956年影印本。

②《局方发挥》：底本为《古今医统正脉全书》，参校本为人民卫生出版社1956年影印本。

③《本草衍义补遗》：底本为浙江图书馆藏明嘉靖十五年（1536）刻本，参校本为中国中医研究院图书馆藏清大文堂所刻（节林吴氏梓行）《丹溪心法附余》。

④《金匮钩玄》：底本为《古今医统正脉全书》，参校本为清刊本《古今医统正脉全书》、清二酉堂藏版《丹溪心法附余》、人民卫生出版社1980年版《金匮钩玄》。

⑤《丹溪手镜》：底本为《古今医统正脉全书》，参校本为中国科学院图书馆藏明天启元年（1621）刊本、人民卫生出版社1982年版校点本。

⑥《丹溪心法》：底本为《古今医统正脉全书》，参校本为中国书店出版社1986年版《丹溪心法》、上海科学技术出版社1959年版《丹溪心法》。

⑦《脉因证治》：底本为《古今医统正脉全书》，参校本为上海科学技术出版社1986年版《脉因证治》。

三、研究方法

以现代语言学理论为指导，采用归纳分析、数据统计、文献互证等方法，力求做到共时对比和历时比较相结合、医理与文理相结合、语言与文化相结合，以全面系统地研究金元医籍中的词语释义与量词特点，探求语言发展演变的深层次的动因与机制。

（一）共时与历时相结合

根据研究对象的特点，尽量做到共时与历时相结合。如词语考释，首先从共时角度考察金元时期的医籍词语的语义与语用，再从历时角度运用文献考证、归纳分析，系联古今，以期做到新立义项、增补释义、提前书证。如医籍量词研究，先共时对比金元时期各种语料量词的类型、特点、指称对象与范畴，然后进行历时比较，考察量词的发展演变，发掘金元时期量词的新质要素。

（二）医理与文理相结合

金元医籍语言研究是中医学与语言学相结合的跨学科研究，既符合汉语言文字学的研究范式，也有中医古籍研究的语言特质，目的在于打通医理与文理的壁垒，丰富汉语史的研究。如词语考释，在读懂医理的基础上，开展文理研究。以"利"为例。医籍中的"利"表通畅，主要修饰咽喉、胸膈、呼吸、气道、大小便、七窍、少腹、腰膝、关节、血道、痰喘等名词，与"利"相关的词语有"通利""宽利""疏利""快利"等，形成"利"词族语义场，表"通畅"义。

（三）语言与文化相结合

医籍是中国传统文化的重要组成部分，其词汇与中国文化息息相关，如"流火"即"溜火"，文献考证"流火"指眼睛上火，最初在金元时期出现，明代抄录金元医籍，清代存用。《诗·豳风·七月》："七月流火，九月授衣。"孔颖达疏："于七月之中，有西流者，是火之星也，知是将寒之渐。"[1]"流火"一词最早在先秦《诗经》中出现，指火星宿在七月下行，天气转凉。在中医古籍中，"流火"指小腿上发生的火邪病症。金元医籍中亦有"流火"的用例，但发生病痛的部位在"两目"，指眼睛上火，是中医常见的病症，反映了当时医学的独特价值。

四、研究内容、目的及意义

（一）研究内容

本书的主要研究内容是金元医籍词汇和量词。为了保证语料的可靠性，本书对各种版本进行了比较鉴定，去伪存真，以早期的影印版本或木刻本为底本，以点校本为参考。比如金代张从正的《儒门事亲》，根

---

[1] ［汉］毛亨传，［汉］郑玄笺，［唐］孔颖达疏：《毛诗注疏》，上海古籍出版社，2013年版，第711页。

据其成书时间、初刊时间及再次刊刻情况，选定邵辅刊本，即嘉靖二十年（1541）影印本与《古今医统正脉全书》本。其他三位医家的医籍也作同样处理。

（二）研究目的

本书旨在全面系统地研究金元四大家医籍中的词语与量词。词语考释部分旨在发前人之所未发，在收词、释义、提供语源和始见书证等方面对各类语文辞书的编纂和修订起补充完善和纠误的作用；量词研究则期望发现和整理金元医籍中方剂的用量规律、服药方法与禁忌，为临床应用提供参考。

（三）研究意义

本书是医理与文理相结合的跨学科研究，既有助于促进汉语史的发展，也有助于中医古籍的整理，有一定的学术价值与应用价值。

1. 学术价值

本书重点对金元四大家医籍中的词语和量词进行全面系统的研究，这是以往医籍文献研究中较为薄弱的环节。词语考释可以丰富汉语词汇史，校勘字典、词典等语文工具书中词语释义的失误，增补词语义项，提供词语语源和始见书证；量词研究可以构建金元时期医籍的量词系统，指导中医药临床实践。

2. 应用价值

中华文化博大精深，古代医籍是其中的一大宝库，荣获诺贝尔医学奖的屠呦呦教授就是受到了古代医籍的启发。古代医籍的语言和术语具有较强的时代性和专业性，晦涩难懂，扫清语言障碍，发掘其内涵，对于更好地学习和继承我国优秀的中医药文化具有重要的应用价值。研究金元医籍的词语可以服务于中医药文献的教学与实践，指导中医药临床实践，增补完善一些大型语文工具书，挖掘医理思想，助力中医药学研究的国际化以及中华文化的对外传播。

第一章 金元医籍的语言特点与语料价值

第一节 语言特点

金元时期医学争鸣，学派蜂起，涌现了四大医学流派，即刘完素的火热说、张从正的攻邪说、李杲（李东垣）的脾胃说和朱震亨的养阴说。他们治病救人、著书立说，丰富了中医临床理论。除了一定的方言性，这些医籍文献在语言使用上还有自己的特性。

一、口语性与专门性

金元医籍文献中除了丰富的专业术语，还融合吸收了当时的口语性词汇，如实反映了金元时期的词汇与语法现象，是汉语研究的宝贵材料。如：

（1）**枳实导滞丸** 治伤湿热之物，不得施化，而作痞病，闷乱不安。枳实炒,去穰,五钱 黄芩 黄连去须,各五钱 茯苓去皮 泽泻各二钱 白术 炒曲各五钱 大黄一两 上件为末，汤浸炊饼为丸，如梧子大，每服五十丸至七八十丸，食远，温水送下，量虚实加减，更衣止后服。（《东垣先生试效方·饮食劳倦门·劳倦所伤论》）

（2）**加味青娥丸** 治肾虚腰痛，或风寒中之，血气相搏为痛。杜仲姜汁浸炒,十二两 破故纸水淘,十二两,芝麻同炒变色,去麻,瓦上焙干为末 沉香六两 胡桃去皮膈,另研,六两 没药另研 乳香另研,各六两 右为末，用肉苁蓉十二两，酒浸成膏，和剂捣千余杵，丸如梧桐子大，每服三十丸，空心温酒或盐汤任下。

(《兰室秘藏·腰痛门》）

上述李杲的《东垣先生试效方》与《兰室秘藏》记载的药方"枳实导滞丸"与"加味青娥丸"里面的口语词汇相当丰富，如服药动词"送下"与"任下"、"食远"与"空心"、"汤浸"与"酒浸"、"更衣"、"施化"、"虚实"、"捣"等。这些口语词汇既是对前代医籍文献的继承，也是当时口语词汇的记录，保留了前代语言的使用规范。这些口语词汇往往是古代汉语研究容易忽视的地方。比如"送下"，在现代汉语当中指送客，送行；在古代医籍里指服药，是动作动词。金元医籍中，与"送下"搭配的受事名词与"下"基本一致，用法非常普遍。它可以是倒流水（泉水）、姜汤、米饮、醋汤、白汤、茶汤、温水、散剂、汤药以及童便等。"任下"，口语性比较强，在江淮官话中常用，是常见的服药动词，表示服下、吞下。"任下"有时省作"任"，如："**川芎天麻散** 川芎 细辛 苦参 地骨皮 菖蒲 何首乌 蔓荆子 薄荷叶 杜钱梨 牛蒡子 荆芥穗 蛇蚹草 威灵仙 防风 天麻各一两甘草二两,炙上为末，每服二三钱，研蜜水调下，茶水任，不计时候。(《黄帝素问宣明论方·药证方》)"《汉语大词典》未收。在医籍中，"任下"往往需要辅助吞服的饮品，如茶、酒、醋、盐汤等，在现代汉语中少用，方言区指称药物时常用。

医籍词汇的专业性比较明显，如"湿热之物""痞病""闷乱""肾虚腰痛""血气相搏""风寒"等词汇，随着中医专业术语的广泛应用，有的已融入现代汉语基本词汇，成为民族共同语的一部分。

二、传承性与创新性

医籍文献具有较强的传承性，医学著作者大都受前代医籍的影响，在词汇与语法方面因袭前代，有的文献则照抄照录。但每一个时代都有特定的语言现象，具有该时代的创新性。以刘完素《素问病机气宜保命集》和《黄帝素问宣明论方》中的"消进"与"消克"为例。

（1）**利膈丸** 主胸中不利，痰嗽喘促，利脾胃壅滞，调秘泻脏，推陈致新，消进饮食，治利膈气之胜药也。（《素问病机气宜保命集·咳嗽论》）

（2）设病愈后，老弱虚人常人，常服保养，宣通气血，消进酒

食。(《黄帝素问宣明论方·水湿门·水湿总论》)

(3) 自下而损者，一损于肾，骨痿不能起于床；二损损于肝，筋缓不能自收持；三损损于脾，饮食不能<u>消克</u>。(《素问病机气宜保命集·虚损论》)

《广韵·宵韵》："消，灭也。尽也。息也。""进"有进食，饮食义。复合词"消进"表示饮食的消化，吸收。《汉语大词典》收录"消化"，未收录"消进"。"消进"在唐代还不是一个凝固化程度很高的词，结构比较松散，可以分离，比如唐王焘《外台秘要·崔氏疗脚气遍身肿方》有"药<u>消</u>进食，食<u>消</u>又更<u>进</u>二服"[①]。"消"指药物和饮食的消化，"进"指进食，吸收。宋代，"消进"的词汇化程度进一步加深，如钱乙《小儿药证直诀·记尝所治病二十三证》："**大胡黄连丸** 治一切惊疳，腹胀，虫动，好吃泥土生米，不思饮食，多睡，吼哕，脏腑或秘或泻，肌肤黄瘦，毛焦发黄，饮水，五心烦热。能杀虫，<u>消进</u>饮食，兼治疮癣。常服不泻痢方。"[②]

金元时期，"消进"的词汇化已经稳固。元曾世荣《活幼心书·信效方·汤散门·醍醐散》："治吐泻后，调和脾胃，<u>消进</u>饮食；及丁奚哺露，虚热烦渴，气逆心恶。"[③] 明代存用，如王肯堂撰《证治准绳·幼科·脾脏部（上）·不乳食》集之七"<u>消进</u>奶（妳）食"[④]。清代罕见。从词汇化角度考证，唐代是"消进"词汇化的萌芽阶段，词汇结构松散；宋代"消进"开始了词汇化的进程，金元时期完成词汇化。"消进"的宾语比较单一，基本上是饮食、酒食、奶食。明代存用，清代基本不用。

《广韵·德韵》："克，能也。胜也。""消克"表示饮食的消化。《汉

---

① ［唐］王焘：《重订唐王焘外台秘要方》，［明］程衍道重订，明代养寿院经余居本，第 2 页。

② ［宋］钱乙：《小儿药证直诀》，阎孝忠整理，人民卫生出版社，2006 年版，第 65 页。

③ ［元］曾世荣：《活幼心书》，翁宁榕校注，中国中医药出版社，2016 年版，第 97 页。

④ ［明］王肯堂：《证治准绳》，上海科学技术出版社，影印 1959 年版，第 510 页。

语大词典》未收。"消化"最初出现在宋代《二程遗书》中，如"道则不消克"①。此时"消克"的词汇化还没有完成，"消"与"克"各自的语素义明显，所组成的复合词"消克"也不是指饮食的消化、吸收，而是表示丢弃克己复礼的道理。"消克"在金元时期完成词汇化，表示饮食的消化，明清时期进一步巩固，如明朱橚《普济方·痰饮门·留饮附论》："此药化痰止嗽，消克饮食。"② 这是《普济方》中记载的"辰砂利痰丸"的药效，其既可以止咳化痰，也可以消化饮食。清张璐《本经逢原·隰草部·麦门冬》载："《本经》主心腹结气，伤中伤饱，胃络脉绝，羸瘦短气，一气贯下，言因过饱伤胃而致心腹气结，脉绝不通，羸瘦短气，故宜以此滋其津液，通其肺胃。殊非开豁痰气，消克饮食之谓。"③

明清时期，"消克"作为名词，表示具有消克作用的药物。如明薛己《外科枢要·治验》载："一男子因劳役过度，面色青黑，发热咳嗽，面生疿子，腹内一块，攻上攻下作痛，小便秘涩，服消克之药愈甚。"④清魏之琇《续名医类案·瘫痪》载："或者谓痰、谓火、谓风，多与清凉消克发散之剂。"⑤ 前者"消克之药"指消除疿与痞块的药，后者指消痰散结的药，对象都是病症或病理产物。

综上，从"消进"与"消克"的词汇演变来看，既有传承前代医籍的用法，也有金元时期语言的创新性。

三、方言地域性

金元四大家的医籍文献是金元医籍的代表。这些医籍文献用语带有明显的地域性特征，如"退落"：

> 用蛛丝勒瘤子根，三二日自然退落。（《儒门事亲·疮疡痈肿·治头面生瘤子》）

---

① [宋] 程颢、程颐：《二程遗书》，上海古籍出版社，2020年版，第76页。
② [明] 朱橚：《普济方》（第四册），人民卫生出版社，1959年版，第1962页。
③ [清] 张璐：《本经逢原》，刘从明校注，中医古籍出版社，2017年版，第87页。
④ [明] 薛己：《外科枢要》，人民卫生出版社，1983年版，第231页。
⑤ [清] 魏之琇：《续名医类案》，人民卫生出版社，1957年版，第303页。

"退落"常用来描述疤痕、疮痂、瘤子等印记的消退；毛发的掉落；病症的减退。此义项初见于宋代，如《圣济总录·小儿急疳》所载"虾蟆丸方"，治疗小儿急疳，制药后日三服，"如急疳，曾退落牙齿者，以倒流水化五七丸，涂龈上"[①]。金元时期偶见，明清时期多有用例。"退落"口语性强，在西南官话区或江淮方言区中常见。《汉语大词典》只列举了一个义项：倒退落后，引证现代文学用例，当补。

又如"放冷"：

（1）升麻_{八分}生地黄_{十二分}犀角屑 夜干 黄芩 栀子 玄参_{各五分}蓝子_{去皮}芍药 羚羊角 大黄_{各四分}黄柏_{三分}右并细锉，绵裹，取成炼了猪脂，详酌多少，以慢火与药同煎，候药紫色即取出，滤去滓，放冷，用摩肿处。（《保童秘要·痈疽》）

（2）栀子仁 蛇啣_{各五分}犀角_{三分}升麻_{四分}生地黄 黄芩_{各八分}青蓝叶_{切,取五合}右细切如豆，以绵裹，取成炼了猪脂，详酌多少，用慢火煎三上三下，候药色紫即取出，去滓放冷，每用以少许涂肿处。（《保童秘要·痈疽》）

"放冷"的方言地域性非常强，湖北、四川、安徽、浙江等地都有使用。

第二节 语料价值

一、提供语言研究材料

金元医籍中的词汇与某些语法现象是古代汉语的重要组成部分。当前，学界对金元医籍中的词汇和语法现象缺乏系统搜集、整理与解释，一些重要的字典、词典等工具书以及词汇研究专著也大多失收医籍俗语

---

① ［宋］太医院：《圣济总录》，郑金生、汪惟刚校点，人民卫生出版社，2013年版，第1934页。

词与医籍谚语，这是汉语词汇史研究的薄弱部分。袁宾指出："一些医药和科技方面的文献集中记载了当时疾病诊治和工农业生产方面的日常用语和专门用语，可以说是语言研究特别是词汇研究的宝贵资料。"①金元医籍中有很强的口语性语料，是近代汉语研究的对象，理应引起学界的关注。王云路指出："口语性强的语料最接近民间语言，因而具有语言研究价值。"②金元医籍能为汉语史和医籍史提供重要的语言研究材料。例如：

1. 差消

　　胃热差消，脾病不化，食积与病势已甚矣。此时节择饮食以养胃气，省出入以避风寒，候汗透而安。（《格致余论·大病不守禁忌论》）

"差消"表消化不良。金元时期亦不多见，明清时期罕见，是元代医籍中的特征词。

2. 镇坠

《广韵·震韵》："镇，压也。""坠"，《汉语大词典》释为"落下；陷入"。"坠"是往下落的过程与方向。医籍文献中，"镇坠"比喻利用药物性能压制人体上升之气或浮越之气。从词语的特征来看，"镇坠"可以作动词，也可以作名词，字典、辞书一般未收录。金元医籍中有7例。如：

　　遂与苏子降气汤、四磨汤下黑铅丹、养气丹，镇坠上升之气，且硫黄、黑锡佐以香热，又无补养之性，借此果能生气而补肾乎？（《金匮钩玄·气属阳动作火论》附录二）

二、辅助语文辞书的修订、编撰

对比《汉语大字典》《汉语大词典》《近代汉语词典》《中医大辞典》

---

① 袁宾：《二十世纪的近代汉语研究》，书海出版社，2001年版，第969页。
② 王云路：《中古汉语词汇史》，商务印书馆，2010年版，第61页。

等大型语文工具书，可以发现其中的词语义项存在失收、孤证、书证较晚等问题。考释金元医籍词语可以帮助新立义项、增补释义、提前书证。以"清利"为例。

（1）下焦吐者，从于寒也。脉沉迟，朝食暮吐，暮食朝吐，小便<u>清利</u>，大便不通，治宜毒药通其闭塞，温其寒气。（《丹溪手镜·呕吐》）

（2）有寒厥心痛者，手足逆而通身冷汗出，便溺<u>清利</u>，或大便利而不渴，气微力弱，急以术附汤温之。（《活法机要·心痛证》）

（3）后一证，当<u>清利</u>肺气，八风汤或凉膈散大黄、芒硝亦可，或如圣汤加大黄，或八味羌活汤加大黄，此是春时发斑，谓之风斑耳。（《素问病机气宜保命集·小儿斑疹论》）

从"清利"的修饰对象来看，"清利"与"通利""快利"构成同义词，且含有共同的核心义素"利"，表通畅。《汉语大词典》未收此义项。金元医籍中有17例（不计重复），如：

（1）气血宣行其中，神自<u>清利</u>，而应机能用矣。（《黄帝素问宣明论方·妇人门·妇人总论》）

（2）薄荷叶_{辛苦}，疗贼风、伤寒，发汗，主<u>清利</u>头目，破血年利关节，治中风失音，小儿风痰，新病差人不可服之，令虚汗不止。（《东垣先生试效方·药象门·药象气味主治法度》）

（3）川芎石膏汤 治风热上攻头面，目昏眩痛闷，风痰喘嗽，鼻塞口疮，烦渴淋闷，眼生翳膜，<u>清神利头</u>，宣通气血，中风偏枯，解中外诸邪，调理诸病，劳复传染。（《黄帝素问宣明论方·药证方》）

《汉语大词典》中"清利"有5个义项，其中义项3表示"清澈有神"，用来形容眼睛。根据医籍文献用例，"清利"不仅指眼睛，还可以指头脑、精神。作为并列复合词"清利"表示头脑清爽，眼神清澈。"清利"还可以分开使用，构成短语"清神利头"。"清神"指精神清爽，

"利头"指头脑清爽。"清神利头"有时作"精神清利"。《汉语大词典》中的义项偏指眼睛,忽略了语素"头"的语义,而且引证现代文用例,时代较晚,当补。金元医籍中此义项就有16个用例。

三、丰富汉语史研究

金元时期,河北、河南和南方金华(古称婺州)等地少数民族与汉人杂居,民族融合体现在日常语言和医籍文献中。如名词作状语,在金元医籍中有四种语言表达形式:"Pre+NP+VP+(O)""NP+VP+(O)""Pre+NP""NP"。上古汉语中已经出现名词用在动词前作状语,近古汉语的各个历史时期也存在此种现象,但学界研究的重点是介词与名词构成介宾短语作状语。金元时期,有28种语料数据表明"NP+VP+(O)"与"Pre+NP+VP+(O)"两种句式基本持平,前者占46%,后者占40.3%,前者首次超过后者。另外,金元医籍中还出现了省略谓语中心语VP的状语形式,如介词与名词性短语组合作状语,占3%;名词直接作状语,占10.7%。从语言史角度来看,金元医籍中名词作状语的语法结构与当时蒙古族的语言渗透有关。语言融合中的"汉儿言语"以不使用介词为常,汉语以介宾短语作状语为主流。可见金元医籍能够丰富汉语史的研究,以下三组用例可证:

第一组:

(1)阳气,烦劳积于夏,令人煎厥,目盲不可视,耳闭不可听,<u>人参散主之</u>。(《黄帝素问宣明论方·煎厥证》)

(2)酒疸下之,久久为黑疸,慎不可犯,<u>以葛花解酲汤主之</u>。(《脾胃论·论饮酒过伤》)

第二组:

(1)**曲蘖枳术丸** 枳实_{麸炒,去瓤}大麦蘖_{面炒}神曲_炒,各一两 白术_{二两} 右为细末,荷叶烧饭为丸,如梧桐子大,每服五十丸,<u>用温水下</u>,食远。(《内外伤辨惑论·辨内伤饮食用药所宜所禁》)

(2)**黄连清膈丸** 麦冬_{一两} 连_{五钱} 鼠尾_{三钱} 右蜜丸,绿豆大,<u>温水</u>

下。(《脉因证治·热》)

第三组：

(1) 太阳证，头疼，发热恶寒，腰脊强。脉浮而紧，无汗谓之伤寒，可汗，宜麻黄汤。脉缓自汗，谓之伤风，宜桂枝汤。(《脉因证治·伤寒》)

(2) 四之气为病，多发暑气，头痛，身热，发渴。不宜作热病治，宜以白虎汤。(《儒门事亲·大暑未上四之气》)

(3) 气虚，四君子主之；血虚，四物主之；热，用承气下之；痰，用白术、竹沥。(《丹溪手镜·厥》)

以上三组例句是有介词与无介词的对立，但都是名词作状语在金元医籍中的表达形式，可以为汉语史研究提供佐证。

小　结

金元医籍不仅是研究医学的重要文献，也是汉语史研究的重要语料，尤其是医籍文献中的口语性语料，对汉语研究具有重要的价值。词语负载着历史与文化，随着时代的更迭，词语的语义也会发生变化。本书以金元医籍为考察对象，采用文献考证法、共时考察与历时溯源的方法考释词语义项，可以为《汉语大字典》《汉语大词典》等大型语文工具书的编纂修订提供参考，助益文化的交流与传播。

第二章 金元医籍词语考释

本书参照《汉语大字典》《汉语大词典》《近代汉语词典》《中医大辞典》等大型语文工具书,从增补义项、提前书证和提供书证等方面考释金元医籍中的某些词语义项,期望在收词、释义、提供语源和始见书证等方面对各类语文辞书的编纂修订起到补充完善和纠误的作用。

本书把所考释的金元医籍词语分为动词、名词、形容词和他类词,从共时层面与历时溯源的角度分类考释词语义项。考释原则有三:一是体现词义演进的历时轨迹和发展规律,二是从词汇的历史系统性角度增加考释的词语义项,三是引证词语尽量体现不同语料中的用法。

第一节 动词

1. 折纳

折纳:腰折。

《汉语大词典》释义为:"唐时实行两税法,称按钱折价交纳粟帛为折纳。宋时亦称以产业偿还官欠。"在金元医籍中,"折纳"为两个语素的组合,语义发生转指,并偏指"折"。"折"义为"腰折",音 zhé。用例如下:

  瘀血,因用力过多,堕坠折纳,瘀血不行。(《脉因证治·腰痛》)

"折纳"表"腰折"义是元代医籍的特征义。

2. 纵挺

纵挺₁：阴器伸直，直立。

《楚辞·七谏·初放》："不开寤而难道兮，不别横之与纵。"① 洪兴祖注："纬曰横，经曰纵。"纵，与横相对。纵亦是直。《周礼·考工记·弓人》："于挺臂中有柎焉，故剽。"② 郑玄注："挺，直也。"挺，是"直；伸直；直立"。纵挺指阴器时，形容直立状态。此义项最早出现在春秋战国时期，如《灵枢经·经筋第十三卷》"伤于热则纵挺不收"③，指阴器受热而呈现直挺状态。金元医籍中也有用例：

> 肝经与冲、任、督所会，聚于阴器，伤于寒则阴缩入，伤于热纵挺不收。（《脉因证治·疝癞》）

"纵挺"一直沿用到清代，如清魏之琇《续名医类案·湿》："阴器纵挺而出，素有湿，继以酒，为湿热合于下部，引而竭之，遂以龙胆泻肝汤，及清震汤治之而愈。"④

纵挺₂：身体挺直腾跃。

"纵"有腾跃义，如汉王充《论衡·道虚》："若士者举臂而纵身，遂入云中。"⑤ 这里的"纵挺"形容身体挺直腾跃。又如明酉阳野史《续三国演义》第一百四十五回："两下布成阵势，晃恃兵多，轮刀直杀过阵。纵挺枪接住。"⑥

3. 寻衣撮空

寻衣撮空：症状名。《中医大辞典》解释为："患者神昏时，二手不自主地抚摸衣被或床缘的动作。"金元医籍中的用例表明"衣"的语义偏指"衣缝"，而非"衣被"。

---

① [宋] 洪兴祖：《楚辞补注》，上海古籍出版社，2015年版，第198页。
② [汉] 郑玄注，[唐] 贾公彦疏：《十三经注疏·周礼注疏》，李学勤主编，北京大学出版社，1999年版，第1180页。
③ 《灵枢经》，人民卫生出版社，1956年版，第43页。
④ [清] 魏之琇：《续名医类案》，人民卫生出版社，1957年版，第96页。
⑤ [汉] 王充：《论衡》，上海人民出版社，1974年版，第108页。
⑥ [明] 酉阳野史：《续三国演义》，沙文点校，凤凰出版社，2008年版，第951页。

"寻衣撮空"，金元医籍中有两个用例。"撮"义为"抓"，"撮空"是病人昏瞀时所做出的抓空的动作。

(1) 若以寒药下之，刚伤脏气；若以温药补之，则火助风温，发黄发斑，温毒热增剧矣！风温外甚，则直视，潮热谵语。寻衣撮空，惊惕而死者，温补之罪也。(《儒门事亲·推原补法利害非轻说》)

(2) 肺入火为谵语。肺主诸气，为气所鼓舞，火传于肺，为之寻衣撮空；胃中大实热，熏于心肺，亦能谵语。宜降火之药。(《脉因证治·癫狂》)

"寻"，《广韵》："徐林切，平侵，邪。""循"，《广韵》："详遵切，平谆，邪。""寻"与"循"声母相同，韵母相近，属一声之转。"寻衣撮空"也作"循衣撮空"，如：

因火者，乃火入于肺，气主鼓午，火传于肝，循衣撮空，胃中大热，治宜降火。(《丹溪手镜·癫狂》)

金元时期，"循衣撮空"的词语结构关系比较松散，稳固性不强，有"循衣""循衣缝""循衣摸缝""循衣摸床"四种形式。

"循衣"，金元医籍中有3例：

(1) 阳证：阳经身热头疼痛，体痛咽干难卧动，或有谵语及循衣，脉息弦洪宜审用。(《医方便懦·伤寒六经主病》)

(2) 六日七日病转热，前后不通好水啜，或有乱语及循衣，大柴承气可通别。(《医方便懦·伤寒证治总略歌》)

(3) 若疮黑陷如石坚、四肢冷、脉细，或时昏冒、谵语、循衣、烦渴危笃者，服此汗之疮起。(《脉因证治·丹溪纂要》)

"循衣缝"，金元医籍中有3例：

(1) 病人循衣缝，谵语者，不可治。(《儒门事亲·扁鹊华佗察

声色定死生诀要》）

（2）不治证 脉沉小急实者死。虚而弦急者死。循衣缝者死。身热手足冷者死。阴附阳则狂；阳附阴则癫。脱阳见鬼；脱阴目盲。（《丹溪手镜·癫狂》）

（3）脉大坚疾者，癫病。脉大滑者，自已；脉小急实者死，循衣缝者死，虚而弦急者死。（《脉因证治·癫狂》）

"循衣摸缝"，金元医籍中有1例：

张口如鱼，出气不反者死。循衣摸缝者死。无热妄语者死。（《脉因证治·察视》）

"循衣摸床"，金元医籍中有3例：

（1）如伤寒阳明病，热极则日晡潮热，甚则不识人，循衣摸床，独语如见鬼状，法当大承气汤下之。（《素问玄机原病式·热类》）

（2）阳明病，脉迟，汗出，不恶寒，身重，短气，狂语如见鬼状，剧者发则不识人，循衣摸床，惕而不安，直视微喘，三一承气汤。（《伤寒标本心法类萃·循衣摸床》）

（3）大承气汤 治表里俱热，病势更甚者，阳明脉迟，汗出不恶寒，身重烦躁，时或作谵语，如见鬼状，剧者发则不识人，循衣摸床，惕而不安，微喘直视。（《黄帝素问宣明论方·伤寒方》）

从"循衣缝""循衣摸缝"可以推知，"循衣"的"衣"偏指衣缝。衣缝难寻，精细的动作突出病人的神志昏乱。明清以降，"循衣摸床"逐渐成为固定的语言形式，其最早的结构形式应该是词语模"捻衣摸床"，出现在东汉张仲景《伤寒论·辨太阳病脉证并治·柴胡加龙骨牡蛎汤方》中，如："久则谵语，甚者至哕、手足躁扰、捻衣摸床。"[1]

---

[1] ［汉］张仲景撰，朱佑武校注：《宋本伤寒论校注》，湖南科学技术出版社，1982年版，第54页。

4. 论治

"论治",《汉语大词典》释义为"讨论研究治国之道"。在金元医籍中,"论治"与疾病相关,指治疗或讨论治疗的方法。《汉语大词典》未收录此义项。金元医籍中有4例:

（1）今世所谓风病,大率与诸痿证混同论治,良由《局方》多以治风之药,通治诸痿也。（《局方发挥》）

（2）今泻痢与滞下混同论治,实实虚虚之患,将不俟终日矣。（《局方发挥》）

（3）此有无之形,岂可与滞下混同论治而用导滞行积可乎。（《金匮钩玄·小儿科·附录·滞下辩论》）

（4）所下有形之物,或如鱼脑,或下如豆汁,或便白脓,或下纯血,或赤或白,或赤白相杂,若此者,岂可与泻混同论治而用淡渗利之可乎。（《金匮钩玄·小儿科·附录·滞下辩论》）

"论治"一词在宋代就有讨论治疗疾病的义项。如南宋杨士瀛《仁斋直指方论·劳瘵证治·神授丸》："论治瘵疾、瘵虫有效,但随时用饭头丸服之,庶得药味鲜。"[①] 这里的"论治"即指治疗。明清时期,医家惯于辨证论治。如明龚廷贤《寿世保元·饮食》："一论治内伤生冷冻饮料食。"[②] 清单南山《胎产指南·原序》："其中胎前悉以丹溪安胎饮为主,产后悉以生化汤为主,随症加减,按病论治,症既悉备,论极详明,使读者洞如观火,以之救危急、起沉疴,靡不应手取效,如鼓应桴。"[③]

5. 濡渍

《诗经·邶风·匏有苦叶》之"济盈不濡轨",毛亨传曰："濡,渍也。"[④] 濡与渍同义连文,基本义是"浸泡"。有以下用例。宋文莹《湘

---

① ［宋］杨士瀛：《仁斋直指方》,盛维忠等校注,福建科学技术出版社,1989年版,第322页。
② ［明］龚廷贤：《寿世保元》,上海科学技术出版社,1959年版,第134页。
③ ［清］单南山：《胎产指南》,人民军医出版社,2012年版,第9页。
④ ［唐］孔颖达：《毛诗正义》,上海古籍出版社,2013年版,第193页。

山野录》:"会方霁,庭中尚泥足,蹐坐于泥中,袍带濡渍。"① 宋赵佶《圣济总录·诸风门·首风》:"新沐之人,皮腠既疏。肤发濡渍,不慎于风,风邪得以乘之,故客于首而为病。"② 又如明王肯堂《证治准绳·疡医·淋洗》:"古人论疮肿初生,经一二日不退,即须用汤水淋射之。其在四肢,濡渍之。其在腰腹及背者,淋射之。其在下部委曲者,淹渍之。无非疏导腠理,通调血脉,使无凝滞也。"③

《汉语大词典》释"濡渍"为"浸泡",引证《素问·痿论》:"有渐于湿,以水为事。若有所留,居处相湿。肌肉濡渍,痹而不仁,发为肉痿。"④ 根据语境,此处将"濡渍"释为"浸泡"不当。唐释慧琳《正续一切经音义》释"能濡"之音义,引用毛诗传"濡渍也,又润泽也"⑤。"濡渍"的引申义为"湿润",金元医籍中也有用例,如:

忧思者,肌肉濡渍,痹而不仁,饮食不化,肠胃胀满。(《丹溪手镜·腰痛》)

6. 走易

走易:行走,变换。

"走易"描绘了痰涎在身体各部位的运行、变换导致病情加剧。元代医籍中有1例:

控涎丹 治患胸背、手脚、头项、腰胯隐痛不忍,连筋骨牵钓痛,坐卧不宁,时时走易。(《丹溪手镜·宿食留饮》)

"控涎丹"就是针对痰涎的运动状况研制的丹药。明清医籍也记述

---

① [宋] 文莹:《湘山野录》,上海古籍出版社,2012年版,第13页。
② [宋] 赵佶:《圣济总录》,人民卫生出版社,1962年版,第270页。
③ [明] 王肯堂:《证治准绳》,施仲安点校,人民卫生出版社,2014年版,第21页。
④ 《黄帝内经素问》,人民卫生出版社,2012年版,第169页。
⑤ [唐] 释慧琳,[辽] 释希麟:《正续一切经音义》,上海古籍出版社,1986年版,第1237页。

了痰涎的病症。如明末清初傅青主《大小诸证方论·胸背手足颈项腰膝痛方》："筋骨牵引，坐卧不得，时时走易不定，此是痰涎，伏在心膈上下变为痰。"① 又如清汪昂《医方集解·除痰之剂·控涎丹》："控涎丹痰涎,一名妙应丸,三因方治人忽患胸背、手足、腰项、筋骨、牵引钓痛，走易不定，或手足冷痹，气脉不通，此乃痰涎在胸膈上下，误认瘫痪，非也。"②

7. 结持

结持₁：缠结。

"结"，本义从糸，打结之义。打结的材料多是丝线、绳子、草编等。在医学认知域，则关联身体部位，可以是肢体与筋脉打结。"结持"表缠结义，在金元医籍中有2例：

（1）四肢酸疼烦闷者，暑月冷湿得之；四肢结持筋者，寒月冷湿得之；病胻肿小腹不仁，头痛烦心，痰壅吐逆，时寒热，便溺不通，甚者攻心而势迫，治之不可后也。(《丹溪手镜·脚气》)

（2）四肢酸痛烦闷者，因暑月冷湿得之；四肢结持弱者，因寒月冷湿得之。(《脉因证治·脚气》)

结持₂：佛教中对打结手印的持拿。

《说文解字·糸部》："结，缔也。从糸吉声。"③ "结"从丝线、绳索打结，引申为手势的打结。《说文解字·手部》："持，握也。从手寺声。"④ "结持"在佛教中指打手结，持拿手印。唐代佛经记录了结持不同的手印并诵咒，可以平定鬼神、魔族等的扰乱。如唐菩提流志译《五佛顶三昧陀罗尼经·轮王印咒之四》："若当智者结持此印，诵顶轮王

---

① [明末清初]傅青主：《大小诸证方论》，何高民校订，山西人民出版社，1983年版，第117页。
② [清]汪昂：《医方集解》，上海科学技术出版社，1959年版，第253页。
③ [汉]许慎：《说文解字》，浙江古籍出版社，2006年版，第647页。
④ [汉]许慎：《说文解字》，浙江古籍出版社，2006年版，第596页。

咒，即常不为俱胝百千魔魔族而作恼乱。"① 唐菩提流志译《一字佛顶轮王经·印成就品第七·如来钵印之十四》："若旷野行，<u>结持</u>此印并诵是咒，则得旷野一切鬼神不相娆恼。"② 不同的手印有不同的功用，如唐三藏沙门大广智不空译《五字陀罗尼颂》："<u>结持</u>金刚印，想礼诸佛足。"③

8. 节择

节择：节制，挑选。

"节择"主要与饮食义场相关。金元医籍中有 2 例：

（1）胃热差消，脾病不化，食积与病势已甚矣。此时<u>节择</u>饮食以养胃气，省出入以避风寒，候汗透而安。（《格致余论·大病不守禁忌论》）

（2）余曰：痫而能食者，如胃气未病也。故言不死，非谓恣食不<u>节择</u>者。不从所言，恣口大嚼，遇渴又多啖水果，如此者月余后，虽欲求治不可着手矣！（《格致余论·大病不守禁忌论》）

元明至清，"节择"的使用场合很有限，遍查文献，明代只有一个用例，如明陈嘉谟《本草蒙筌·谷部·浆水》："<u>节择</u>清明，熟炊粟饭。"④ 这里的"清明"即指清澈透明的浆水。

9. 差消

差消：消化不良。

仅元代医籍中有 1 例：

胃热<u>差消</u>，脾病不化，食积与病势已甚矣。此时节择饮食以养

---

① 大藏经刊行会编辑：《大正新修大藏经·密教部二》（19 册），新文丰出版公司，1983 年版，第 275 页。

② 大藏经刊行会编辑：《大正新修大藏经·密教部二》（19 册），新文丰出版公司，1983 年版，第 241 页。

③ 大藏经刊行会编辑：《大正新修大藏经·密教部三》（20 册），新文丰出版公司，1983 年版，第 714 页。

④ ［明］陈嘉谟：《本草蒙筌》，中医古籍出版社，2008 年版，第 271 页。

胃气，省出入以避风寒，候汗透而安。(《格致余论·大病不守禁忌论》)

"差消"明清罕见，是元代医籍的特征词。

10. 应

应：作动词。义为"治愈，起作用"。

《汉语大词典》中有两个读音，读四声时有 14 个义项，其中第 10 个义项是"感应，应验"。金元医籍中的"应"指称药方或治疗效果时，用的是其引申义，即"治愈，起作用"，如：

(1) 族叔祖年七十，禀甚壮，形甚瘦，夏末患泄利，至深秋百方不<u>应</u>。(《格致余论·治病必求其本论》)
(2) 又朱宅阃内年近三十，食味甚厚，性躁急，患痛风，挛缩数月，医祷不<u>应</u>。(《格致余论·痛风论》)
(3) 又临海林兄患久嗽吐红，发热消瘦，众以为瘵，百方不<u>应</u>。(《格致余论·倒仓论》)

明清时期，"应"在医域义场指治愈或起作用。如明孙一奎《赤水玄珠·癫狗咬方》："风犬咬后，毒发，如狗叫者，百方不治，于化人场中，取头顶骨烧末，敷之立愈。风犬咬，毒发，如狗叫，百方不<u>应</u>者，以人骨烧末之水，下方寸。"[①]"百方不<u>治</u>"与"百方不<u>应</u>"互文。清代保留了此义项。如清汪昂《本草备要·禽兽部·牛肉》："又临海林兄久嗽吐红，发热消瘦，众以为瘵，百方不<u>应</u>。"[②]

11. 軃曳

《广韵·哿韵》"軃，垂下。"[③]"軃"是"嚲"的异体字。"軃曳"指下垂摇摆。金元医籍中有 1 例：

---

① [明]孙一奎：《赤水玄珠》，上海古籍出版社，1991 年版，第 1047 页。
② [清]汪昂：《本草备要》，人民卫生出版社，2011 年版，第 447 页。
③ [宋]陈彭年、丘雍等：《广韵》，江苏凤凰教育出版社，2008 年版，第 87 页。

中暑湿，一如中风手足軃曳，入浴晕倒骨解。(《丹溪手镜·中风》)

軃曳，也作弹曳。如明李时珍《本草纲目·主治·诸风》："藁本一百六十恶风，头面身体风湿，手足弹曳。"① 从文献用例来看，"弹曳"多于"軃曳"，尤其明代医籍《普济方》中常用"弹曳"。

"軃曳"最初出现在唐代，金元医籍沿用，明代使用频次增加，清代罕见。如明王肯堂《证治准绳·诸风门·颤振》："中风手足弹曳。"② 明薛己订《薛氏医案·妇人良方·妇人中风诸症方论第一附方》："一妇人素患足軃曳，久服此药履地如故。"③ 又："**本事星附丸** 治中风能言，而手足軃曳，脉虚浮而数。"④ "**本事青盐丸** 治肝肾虚损，腰膝无力，颤振軃曳。"⑤ "軃曳"主要是指患者中风，手足或腰膝不由自主地下垂摇摆。

12. 躁扰

躁扰：也作"轻躁"。唐释慧琳《正续一切经音义》："轻躁，贾注《国语》云：'躁扰也。'郑注《论语》云：'不安静也。'"⑥ "躁扰"指急躁不安。金元医籍中有2例：

(1) 若呕吐而利，谓之吐利；躁扰烦乱，谓之霍乱。(《丹溪手镜·霍乱》)

(2) 干霍乱者死，乃躁扰不安，喘胀不得吐下者也。(《丹溪手镜·霍乱》)

---

① [明]李时珍：《本草纲目》，刘恒如、刘永山校注，华夏出版社，2013年版，第93页。
② [明]王肯堂：《证治准绳》，倪和宪点校，人民卫生出版社，2014年版，第252页。
③ [明]薛己：《薛氏医案》，上海古籍出版社，1991年版，第649页。
④ [明]薛己：《薛氏医案》，上海古籍出版社，1991年版，第649页。
⑤ [明]薛己：《薛氏医案》，上海古籍出版社，1991年版，第649页。
⑥ [唐]释慧琳，[辽]释希麟：《正续一切经音义》，上海古籍出版社，1986年版，第3029页。

"躁扰"出现于唐代，元代沿用，明清医籍存用。"躁扰"形容神志、手足急躁不安，是一种病症。如明王肯堂《证治准绳·杂病·神志门·癫狂痫总论》："肾藏志，志不足则神躁扰。"①《证治准绳·杂病·神志门·烦躁总论》："躁者身体手足躁扰，或裸体不欲近衣，或欲在井中，为外热也。"②又《证治准绳·杂病·大小腑门·大便不通》："便秘自是老人常事，俗以为后门固，寿考之征，而一时难堪，辄躁扰而致疾，予所处方，不犯大黄，可以久服，故表而出之。"③"躁扰"乃因肾脏受火热致疾，需清解、和利。如清吴谦《医宗金鉴·辨太阳病脉证并治上篇·桂枝汤方》："病六七日，手足三部脉皆至，大烦而口噤不能言，其人躁扰者，必欲解也。"④即用桂枝汤剂清解，调和躁扰病症。

13. 结伏

《广韵·屑韵》："结，缔也。"⑤结，由本义"缔结"引申为"聚集"。《广韵·屋韵》："伏，匿藏也。伺也。隐也。"⑥"结伏"由动作语素"结""伏"组成并列复合词，指聚集，隐藏。金元医籍中有2例：

(1) 大热内结，注泄不止，治宜寒疗，结伏虽除，以寒下之，又热则分利之。(《丹溪手镜·自利》)

(2) 由下后，表邪未解，阳邪内陷，结伏于心胸之间，邪热郁于胸中，宜栀子豉汤吐之。(《丹溪手镜·懊》)

"结伏"作为复合词表"聚集"义出现于宋代。虽然《难经》中有"结"与"伏"，但各是成词语素，还未形成复合词，而且"结"往往是指结瘕病症。"结伏"元明清沿用。在医籍文献中，"结伏"的主体可以

---

① [明]王肯堂：《证治准绳》，倪和宪点校，人民卫生出版社，2014年版，第263页。
② [明]王肯堂：《证治准绳》，倪和宪点校，人民卫生出版社，2014年版，第270页。
③ [明]王肯堂：《证治准绳》，倪和宪点校，人民卫生出版社，2014年版，第336页。
④ [清]吴谦等：《医宗金鉴》，人民卫生出版社，1963年版，第17页。
⑤ [宋]陈彭年、丘雍等：《广韵》，江苏凤凰教育出版社，2008年版，第145页。
⑥ [宋]陈彭年、丘雍等：《广韵》，江苏凤凰教育出版社，2008年版，第132页。

是郁结、寒气和筋脉。如金成无己《伤寒明理论·懊恼》："郁而不发，结伏于胸心之间，故如是也。"① 明朱橚《普济方·伤寒门》："金针丸治伤寒阴气结伏在内。"② 清萧涣唐《医脉摘要·〈难经〉脉法》："病积聚者，脉结若伏。假令脉结伏者内无积聚，脉浮结者外无痼疾，或有积聚而脉不结伏，有痼疾而脉不浮结，为脉不应病，难治。"③ 从文献用例来看，"结伏"在宋代零星出现，元代偶有用例，明代承袭前代文献，数量相对较多，清代用例减少。

14. 一止

《广韵·止韵》："止，停也。"④ "一止"中的"一"表动作次数，一下，在医籍中指停一下。金元医籍中有3例，均指脉搏停一下：

（1）促：去来数，而一止，复来。皆以痰饮，气血留滞不行。（《丹溪手镜·脉》）

（2）结：去来缓，时一止，复来。皆积。（《丹溪手镜·脉》）

（3）脉来缓，时一止复来，名曰结结阴也，阴气胜而阳不能相续也。脉来数，时一止复来，名曰促促，阳也，阳气胜而阴不能相续也。（《丹溪手镜·伤寒》）

"一止"最早出现于汉代医籍，宋代及元明清沿用。如汉张仲景《伤寒论·辨伤寒脉候》："脉来缓，时一止复来者，名曰结。脉来数，时一止复来者，名曰促（一作纵）。"⑤ 宋惠洪《冷斋夜话·东坡美谪仙句语作赞》有诗句"一鸣一止三千秋"⑥，此句中的"一止"运用了夸张手法，说鸟鸣的声音从鸣一次到停一次相隔时间久远，表达了对苏轼诗歌才华的赞美。明代医籍中用"一止"表筋脉的停止次数，如李时珍

---

① [金] 成无己：《伤寒明理论》，上海科学技术出版社，1959年版，第21页。
② [明] 朱橚：《普济方》，人民卫生出版社，1959年版，第1324页。
③ [清] 萧涣唐：《医脉摘要》，中国中医药出版社，2019年版，第238页。
④ [宋] 陈彭年、丘雍等：《广韵》，江苏凤凰教育出版社，2008年版，第71页。
⑤ 钱超尘：《影印南朝秘本敦煌秘卷〈伤寒论〉校注考证》，学苑出版社，2013年版，第28页。
⑥ [宋] 惠洪：《冷斋夜话》，凤凰出版社，2009年版，第54页。

《濒湖脉学·涩》:"涩脉,细而迟。往来难,短且散。或一止复来。"①清代医籍中还用"一止"表按胸的间隔次数,如俞根初《重订通俗伤寒论·伤寒诊法·按胸腹》:"或三四至一止,或五六至一止,积聚之候,按腹之要。"②

15. 越/散越/泄越/飞越/发越/走越

《左传·昭公四年》:"风不越而杀,雷不发而震。"③杜预注:"越,散也。"《广韵·月韵》:"越,走也。逾也。扬也。"④ 医籍中与"越"相关的词有"散越""泄越""飞越""发越""走越"等,形成"越"词族义场。

越₁:发散。

表"发散"义的"越",金元医籍中有2例:

（1）西北地高,人多食生冷、湿面、潼酪,或饮酒后寒气怫郁,湿不能越,以致腹皮胀痛,甚则水鼓胀满,或通身浮肿,按之如泥不起,此皆自内而出也。（《丹溪心法·中暑》）

（2）头汗 乃邪搏诸阳,热不得越,津液上凑。（《脉因证治·伤寒》）

散越:发散,泄越。

金元医籍中有1例:

或夏热皮肤痒,而以冷水沃之不去者,寒能收敛,腠理闭密,阳气郁结,不能散越,怫热内作故也。（《素问玄机原病式·五运主病》）

"散越"出现在秦汉时期,三国以降,唐宋明清医籍承袭前代用法。如《黄帝内经素问·方盛衰论篇第八十》,王冰饮注:"若居旷野,言心

---

① [明]李时珍:《濒湖脉学》,人民卫生出版社,1956年版,第7页。
② [清]俞根初:《重订通俗伤寒论》,上海科学技术出版社,1959年版,第131页。
③ 杨伯峻:《春秋左传注》,中华书局,1981年版,第1250页。
④ [宋]陈彭年、丘雍等:《广韵》,江苏凤凰教育出版社,2008年版,第140页。

神散越。若伏空室，谓志意沉潜。散越以气逆而痛甚未止，沉潜以痛定而复恐再来也。"① 三国魏王弼《周易注疏·序卦》："夫事有其节，则物之所同守而不散越也。"② 唐孙思邈《千金翼方·养性禁忌第一》："大醉神散越，大乐气飞扬，大愁气不通。"③ 秦观《淮海集·龙井记》："惟此地蟠幽而踞阻，内无靡曼之诱，以散越其精。"④ 明胡文焕《养生导引秘籍·修龄要指·四时调摄》："神气散越，宜远房室。"⑤ 清汪昂《医方集解·理血之剂·当归补血汤》："五味收神气之散越。"⑥ 从文献例证来看，"散越"的对象可以是身体内在的阳气、神志，也可以是外界环境的气象。

泄越：发散。

《诗·大雅·生民之什·民劳》："惠此中国，俾民忧泄。"⑦ 郑玄笺："泄犹出也，发也。"《广韵·薛韵》："泄，漏泄也。"⑧ "泄越"作为复合词，表发散。金元医籍中有3例：

（1）**淋渫脚气除湿汤** 内受湿气，不能外达，淋渫开导，泄越其邪。（《医学发明·脚气论》）

（2）北方之疾，因湩乳酪、醇酒之湿热下注，积久而成肿满疼痛也，治宜下药，泄越其邪。（《丹溪手镜·脚气》）

（3）北方之人，因湩酪、醇酒之湿热下注，积久而成肿满瘀痛也。治宜下药，泄越其邪。（《脉因证治·脚气》）

---

① ［唐］王冰饮注：《重广补注〈黄帝内经素问〉》，学苑出版社，2013年版，第485页。
② ［三国魏］王弼：《南宋初刻本周易注疏》，郭彧校，上海古籍出版社，2014年版，第799页。
③ ［唐］孙思邈：《千金翼方》，人民卫生出版社，2014年版，第314页。
④ 徐培均：《淮海集笺注》，上海古籍出版社，2000年版，第1221页。
⑤ 周德生、陈新宇：《〈养生导引秘籍〉释义》，山西科学技术出版社，2009年版，第163页。
⑥ ［清］汪昂：《医方集解》，上海科学技术出版社，1959年版，第119页。
⑦ ［汉］郑玄笺，［汉］毛亨传，［唐］孔颖达疏：《毛诗注疏》，上海古籍出版社，2013年版，第1655页。
⑧ ［宋］陈彭年、丘雍等：《广韵》，江苏凤凰教育出版社，2008年版，第146页。

飞越：泄散。

《汉语大词典》义项1：飞扬；义项2：飞着从上空越过。从元代医籍来看，"飞越"的语义指向"阳气"，表示人到六七十岁以后，身体的阳气亏空、泄散。《汉语大词典》的释义在医域认知中不适度。金元医籍中的用例如下：

> 强壮恣饕，比及五十疾已蜂起，气耗血竭，筋柔骨痿，肠胃壅阂，涎沫充溢。而况人身之阴难成易亏，六七十后，阴不足以配阳，孤阳几欲<u>飞越</u>，因天生胃气尚尔留连，又诸水谷之阴，故羁縻而定耳。（《格致余论·养老论》）

发越：发散，泄越。
"发越"也可指身体邪气的发散，漏泄。如：

> 还魂汤 麻黄_{三两,去节} 杏仁_{八十个,去皮尖} 炙甘草_{一两} 右三味，水八升，煮取三升，去渣，入姜汁少许，令咽之。盖取辛甘通阳气，<u>发越</u>邪气故也。（《脉因证治·卒尸卷上》）

朱丹溪用还魂汤来发散体内邪气，达到疏通阳气的效果。

走越₁：漏泄。
《广韵·月韵》："越，走也。扬也。"① "走越"是同义复词，指血气走动时，释义为"漏泄"。如：

> 气口_{血气走越}。（《丹溪手镜·脉》）

走越₂：超越。
《广韵·月韵》："越，逾也。"② "越"有超越义，"走越"同义复词，表超越。《汉语大词典》失收。如宋李昉等《太平御览·药部三·

---

① ［宋］陈彭年、丘雍等：《广韵》，江苏凤凰教育出版社，2008年版，第140页。
② ［宋］陈彭年、丘雍等：《广韵》，江苏凤凰教育出版社，2008年版，第140页。

芝下》："又曰：地芝，生于名山。得食之，延年益寿，一举千里，<u>越</u>江海。"① "走越"表地芝的药效广大，超越江海。

越$_2$：涌吐；呕吐。

金元医籍中的"越"常表呕吐义，有11例。此义项《汉语大词典》失收，当补。

（1）予凭《内经》火淫于内，治以咸寒，以盐水<u>越</u>其膈间寒热宿痰，新者为热，旧者为寒，或宿食宿饮在上脘者，皆可涌之。（《儒门事亲·指风痹痿厥近世差玄说》）

（2）寒之嗽，治以宁神散、宁肺散，有寒痰在上者，以瓜蒂散<u>越</u>之。（《儒门事亲·嗽分六气毋拘以寒述》）

（3）《内经》曰："三阳结为隔。"王启玄又曰："格阳云阳盛之极，故食格拒而不入。"先以通圣散<u>越</u>其一半，后以舟车丸下之，凡三次，食已下。又以瓜蒂散再<u>越</u>之，健啖如昔日矣。（《儒门事亲·隔食中满》）

（4）《内经》曰："木郁则达之。"先以瓜蒂散<u>越</u>之，次以八正散加汤碱等分顿啜之，其沙石自化而下。（《儒门事亲·沙石淋》）

（5）又，棠溪张凤村，一田叟姓杨，其病呕酸水十余年。本留饮，诸医皆以燥利燥之，中脘脐胁以火艾燔针刺之，疮未尝合。戴人以苦剂<u>越</u>之，其涎如胶，乃出二三升，谈笑而愈。（《儒门事亲·留饮》）

（6）戴人以为去之未尽，当以再服前药，德源亦欣然请下之。又下五行，次后数日，更以苦剂<u>越</u>之。（《儒门事亲·洞泄》）

（7）求戴人发药，诊其脉，寸口独沉而迟，此胸中有痰。先以瓜蒂散涌痰五七升。不数日，再<u>越</u>痰水及斗。又数日，上涌数升。凡三涌三下，汗如水者亦三，其积皆去。以流湿饮之药调之，月余大瘥。（《儒门事亲·停饮》）

（8）洞泄：春伤于风，邪气留连，乃为洞泄，泄下褐色。治法同上。又宜灸水分穴。湿气在下，又宜以苦剂<u>越</u>之。（《儒门事亲·

---

① ［宋］李昉等：《太平御览》，中华书局，1960年版，第4364页。

金匮十全之法》)

（9）治世人民安静，如用升麻葛根汤、败毒散辛温之剂，亦无加害。亦可加葱白盐豉上而越之，表而解之。（《儒门事亲·风论》）

（10）夫伤寒之寒热者，恶寒为表热里和，故恶寒脉浮大也；发热为里热表和，故发热脉滑实也。可以吐法而解之，用拔雪汤主之。生姜、葱白、豆豉同煎葶苈苦酒汤，上而越之。（《儒门事亲·论火热二门》）

（11）仲景谓膈之上属上焦，悉属于表，或有形质之物，因而越之则可，若气塞则不可，越之者，吐也，亦无下之理。破气药也。辛泻气。（《医学发明·本草十剂》）

对比《儒门事亲》中的其他用例，可见句法格式相同，也可知"越"表"涌吐；呕吐"义。如：

（1）伤寒七八日，发黄有斑，潮热腹满者，或痰实作止，虽诸承气汤下过者，仲景曰："寸口脉浮滑者，可用瓜蒂散吐之。"（《儒门事亲·解利伤寒》）

（2）民范是年目大发，遂遇戴人，以瓜蒂散涌之，赤立消。（《儒门事亲·目赤》）

（3）戴人以瓜蒂散涌之，出寒痰三五升，以舟车丸、浚川散下之，青黄涎沫缶平，复以桂苓白术散、五苓散调之，半月复归矣。（《儒门事亲·腹满面肿》）

（4）风中妇人，胸中留饮，两脐腹微痛，呕逆恶心，旋运，惊悸、狂惕、心风、搐搦、颤掉。初之气病，宜以瓜蒂散吐之，在下泄之。（《儒门事亲·大寒子上初之气》）

"越"最早出现在春秋战国时期的《黄帝内经素问·阴阳应象大论》中，如："其高者因而越之；其下者引而竭之。"[①] 金成无己《伤寒明理

[①] 《黄帝内经素问》，人民卫生出版社，2012年版，第32页。书中释"越"为"越扬"，语义不明晰。

论·胸胁满》："病在胸膈之上为高。越之为吐也。"① "越"为呕吐义。明李中梓《伤寒括要·胸满胁满腹满少腹满》："在上者因而越之，故胸满宜吐。"② 清柯琴《伤寒论翼·全论大法》："高者因而越之谓吐，下者引而竭之谓利小便。"③ 医家认为病在咽喉、胸膈、胃脘等上部或高位，可用瓜蒂散等汤剂来涌吐（或越）治疗。

16. 冲墙倒壁

冲墙倒壁：比喻泻痰的显著功效。金元医籍中有1例：

（枳实）泻痰，能冲墙倒壁，滑窍泻气之药。（《本草衍义补遗·枳实》）

明代医家采用枳实泻痰，功效显著。如明李中梓《本草征要·气血兼理药与理气药》："枳实（即枳壳之小者）破积有雷厉风行之势，泻痰有冲墙倒壁之威。"④ 清凌奂《本草害利·脾部药队·补脾次将·莱菔子》："治痰之功，有以冲墙倒壁为喻者。"⑤ 清代本草医籍记载，莱菔子，即萝卜子，有消食除膨、化痰之奇效。遍查含有"冲墙倒壁"的文献，明代用例远远少于清代，而金元时期偶有出现。

在晚清小说中，"冲墙倒壁"还比喻行事莽撞。如清张春帆《九尾鱼》第一百七十回："辛修甫便点一点头道：'……以后我劝你还是收敛些儿，不要这般的冲墙倒壁，无故骂人，这才是个明哲保身的道理。'"⑥

17. 行

《说文·行部》："行，人之步趋也。"⑦《广韵·庚韵》："行，步行也。适也。往也。去也。"⑧ "行"的本义是道路，作名词。由动词的行

---

① ［金］成无己：《伤寒明理论》，上海科学技术出版社，1959年版，第13页。
② ［明］李中梓：《伤寒括要》，世界书局，1940年版，第120页。
③ ［清］柯琴：《伤寒论翼》，商务印书馆，1938年版，第3页。
④ ［明］李中梓：《本草征要》，北京科学技术出版社，1986年版，第34页。
⑤ ［清］凌奂：《本草害利》，中医古籍出版社，1982年版，第57页。
⑥ ［清］张春帆：《九尾鱼》，黑龙江美术出版社，2014年版，第671页。
⑦ ［清］段玉裁：《说文解字注》，浙江古籍出版社，2007年版，第78页。
⑧ ［宋］陈彭年、丘雍等：《广韵》，江苏凤凰教育出版社，2008年版，第53页。

走义引申为"通、通行"。《汉语大词典》失收此义项。"行"表"通"义，在金元医籍中有31例，其中《本草衍义补遗》11例，《金匮钩玄》12例，《局方发挥》5例，《黄帝素问宣明论方》两例，《丹溪心法》1例。如：

（1）白滑石属阳金而有土与水。无甘草以和之勿用。燥湿，分水道，实大府，化食毒，行积滞，逐凝血，解燥渴，补脾胃，降妄火之要药也。（《本草衍义补遗·白滑石》）

（2）安胎者乃上中二焦药，降火下行也。缩砂安胎者，治痛行气也。（《本草衍义补遗·栀子》）

（3）治痰 气实能食，用荆沥；气虚少食，用竹沥。此二味用开经络，行气血。入四物汤中，必用姜汁助之。（《金匮钩玄·中风》）

（4）二陈汤加黄芩、苍术、羌活，散风行湿。或用防风行湿之剂可也。（《金匮钩玄·眩晕》）

（5）或曰吾子谓《内经》风论主于外感，其用麻黄、桂枝、乌、附辈将以解风寒也，其用脑、麝、威灵仙、黑牵牛辈将以行凝滞也。（《局方发挥》）

（6）卫汗以散风，导水以行湿，仲景法也。观其用药，何者为散风？何者谓行湿？吾不得而知也。（《局方发挥》）

（7）《本草》云："苍术治湿，上下部皆可用。"二陈汤中加酒芩、羌活、苍术，散风行湿。（《丹溪心法·中湿四》）

（8）四肢肿，四肢热盛则肿。四肢者，谓诸阳之本，阳结者，故不行于阴脉阳脉，不行，故留结也。（《黄帝素问宣明论方·诸证门·结阳证》）

医籍文献用例表明"行"可以通湿气、通气血、通积滞。"通"是"行"的引申义，出现于春秋战国时期，元明清医籍承袭此义。如《素问·调经论篇第六十二》："五藏之道，皆出于经隧，以行血气，血气不和，百病乃变化而生，是故守经隧焉。"① 明李时珍《本草纲目·草部·山草·地榆》："地榆除下焦热，治大小便血证。止血取上截切片炒用。其梢则能行血，不可不知。"② 清王清源《医方简义·胃痛·加减附子理中汤》："温以和其气，气行湿去，其肿自除。"③

18. 充越

充越₁：使……更加丰盈。

《广韵·东韵》："充，满也。"④《楚辞·离骚》："苏粪壤以充帏兮。"⑤ 王逸注："充，犹满也。"可见"充"有丰满、丰盈之义。《广韵·月韵》："越，逾也。"⑥"越"引申表"更加"。"充""越"组成复合词"充越"，在医籍文献中，与"肌肤"连用，表使动，指"使有，肌肤更加丰盈"。金元医籍中有1例，明清医籍中罕见。如：

巴戟丸 治肝肾俱虚，收敛精气，补真戢阳，充越肌肤，进美饮食。（《医学发明·巴戟丸》）

充越₂：充实超越。

《广韵·东韵》："充，塞也。"⑦《广韵·月韵》："越，逾也。"⑧ 言及作品时，"充越"表示在原有的基础上充实超越。如明张宇初撰《岘泉集·还真集序》："若汉魏伯阳，仿《易》撰《参同契》，本《古文龙虎经》而充越之。"⑨

充越₃：充周。

---

① 《素问》，穆俊霞、王平校注，中国医药科技出版社，2011年版，第93页。
② ［明］李时珍：《本草纲目》，刘恒如、刘永山校注，华夏出版社，2013年版，第528页。
③ ［清］王清源：《医方简义》，光绪九年（1883）绍兴裘氏版。
④ ［宋］陈彭年、丘雍等：《广韵》，江苏凤凰教育出版社，2008年版，第5页。
⑤ ［宋］朱熹：《楚辞集注》，上海古籍出版社，2015年版，第31页。
⑥ ［宋］陈彭年、丘雍等：《广韵》，江苏凤凰教育出版社，2008年版，第140页。
⑦ ［宋］陈彭年、丘雍等：《广韵》，江苏凤凰教育出版社，2008年版，第5页。
⑧ ［宋］陈彭年、丘雍等：《广韵》，江苏凤凰教育出版社，2008年版，第140页。
⑨ ［清］永瑢、纪昀：《四库全书总目提要·集部一七五》，上海古籍出版社，1987年版，第393页。

在明代，言及善恶是非道理时，"充越"表示道理的周大。如宋朱熹《朱子语类·周子之书·通书》："濂溪言'诚无为，几善恶'。才诚，便行其所无事，而几有善恶之分。于此之时，宜当穷察识得是非。其初有毫忽之微，至于穷察之久，渐见充越之大，天然有个道理开裂在那里。"①"充越之大"与"充周之大"互文。如清胡煦《周易函书约注·系辞上传·一阴一阳之谓道》："如将道字说作阴阳之所以然，是又将道字看作太极，翻说人大本一边，是不知子思达道之说，止谓道为充周之大用也。"②"充越"与"充周"极言道理宏大。《汉语大词典》未收"充越"。

19. 匿和／和匿

《说文·匚部》："匿，匣也。"③ "匿"的本义是匣子。《周礼·天官·食医》："食医掌和王之六食、六饮、六膳、百羞、百酱、八珍之齐。"④ 郑玄注："和，调也。""匿和"指在匣子里调和，后语义偏指"调和"。中医调制药物有专门的药匣，形制不同于盛装衣物的大匣子。有时"匿和"也作"和匿"。金元医籍中，"匿和"与"和匿"各有1例，如：

感应丸 干姜炮制，一两 南木香去芦 丁香各一两五钱 百草霜二两 肉豆蔻去皮，三十个 巴豆去皮、心、膜、油，研，七十个 杏仁一百四十个，汤浸去皮尖，研膏 右七味，除巴豆粉、百草霜、杏仁三味外，余四味捣为细末，却与三味同拌，研令细，用好蜡<u>匿和</u>，先将蜡六两溶化作汁，以重绵滤去粗，更以好酒一升，于银、石器内煮蜡溶，滚数沸，倾出，候酒冷，其蜡自浮于上，取蜡秤用丸。春夏修合，用清油一两，于铫内熬令沫散香熟，次下酒煮蜡四两，同化作汁，就锅内乘热拌和前项药末。秋冬修合，用清油一两五钱，同煎煮熟，作汁<u>和匿</u>药末成剂，分一小铤子，以油单纸裹之，旋丸服耳。(《脾胃论·论饮酒过伤》)

---

① [宋] 朱熹：《朱子语类》，中华书局，1986年版，第2394页。
② [清] 胡煦：《周易函书约存》，程林点校，中华书局，2008年版，第761页。
③ [清] 段玉裁：《说文解字注》，浙江古籍出版社，2007年版，第636页。
④ [汉] 郑玄注，[唐] 贾公彦疏：《十三经注疏·周礼注疏》，李学勤主编，北京大学出版社，1999年版，第109页。

遍查"匿和"与"和匿"在文献中的用例，发现金代李杲《脾胃论》的这条材料，是从宋代《太平惠民和剂局方·绍兴续添方·感应丸》里继承而来的，清代日本人丹波元坚的《杂病广要·内因类·消磨兼疏荡诸方》亦是如此。"和匿"的语义偏指"和"，指调和。元明时期，医家多用蜡或蜜调和制药，如元许国祯《御药院方·感应丸》"用好蜡匿和"①，明朱橚《普济方·服饵门》"次以蜜和匿药"②。

20．施化

《广韵·支韵》："施，施设。"③"施"可表施行、运行义。《素问·气交变大论》："……病反腹满肠鸣，溏泄食不化，渴而妄冒，神门绝者不治，上应荧惑、辰星。"④"化"有消化义。"施化"在《汉语大词典》中有3个义项：生育；造化；实施教化。金元医籍中"施化"表消化义的用例有4个：

（1）或伤酒湿面及味厚之物，膏粱之人，或食已便卧，使湿热之气不得施化，致令腹胀满，此胀亦是热胀。（《兰室秘藏·诸腹胀大皆属于热论》）

（2）易水张先生，尝戒不可用峻利食药，食药下咽，未至药丸施化，其标皮之力始开，使言空快也，所伤之物已去；若更待一两时辰许，药尽化开，其峻利药必有情性，病去之后，脾胃安得不损乎？脾胃既损，是真气元气败坏，促人之寿。（《内外伤辨惑论·辨内伤饮食用药所宜所禁》）

（3）**枳实导滞丸** 治伤湿热之物，不得施化，而作痞满，闷乱不安。大黄一两枳实麸炒,去瓤 神曲炒,各五钱 茯苓去皮 黄芩去腐 黄连拣净 白术各三钱 泽泻二钱右件为细末，汤浸蒸饼为丸，如梧桐子大，每服五十丸至七十丸，温水送下，食远，量虚实加减服之。（《内外伤辨惑论·辨内伤饮食用药所宜所禁》）

（4）或伤酒湿面及味厚之物，膏粱之人，或食已便卧，使湿热

---

① ［元］许国祯：《御药院方》，中医古籍出版社，2015年版，第165页。
② ［明］朱橚：《普济方》，人民卫生出版社，1959年版，第4559页。
③ ［宋］陈彭年、丘雍等：《广韵》，江苏凤凰教育出版社，2008年版，第11页。
④ 《素问》，穆俊霞、王平校注，中国医药科技出版社，2011年版，第113页。

之气不得施化，致令腹胀满，此胀亦是热胀。治热胀，分消丸主之。(《医学发明·诸腹胀大皆属于热》)

21. 镇坠

《广韵·震韵》："镇，压也。"① "坠"，《汉语大词典》释义为"落下；陷入"。"坠"是往下落的过程与方向。医籍文献中，"镇坠"比喻利用药物性能压制人体上升之气或浮越之气。从词语的句法特征来看，"镇坠"可以作动词，也可以作名词。字典、辞书一般失收。金元医籍中有7例：

(1) **三黄补血汤** 治六脉俱大，按之空虚，必面赤善惊，上热，乃手少阴心之脉也。此气盛多而亡血，以甘寒镇坠之剂，大泻其气以坠气浮，以甘辛温微苦，峻补其血。(《东垣先生试效方·衄吐呕唾血门·衄吐呕唾血论》)

(2) 而经水不时而下，或适来适断，暴下不止，当先说恶死之言，劝谕令拒死而心不动，以大补气血之药，劝养脾胃，微加镇坠心火之药治其心，补阴泻用，经自止矣。(《东垣先生试效方·妇人门·经漏不止有三》)

(3) 拟先治其本，余证可以皆去，与安心定志，镇坠其惊，调和脾胃，益元气，补血脉，养其神，以大热之剂去其冬寒，寒凝在皮肤内，少加生地黄去命门相火，不令四肢痿弱。黄芪当归人参汤主之。(《东垣先生试效方·妇人门·经漏不止有三》)

(4) 遂与苏子降气汤、四磨汤下黑铅丹、养气丹，镇坠上升之气，且硫黄、黑锡佐以香热，又无补养之性，借此果能生气而补肾乎？(《金匮钩玄·气属阳动作火论》附录二)

(5) 在龙虎则有寒水石一斤以为镇坠；在排风则有白术、当归以为补养，此殆与古人辅佐因用之意合。(《局方发挥》)

(6) 或曰：气上升者，皆用黑锡丹、养正丹、养气丹等药以为镇坠。(《局方发挥》)

---

① [宋]陈彭年、丘雍等：《广韵》，江苏凤凰教育出版社，2008年版，第114页。

(7) 盖心气不足，其火大炽，在于血脉之中，致脾胃有亏，火乘其中，形容似不病者，此心病也。治法同前，微加<u>镇坠</u>心火之药，补阴泻阳，经自止矣。(《脉因证治·崩漏》)

"镇坠"一词最早可以溯源到宋代。如宋杨士瀛《仁斋直指方论·喘嗽方》："真阳虚惫，肾气不得归元，固有以金石<u>镇坠</u>，助阳接真而愈者，然亦不可峻骤……"① 明清医籍中有大量用例，"镇坠"为医生常用方法。如明李时珍《本草纲目·金石之三·石类上·水银》："水银但不可服尔，而其治病之功，不可掩也。同黑铅结砂，则<u>镇坠</u>痰涎；同硫黄结砂，则拯救危病。"② 有的药物本身就具有"镇坠"的功效，如《本草纲目·百病主治药·反胃》："灵砂_{镇坠反胃神丹也}。"③ 清代，除了用石镇坠，还用麝香药类，如清沈源《奇症汇·目》："自后，每见皂衣人即发。服朱砂、脑麝<u>镇坠</u>之药，已四年余无功，又添行步动作，神思如痴，脉沉弦而急。"④

22. 流火

《诗经·豳风·七月》："七月<u>流火</u>，九月授衣。"⑤ 孔颖达疏："于七月之中，有西流者，是火之星也，知是将寒之渐。""流火"一词最早出现在《诗经》中。这里的"流火"指火星宿在七月下行，天气转凉。《中医大辞典》释"流火"为病名，语义不准确。引证的《外科证治全生集》属清代，时代稍晚。《汉语大词典》义项3"丹毒的俗称"引证的《医宗金鉴·杂病心法要诀·痹病总括》"风胜行痹痛"注："其风邪胜者，其痛流走，故曰行痹……近世曰痛风，曰流火，曰历节风，皆行痹之俗名也。"这里的"流火"指行痹。查考《中医大辞典》"丹毒"

---

① [宋] 杨士瀛：《仁斋直指方论》，盛维忠等校注，福建科学技术出版社，1989年版，第291页。

② [明] 李时珍：《本草纲目》，刘恒如、刘永山校注，华夏出版社，2013年版，第373页。

③ [明] 李时珍：《本草纲目》，刘恒如、刘永山校注，华夏出版社，2013年版，第116页。

④ [清] 沈源：《奇症汇》，中医古籍出版社，1981年版，第54页。

⑤ [汉] 郑玄笺，[汉] 毛亨传，[唐] 孔颖达疏：《毛诗注疏》，上海古籍出版社，2013年版，第711页。

条，释义为："丹毒，病名。出《备急千金方》卷二十二，又名丹熛、天火、火丹。因患部皮肤红如涂丹，热如火灼，故名。发无定处者名赤游丹，发于头部者名抱头火丹，发于小腿者名流火。"[1] 可以看出，"流火"指小腿上发生的火邪病症。"流火"在金元医籍中有 6 例，但发生病痛的部位在"两目"，指眼睛上火，是中医常见的病症。如：

（1）头时作阵痛或暴痛，两目中流火，视物晾晾然，或耳鸣耳聋，喜晴明，恶阴寒，夜不得安卧。（《东垣先生试效方·心胃及腹中诸痛门·心胃及腹中诸痛门论》）

（2）胸满短气，咽嗌不通，痰唾稠粘，口中沃沫，食入反出，耳鸣耳聋，目中流火，视物昏花，胬肉红丝，热壅头目，不得安卧，不思饮食，并皆治之。（《兰室秘藏·饮食劳倦门》）

（3）**温卫汤** 治鼻不闻香臭，目中流火，气寒血热，冷泪多，脐下冷，阴汗，足痿弱。（《兰室秘藏·眼耳鼻门》）

（4）**补益肾肝丸** 治目中流火，视物昏花，耳聋耳鸣，困倦乏力，寝汗恶风，行步不正，两足欹侧，卧而多惊，脚膝无力，腰以下消瘦。（《兰室秘藏·杂病门》）

（5）……食入反出，耳鸣耳聋，目中流火，视物昏花……调中益气汤主之。（《脾胃论·除风湿羌活汤》）

（6）头作阵痛，目中流火，视物晾晾，耳鸣耳聋，头并口鼻……（《脾胃论·神圣复气汤》）

"流火"有时也作"溜火"。金元医籍中有 9 例：

（1）**固真丸** 治白带久下不止，脐腹冷痛，阴中亦然，目中溜火壅其上，视物晾晾然无所见，牙齿恶热饮，痛须得黄连末擦之乃止，唯喜于食，大恶汤饮。此病皆寒湿乘其胞内，故喜干而恶湿。肝经目火上溢，走于标故上壅，而目溜火。肾水浸肝而上溢，致目晾晾而无所见。齿恶热饮者，是少阳、阳明经伏火也。（《东

---

[1] 李经纬等：《中医大辞典》（第二版），人民卫生出版社，2020 年版，第 343 页。

垣先生试效方·妇人门·癞疝带下论》)

(2) **神圣复圣汤** 上热如火,下寒如冰。头作阵痛,目中<u>溜火</u>,视物眈眈,耳聋耳鸣……(《兰室秘藏·胃脘痛门》)

(3) **归葵汤**一名连翘饮子 治目中<u>溜火</u>,恶日与火,隐涩难开,小角紧,视物昏花,迎风有泪。柴胡二分 生甘草 蔓荆子 连翘 生地黄 当归身 红葵花 人参各三分 黄芪 酒黄芩 防风 羌活各五分 升麻一钱 右㕮咀,每服五钱,水二盏,煎至一盏,去粗,食后温服。(《兰室秘藏·眼耳鼻门》)

(4) **固真丸** 治白带久下不止,脐腹冷痛,阴中亦然。目中<u>溜火</u>,视物眈眈然无所见。齿皆恶热饮痛,须得黄连细末擦之乃止。惟喜干食,大恶汤饮,此病皆寒湿乘其胞内,故喜干而恶湿。肝经朋火上溢走于标,故上壅而目中<u>溜火</u>。肾水侵肝而上溢,致目眈眈而无所见。齿恶热饮者,是阳明经中伏火也。治法当大泻寒湿,以丸药治之。(《兰室秘藏·妇人门》)

(5) **麻黄白术汤** 治大便不通,五日一遍,小便黄赤,浑身肿,面上及腹尤甚,其色黄麻木,身重如山,沉困无力,四肢痿软,不能举动,喘促,唾清水,吐哕,痰唾白沫如胶。时燥热发,欲去衣,须臾热过振寒,项额有时如冰,额寒尤甚。头旋眼黑,目中<u>溜火</u>,冷泪,鼻不闻香臭,少腹急痛,当脐中有动气,按之坚硬而痛。(《兰室秘藏·大便结燥门》)

(6) **补益肾肝丸** 治目中<u>溜火</u>,视物昏花,耳聋耳鸣,困倦乏力,寝汗憎风,行步不正,两足欹侧,卧而多惊,脚膝无力,腰已下消瘦。(《医学发明·损其肾者益其精》)

(7) **固真丸** 治脐腹冷痛,目中<u>溜火</u>,此皆寒湿乘其胞内,汗轻伏火。(《脉因证治·带下》)

流,在《广韵》中属尤韵,平声,来母字。溜,在《广韵》中属宥韵,去声,来母字。"流"与"溜"是一声之转,可互通互用。"流火"即"溜火"。文献考证,"流火"最初出现在金元医籍中,指眼睛上火,明代抄录金元医籍,清代存用。"溜火"最初也出现在金元医籍中,明清承袭。从"流火"与"溜火"在文献中出现的频次来看,"溜火"盛行于明清时期，明代使用较多。

23. 作化

作化₁：服药后的反应。

中医主张辨证论治，药物服用后往往有所表征。"作化"指做药化服。医师根据病情辨证施治。"作化"一词出现于金元时期，频次极低，明清医籍如《普济方》《杂病广要》都是抄录金元医籍。此义项的生命力极其有限。金元医籍中只有1例：

妙功十一丸 治痫。丁香 木香 沉香 乳香 麝香 荆三棱炮 广茂炮 黑牵牛微炒 黄连 雷丸炒 鹤虱炒 胡黄连 黄芩 大黄焙 陈皮 青皮 雄黄 熊胆 甘草炙,各二钱半 赤小豆三百六十粒,煮 白丁香直尖者,三百六十个 轻粉四钱 巴豆七粒 右二十三味，为细末，赤小豆烂煮研泥，同荞面打糊，和作十一丸，朱砂为衣，阴干。服时水浸一宿，化一丸，大便出，随病各有形状，取出为验。或作化一番，不可再服。曾经火灸者不治。远年愈效。（《儒门事亲·诸风疾证》）

作化₂：变化。

《广韵·箇韵》："作，造也。"① 《广韵·祃韵》："化，德化。变化。"② "作化"引申为变化、造化，最初出现在南北朝，清代存用。南朝梁萧统《昭明文选·纪行下》："一气恃之而作化，故寄名变耳。"③ 清郑燮《郑板桥集·补遗·潍县竹枝词》有诗句"老夫欲种菩提树，十里春风作化城"④。"作化"一词及其两个义项，《汉语大词典》失收。

24. 合定

合定₁：盖好、覆盖。

《山海经·大荒西经》："西北海之外，大荒之隅，有山而不合，名

---

① ［宋］陈彭年、丘雍等：《广韵》，江苏凤凰教育出版社，2008年版，第122页。
② ［宋］陈彭年、丘雍等：《广韵》，江苏凤凰教育出版社，2008年版，第123页。
③ ［南朝梁］萧统：《昭明文选》，［唐］李善注，崇文书局，2018年版，第303页。
④ ［清］郑燮：《郑板桥集》，中华书局，1962年版，第204页。

曰不周负子。"① "合"本义为闭合，引申为"盖、覆"。"合定"表示盖好、覆盖。金元医籍中有1例：

> 治一切诸风。常服乌髭驻颜，明目延年。苍术四斤，米泔水浸软，竹刀子刮去皮，切作片子。内一斤用椒三两，去白，炒黄去椒；一斤盐三两炒黄，去盐；一斤好醋一升煮汁尽；一斤好酒一升煮令汁尽何首乌二斤，米泔水浸软，竹刀子刮去皮，切作片子，用瓦甑蒸。先铺黑豆三升、干枣二升，上放何首乌。上更铺枣二升、黑豆三升，用炊单复着，上用盆合定。候豆枣香熟取出，不用枣豆地骨散去粗皮，重二斤右伴于石臼内捣为细末，候有椹汁、搜和，如软面剂相似，瓷盆内按平。上更用椹汁、药上高三指，用纱绵帛覆护之。昼取太阳，夜取太阴。使干再捣，罗为细末。炼蜜和丸如梧桐子大，空心温酒下六十丸，忌五辛之物。（《儒门事亲·诸风疾证·不老丹》）

药方中的"何首乌"制作完成后，需"用盆合定"。"合定"指用盆或其他器皿覆盖或盖好，以便贮存。

"合定"是日常口语词，有两个义项：一是覆盖、盖好，二是合计、商定。这两个义项《汉语大词典》都失收。

文献考证，"合定"的义项"覆盖、盖好"初见于宋代。宋朱端章《卫生家宝产科备要·孙真人养胎论·丹参膏》记述蜀椒炒少时后，"以碗合定出汗"②备用。此义项金元时期沿用。如元许国祯《御药院方·梅觉春丸》记述了用梅觉春丸治阳事痿弱的方法：用丁香、木香、朱砂研末与荞麦面揉和，倾放在黑附子内，黑附子事先剜去中心，制成空瓮子。然后把放入空瓮子里的药放在挖去中心的萝卜里。药制好后，为方便贮存，"将药安在坑内四畔，用炭火一斤铺盖之，一时辰为度，去火，用新盆合定，令冷，与后药一处为末"③。明清时期也用"合定"的方法制药、存药。如明缪希雍《炮炙大法·石部·水银粉》主张在药物贮存上，"用一盆合定，以盐泥石膏，蜜醋调封盆口，勿令泄气，下盆底

---

① ［晋］郭璞著，［清］郝懿行笺疏：《山海经笺疏》，中国致公出版社，2016年版，第408页。

② ［宋］朱端章：《卫生家宝产科备要》，湖南长沙出版社，2014年版，第23页。

③ ［元］许国祯：《御药院方》，中医古籍出版社，2015年版，第552页。

用铁钉三脚支住四五寸高"①。又明王肯堂《证治准绳·类方·目·服椒方》记载了用川椒治肝肾虚风上攻、头目不利的药方：花椒炒透后，需要"用新盆<u>合定</u>"②，四周用黄土泥封。清萧晓亭《疯门全书·疯门总论·四生散》记述了四生散制作后的煨熟方法，是"<u>合定</u>纸包煨熟"③。

"合定"即在制成药后，用盆子、碗或纸包覆盖、盖好以便贮存。动词"合定"修饰的名词一般是家用器具，在清代也可以修饰人体部位，主要是眼睛。人的眼睛可以一开一合，"合定"修饰眼睛，指闭上或合上眼睛。如清魏文中《绣云阁》第十八回："三缄如命，<u>合定</u>双眸。"④ 又第二十回："双眸<u>合定</u>。"⑤

合定₂：合计、商定。

"合定"的第 2 个义项在唐代就已经出现，明清承袭。如杜光庭《代人请归姓表》："将垂久大之规，<u>合定</u>亲疏之分。"⑥ 宋钟邦直《靖康稗史笺证·瓮中人语笺证》记载了龙图阁直学士、大中大夫赵良嗣等人"赍书再往军前，计以银绢代燕地税赋<u>合定</u>议数目"⑦的事件。明兰陵笑笑生《金瓶梅》第五十三回："小优儿拿檀板、琵琶、弦索、箫管上来，<u>合定</u>腔调，细细唱了一套，〈宜春令〉'青阳候烟雨淋'。"⑧ 清张之洞《书院学规·广雅书院》："各衙门官课，仿学海堂之例，统归四分校代阅，详加评点，分拟各门名次，仍送各衙门复核，<u>合定</u>名次发榜。斋课亦由四分校评阅，各拟名次，送院长复阅，<u>合定</u>发榜。"⑨

25. 斡

《广韵·末韵》："斡，转也。"⑩ "斡"表转动。转动的方向不同，

---

① [明] 缪希雍：《炮炙大法》，中国书店，1985 年版，第 6 页。
② [明] 王肯堂：《证治准绳》，彭怀仁点校，人民卫生出版社，2014 年版，第 575 页。
③ [清] 萧晓亭：《疯门全书》，人民卫生出版社，1990 年版，第 40 页。
④ [清] 魏文中：《绣云阁》，江西人民出版社，1989 年版，第 140 页。
⑤ [清] 魏文中：《绣云阁》，江西人民出版社，1989 年版，第 150 页。
⑥ 董诰等：《全唐文》，中华书局，1983 年版，第 9689 页。
⑦ [宋] 钟邦直：《靖康稗史笺证》，中华书局，1989 年版，第 50 页。
⑧ [明] 兰陵笑笑生：《金瓶梅》，齐鲁书社，1991 年版，第 771 页。
⑨ [清] 张之洞：《张之洞与广雅书院》，广东人民出版社，2012 年版，第 334 页。
⑩ [宋] 陈彭年、丘雍等：《广韵》，江苏凤凰教育出版社，2008 年版，第 143 页。

与转动的受事相关。《说文·斗部》:"斡,蠡柄也。"段玉裁注:"判瓠为瓢以为勺,必执其柄而后可以挹物。执其柄则运旋在我,故谓之斡。"①"斡"的本义是名词枓柄,作动词引申为"撬;开"。《汉语大字典》义项5是"挖取;掏取",如"斡开胸脯""斡肉""斡出舌头",但用在牙关词语义场中,语义不适度。根据医籍文献用例,撬的工具不限于枓柄,也可以是能用来灌溉汤药。金元医籍中有1例:

如禁了牙关,用此药斡开灌之。(《儒门事亲·破伤风邪·治破伤风》)

此用例中的"斡"是用治破伤风的汤药撬开紧闭的牙关。

此义项的"斡"最早出现在唐代。从唐至明清,"斡"可表撬;开;戳义,尤其在明代使用较普遍。如唐代贾餗《仙人掌赋》:"斡开元气,剖破凝碧。"②宋赵鼎《辩诬笔录》:"敌遣甲士百余人,路刃相向,且斡开口,灌以粥饮,而邦昌终不从。"③这两个用例中的"斡"皆为撬义。

宋代宋慈(惠父)《洗冤集录·自刑》:"若将刃物自斡着喉下、心前、腹上、两胁肋、太阳、顶门要害处,但伤着膜,分数虽小即便死。如割斡不深及不系要害,虽两三处未得致死。"④此处的"斡"作开义。"割斡"义为割开,"斡"作补语,也不表挖取。又《洗冤集录·杀伤》:"或只用竹枪,尖竹担斡着要害处,疮口多不齐整,其痕方、圆不等。"⑤此处的"斡"为戳义,指用尖锐的东西戳中要害。

明代"斡"多与口齿、牙关连用,为"撬"义,不表挖取。如明张景岳《景岳全书·古方八阵·攻阵·备急丸》:"如卒死口噤,即斡口折齿灌之。"⑥《景岳全书·古方八阵·因阵·雄黄解毒丸》:"如口噤,以

---

① [清]段玉裁:《说文解字注》,浙江古籍出版社,2007年版,第718页。
② 董诰等:《全唐文》,中华书局,1983年版,第7540页。
③ [宋]赵鼎:《辩诬笔录》,中华书局,1991年版,第7页。
④ [宋]宋慈:《洗冤集录》,新文丰出版公司,1979年版,第56页。
⑤ [宋]宋慈:《洗冤集录》,新文丰出版公司,1979年版,第59页。
⑥ [明]张景岳:《景岳全书》,台联国风出版社,1980年版,第1143页。

物斡开灌之，下咽无有不活者。"① 明王肯堂《证治准绳·杂病·中风·口噤》："以物斡开牙关，令咬定甘草，可人行十里许时，又换甘草一截，后灌药极效"②；"如牙关紧急，斡开灌之，立验"③；"如口噤，但斡开牙关，研化三丸，灌下喉中立生"④。

清代沿用"撬开"义。如清张曜孙《重订产孕集·孕疾》："白扁豆为末，新汲水调下二三钱，口噤者斡开灌之，见得效方。"⑤

26. 提正

提正：现代汉语中指职位由副职提升为正职；医籍文献中，"提正"表示胎位转正。《汉语大词典》等辞书未收"提正"一词。金元医籍中有1例：

> 蓖麻子三十个，研烂。妇人顶上刮去发少许，以上药涂之。须臾，觉腹中提正，便刮去药，却于脚心涂之。自然顺生也。(《儒门事亲·妇人病症·治产妇横生》)

"提正"最初出现在金代，明清沿用。在明代，医家治疗妇人逆产或横生，惯用三十颗蓖麻子研烂，敷在剃过头顶的妇人头上，等待腹中胎儿胎位转正。如明胡濙《卫生易简方·逆产》："用蓖麻子三十个研烂，妇人顶上剃去发，少许涂之，须臾觉腹中提正便刮去，却于脚心涂之，自然生也。"⑥ 明张时彻《急救良方·妇人·治妇人逆生倒产》："用蓖麻子三十粒，研烂。妇人顶上剃去发，少涂之。须臾，觉腹中提正便刮去，却于脚心涂之，自然顺生。"⑦ 又明朱橚《普济方·产难门·治产妇横生》："用蓖麻子三十个，研烂，妇人顶上剃去发少许，药

---

① [明] 张景岳：《景岳全书》，台联国风出版社，1980年版，第1253页。
② [明] 王肯堂：《证治准绳》，彭怀仁点校，人民卫生出版社，2014年版，第5页。
③ [明] 王肯堂：《证治准绳》，彭怀仁点校，人民卫生出版社，2014年版，第7页。
④ [明] 王肯堂：《证治准绳》，彭怀仁点校，人民卫生出版社，2014年版，第33页。
⑤ [清] 张曜孙：《重订产孕集》，上海大东书局，1936年版，第27页。
⑥ [明] 胡濙：《卫生易简方》，人民卫生出版社，1984年版，第299页。
⑦ [明] 张时彻：《急救良方》，中医古籍出版社，1987年版，第64页。

涂之，须臾觉腹中提正，便刮去药，却于脚心涂之，自然顺生也。"①中医的这种治疗方法未必可行，但"提正"的义项不可忽略。

27. 利/通利/疏利/宽利/快利

利：通畅。

《说文·刀部》："利，銛也。"② 銛，是一种利器，引申为锋利。因刀锋利，割物不滞，引申为"通"。"利"表通；通畅，字典、辞书等未收。从医籍文献用例来看，"利"的通畅义大量存在。金元医籍中就有422个用例，其中《素问气宜保命集》有52例，《刘河间伤寒医鉴》有9例，《黄帝素问宣明论方》有45例，《新刊图解素问要旨论》有17例，《伤寒心要》有2例，《伤寒标本心法类萃》有7例，《儒门事亲》有59例，《东垣先生试效方》有39例，《活发机要》有13例，《兰室秘藏》有21例，《内外伤寒辨惑论》有17例，《药类法象》有21例，《医学发明》（残本）有8例，《医学发明》（节本）有21例，《用药心法》有7例，《本草衍义补遗》有18例，《丹溪手镜》有32例，《丹溪心法》有1例，《格致余论》有1例，《金匮钩玄》有16例，《局方发挥》有3例，《脉因证治》有13例。例如：

（1）肺者，脏之长也，为心之华盖，故肺热叶焦，发痿躄。是气郁不利，病喘息而呕也。(《素问病机气宜保命集·病机论》)

（2）世人不学，乃云初觉，以药利之，宣其毒也，误矣。(《刘河间伤寒医鉴·论小儿疮疹》)

（3）若阴毒渐深，其候沉重，四肢逆冷，腹痛转甚，或咽喉不利，心下胀满、结硬，燥渴，虚汗不止，六脉但沉细而疾，一息七至以来，有此证者，速于气海关元二穴，灸三二百壮，以手足和暖为效，仍服正阳散。(《刘河间伤寒医鉴·论脉证》)

（4）分肉之间，卫气行处，故其肉有不仁也。分肉之间，卫气行处，风与卫气相薄，俱行肉分，故气道涩而不利；气道不利，风热内郁，卫气相持，肉愤䐜而疮出。(《黄帝素问宣明论方·风门》)

---

① [明]朱橚：《普济方》，人民卫生出版社，1959年版，第619页。
② [汉]许慎：《说文解字》，中华书局，1963年版，第91页。

(5) 浅淡红色，血似肉似非者，是白血也。辰戌，上羽，客胜则胸中不利，而出清涕，感寒而咳，主胜则喉嗌肿鸣。(《新刊图解素问要旨论·抑沸郁发》)

(6) 夫大承气救急之妙剂，如咽膈吐逆不利，当令热服，开其郁结，利而即愈也。(《伤寒心要》)

(7) 项背拘急，目青睛疼，昏眩恍惚，咽干或痛，躁渴虚汗，呕吐下利，腹满实痛，烦冤闷乱，喘急郑声，脉虽疾数，以其蓄热极深而脉道不利，反致脉沉细而欲绝，俗未明其造化之理，而反谓其伤寒极阴毒者……(《伤寒标本心法类萃·发厥》)

(8) 沈丘王宰妻，病胸膈不利，口流涎沫，自言咽下胃中常雷声，心间作微痛，又复发昏，胸乳之间灸瘢如棋，化痰利膈等药，服之三载，病亦依然。(《儒门事亲·胸膈不利》)

(9) 槐实微苦寒，利胸中气，消膈上疾。(《东垣先生试效方·药象门·药象气味主治法度》)

(10) **凉膈散** 方在《难知》内附。加减于后：若咽嗌不利，肿痛并涎嗽者，加桔梗一两、荆芥穗半两；若咳而呕者，加半夏半两，生姜煎；若鼻衄呕血者，加当归、芍药、生地黄各半两；若淋闷者，加滑石四两，茯苓一两。(《活发机要·热证》)

(11) **半夏白术天麻汤** 范天骠之内有脾胃证，时显烦躁，胸中不利，大便不通，而又为寒气怫郁，闷乱大作，火不伸故也。(《兰室秘藏·头痛门》)

(12) 以白术苦甘温，其甘温补脾胃之元气，其苦味除胃中之湿热，利腰脐间血，故先补脾胃之弱，过于枳实克化之药一倍。(《内外伤辨惑论·辨内伤饮食用药所宜所禁》)

(13) 紫草气寒,味苦。主心腹邪气，五疸，补中益气，利九窍，通水道，疗腹肿胀满。去土用苴。(《药类法象》)

(14) **利膈丸** 主胸中不利，痰嗽喘促，脾胃壅滞。[《医学发明·膈咽不通并四时换气用药法》(残本)]

(15) 胃气虚则谷气不上行，是气路不利。(《医学发明·本草十剂》)

(16) **猪苓** 苦以泄滞，甘以助阳，淡以利窍。故能除湿利小

便。(《用药心法·草部》)

(17) 又漆叶，见《华佗传》同青粘，服之，去尸虫、利五脏，轻身、益气、使人头不白。(《本草衍义补遗·漆》)

(18) 阳证：身轻动语有声，目睹了了，鼻中呼吸利，口鼻气热。(《丹溪手镜·杂病分气》)

(19) **防己黄芪汤** 防己一两 甘草炙，半两 白术七钱半 黄芪一两一钱 右㕮咀，每服一两，入姜枣煎。喘者加麻黄，胃气不利加芍药，气上冲加桂枝，下有寒加细辛。(《丹溪心法·中湿》)

(20) 第二日前证俱减，独小便不利，以益元散服之。(《金匮钩玄·脾泄》)

(21) 病者伏脉，其人欲自利，利者反快，虽利心下续坚满者，此为留饮欲去，故立甘遂半夏汤主之。(《局方发挥》)

(22) **思** 为不眠，好卧昏瞀，三焦痞塞，咽喉不利，呕苦筋痿，白淫，不嗜饮食。思伤脾，为气结，怒治思。(《脉因证治·七情证》)

医籍中"利"表通畅，主要修饰咽喉、胸膈、呼吸、气道、大小便、七窍、坚满、腰膝、关节、血道、痰喘等名词。与"利"相关的词语如"通利""宽利""疏利""快利"等，形成"利"词族语义场，均表通畅。

通利：通畅。

"通利"，《汉语大词典》已释，但缺金元医籍用例。"通利"在金元医籍中使用普遍，共有39个用例，其中《素问病机气宜保命集》有4例，《黄帝素问宣明论方》有1例，《新刊图解素问要旨论》有2例，《儒门事亲》有7例，《东垣先生试效方》有4例，《兰室秘藏》有1例，《脾胃论》有1例，《药类法象》有3例，《医学发明》有6例，《本草衍义补遗》有1例，《丹溪手镜》有3例，《丹溪心法》有4例，《金匮钩玄》有2例。"通利"的受事主要是气血、大小便、津液、幽门、肠胃、风邪、关节、湿气等。例如：

(1) 涩枯者，水液气衰少，血不荣于皮肉，气不通利，故皮肤

皴揭而涩也，及甚则麻痹不仁。(《素问病机气宜保命集·病机论》)

(2) 汗下后，<u>通利</u>血气，祛逐风邪，每一两内加荆芥穗、大黄各二钱，调全蝎末一钱，羌活末一钱。(《素问病机气宜保命集·中风论·防风通圣散》)

(3) 若小便不得<u>通利</u>而反转泄者，此乃湿热痞闷极深，而攻之不开，是能反为注泄，此正气已衰而多难救也，慎不可攻之，而无益耳。(《黄帝素问宣明论方·药证方·葶苈木香散》)

(4) 夫痔漏肿痛，《内经》曰："因而大饱，筋脉横解，肠澼为痔，痔而不愈，变而为漏。"同治湿法而治之。可先用导水丸、禹功散泻讫，次服枳壳丸、木香槟榔丸，更加以葵羹、菠菜、猪羊肉等<u>通利</u>肠胃。大忌房室。鸡、鱼、酒、醋等物勿食之。(《儒门事亲·痔漏肿痛》)

(5) 羌活苦甘平微温，治肢节疼痛为君，<u>通利</u>诸节如神，手、足太阳风药也。(《东垣先生试效方·药象门·药象气味主治法度》)

(6) 诃黎勒苦，主心腹胀满，不下饮食，消痰下气，<u>通利</u>津液，破胸膈结气，治久痢，疗肠风泻血。(《东垣先生试效方·药象门·药象气味主治法度》)

(7) **润肠丸** 治脾胃中伏火，大便秘涩，或干燥闭塞不通，全不思食，及风结血秘，皆令闭塞也。以润燥和血疏风，自然<u>通利</u>矣。桃仁汤浸，去皮尖 麻仁各一两 当归梢 大黄煨 羌活各一钱 右除桃仁、麻仁另研如泥外，捣为极细末，炼蜜为丸，如梧桐子大，每服三五十丸，空心，白汤下。(《兰室秘藏·大便结燥门》)

(8) 诃子气温，味苦。主心腹胀满，饮食不下，消痰下气，<u>通利</u>津液，破胸膈结气。治久痢赤白，肠风泻血。去核，捣细用。(《药类法象》)

(9) 胃之湿，与客阴之火俱在其中，则胀作。使幽门<u>通利</u>。泄其阴火，润其燥血，生益新血，则大便不闭，吸门亦不受邪，浊阴得下归地也。(《医学发明·中风同从高坠下》)

(10) 黄连汤，主下利；泻心汤，去痞热，以至宣泄五淋，<u>通利</u>关节者用之。(《丹溪手镜·发明五味阴阳寒热伤寒汤丸药性》)

(11) **愈风汤** 然治病之法，不可失于通塞，或一气之微汗，或

一旬之<u>通利</u>，如此乃常治之法也。(《丹溪心法·中风·愈风汤》)

(12) 如豆汁者，湿也。盖脾胃为水谷之海，无物不受，常兼四藏。故如五色之相杂，当先<u>通利</u>，此迎而夺之之义。如虚者，亦宜审之。(《金匮钩玄·下血》)

疏利：疏通。

《国语·周语下》："夫天地成而聚于高，归物于下。疏为川谷，以导其气。"韦昭注："疏，通也。"① 《广韵·鱼韵》："疏，通除也。"② "利"的引申义亦为"通"。"疏利"表疏通，为元明时期常用词。"疏利"也作"疎利"，"疎"为"疏"之异体字。《汉语大词典》释义为"疏泄"，例证为宋代司马光《王乐道书》"疎利之药"和明代李时珍《本草纲目·草七·威灵仙》"其性大抵<u>疏利</u>"。辞书例证凸显了药性，缺乏动作行为义。金元医籍表动作行为的疏通义有3例：

(1) **内疏黄连汤** 治呕哕心逆，发热而烦，脉沉而实，肿硬木闷而皮肉不变色，根深大，病在内，脏腑秘涩，当急<u>疏利</u>之。(《素问病机气宜保命集·疮疡论》)

(2) 浮者太阳，长者阳明，弦者少阳。浮者在表，宜行经；沉者在里，宜<u>疏利</u>脏腑。(《脉因证治·疮疡》)

(3) **内疏黄连汤** 连、芍、归、木香、槟榔、芩、栀、薄荷、甘草、枯各一两、连翘二两。大黄，便秘加之。行经，芩、连、连翘，人参、木香、槟榔、柏、泽泻。在腰已上至头者，枳壳<u>疏利</u>脏腑，用前药中加大黄；痛者，当归、黄芪止之。(《脉因证治·疮疡》)

与"疏利"同义的词语还有"疏豁"，亦表疏通。《汉语大词典》未收此义项。金元医籍中有1例：

中寒谓寒乘其肤腠，不分经络，<u>疏豁</u>一身，无热可发，温补自

---

① [三国吴] 韦昭：《国语注》，商务印书馆，1937年版，第35页。
② [宋] 陈彭年、丘雍等：《广韵》，江苏凤凰教育出版社，2008年版，第18页。

安。(《脉因证治·伤寒》)

宽利：通畅。

"宽利"与"通利"互为同义词，表通畅，都可以用来修饰"胸膈"。金元医籍有中2例：

(1) **桔梗汤** 如斑已出，只时时与之，快咽喉，宽利胸膈。桔梗二钱 生甘草一钱 上㕮咀，作一服，水二盏，煎至一盏，不拘时，时时服之。(《东垣先生试效方·小儿门·斑疹论》)

(2) **桔梗汤** 如斑已出，只时时与之，快咽喉，宽利胸膈。桔梗二钱 甘草一钱 右为粗末，每服三钱，水一大盏，煎至六分，去粗，大温，时时服之，不可计服数。(《兰室秘藏·斑疹论》)

快利：通畅。

"快利"表通畅，由锋利义引申而来。《汉语大词典》未收。金元医籍中有11例：

(1) 木香 楝桂 甘遂各一分 牵牛二两 大戟半两 大黄 红皮 槟榔各一两 皂角二两，要得肥好者，洗净，水三盏，煮三二沸，取出，捶碎，搅取汁，再煮成稠膏，下蜜，熬二沸便取出 半夏 蜜各一两 上膏丸，小豆大，每服十九至十五丸，生姜汤下，小儿丸如麻子大，水肿、痫病、诸积，快利为度。(《黄帝素问宣明论方·药证方·木香万安丸》)

(2) 大黄三钱 芒硝三钱 甘遂末三字匕 上剉，如麻豆大，分作二服，每服水一盏，煎大黄至六分，内硝一二沸，绞汁，调甘遂一字匕半，温服，未快利再服。势恶不能利，以意加服。(《黄帝素问宣明论方·伤寒方·大陷胸汤》)

(3) 或心胃间稍觉药力暖性，却减丸数，以加至快利三五行，以意消息，病去为度。(《黄帝素问宣明论方·药证方·开结妙功丸》)

(4) 黄芪 木通 桑白皮 陈皮各一两 胡椒 白术 木香各半两 白牵牛四两，炒，别取头末 上七味，为细末，每服二钱，牵牛末二钱、生姜二钱切作片子，煎生姜汤一大盏调药，史须，又用生姜汤或温汤送下，平明可行三五次，<u>快利</u>无妨，如病瘥后，以白粥补之，瘥矣。(《黄帝素问宣明论方·药证方·无忧散》)

(5) 甘遂 大戟 芫花醋拌湿,炒,各半两 牵牛二两 大黄一两,为细末 轻粉一钱 上为末，滴水为丸，如小豆大，初服五丸，每服加五丸，温水下，每日三服，加至<u>快利</u>，利后，却常服，病去为度。(《黄帝素问宣明论方·药证方·三花神佑丸》)

(6) 病癖闷极甚者，便多服，则顿攻不开转加痛闷，则初服两丸，每服加两丸，至<u>快利</u>为度，以意消息。(《黄帝素问宣明论方·药证方·三花神佑丸》)

(7) 黄连 黄檗 大黄 甘遂 芫花醋面炒 大戟各半两 牵牛四两,取末二两,以上同为细末 轻粉三钱 青黛一两 上为末匀，水丸，小豆大，初服十丸，每服加十丸，空腹，日午临卧三服，以<u>快利</u>为度，后常服十五、二十丸，数日后，得食，久病未全除者，再加取利，利后却常服，以意消息，病去为度，后随证止之，小儿丸如黍米大或麻子大，退痞惊积热不下者，须常服十丸。(《黄帝素问宣明论方·药证方·玄青丸》)

(8) 没药一钱 当归 大黄各一两 牵牛二两 轻粉一钱 官桂一分 以上同研末 硇砂一钱,同研 上研匀，醋面糊为丸，如小豆大，每服五丸至十丸，温水下，以<u>快利</u>取积病下为度。虽利后，病未瘥者，后再加取利。止心腹急痛，煎乳香下，末止，取大便利。(《黄帝素问宣明论方·药证方·没药丹》)

(9) 凡小儿内伤，尤不用<u>快利</u>食药及牵牛泻水之药。盖内中多有出癍疹者，斑疹者火之属，大禁利小便损津液。津液损则血不生，疮家亦然，戒之，戒之。(《东垣先生试效方·饮食劳倦门·内伤宜禁》)

(10) **白术除湿汤** 治午后发热，背恶风，四肢沉重，小便或多或少，黄色。此药又治汗后发热。白术一两 生地黄炒 地骨皮 泽泻 知母各七钱 赤茯苓 人参 炙甘草 柴胡各五钱 右为粗末，每服五钱，水二盏，煎至一盏，去柤，食远温服。如小便<u>快利</u>，减茯苓、泽泻一半。如有刺痛，一料药中加当归身酒洗,七钱。(《兰室秘藏·自汗门》)

(11) **宣明玄青膏** 黄连 黄柏 大黄 甘遂 芫花醋拌炒 大戟各半两 丑头

末二两 轻粉二钱 青黛一两 右为末，水丸小豆大。初服十丸，每服加十丸。日三，以快利为度。(《丹溪心法·痫》)

"快利"在唐代就已经出现，金元偶有用例，明代用例比较集中，清代存用。

从唐至清的医籍文献中，在治疗水肿、小便、伤寒和胸膈不通等方面，"快利"表通畅。如唐孙思邈《千金翼方·水肿》用木防己、甘遂、甘草治疗水肿，以"快利小便为度"[1]。明兰茂《滇南本草》卷一记述了草果药的功效，如"开通胃脾，快利中膈"[2]。清丁尧臣《奇效良方·杂症》记载了治疗阴证伤寒的方法，即用鸡子反复摩擦胸腹，"以胸膈快利为度"[3]。

28. 清利

清利₁：通畅。

从"清利"在医籍中的修饰对象来看，其与"快利"构成同义词，且含有共同的核心义素"利"。"清利"表"通畅"。《汉语大词典》未收此义项。金元医籍中有17例（不计重复）：

（1）**四白丹** 能清肺气，养魄。谓中风者多昏冒，气不清利也。(《素问病机气宜保命集·中风论·愈风汤》)

（2）**防风丸** 治痰嗽，胸中气不清利者。(《素问病机气宜保命集·中风论·愈风汤》)

（3）后一证，当清利肺气，八风汤或凉膈散大黄、芒硝亦可，或如圣汤加大黄，或八味羌活汤加大黄，此是春时发斑，谓之风斑耳。(《素问病机气宜保命集·小儿斑疹论》)

（4）楮实子一斗，水二斗，熬成膏子 白丁香一两半 茯苓三两，去皮 上三味为细末，用楮实膏为丸，如桐子大，不计丸数，从少至多，服至小便清利，及腹胀减为度，后服中治药、末治药、调养药，疏启其中。忌甘苦

---

[1] [唐]孙思邈：《千金翼方》，人民卫生出版社，1955年版，第220页。
[2] [明]兰茂：《滇南本草》，云南人民出版社，1975年版，第476页。
[3] [清]丁尧臣：《奇效良方》，中医古籍出版社，1992年版，第56页。

酸补其下，五补七宣。(《素问病机气宜保命集·肿胀论·白茯苓汤》)

(5) 下焦吐者，皆从于寒，地道也，其脉沉而迟，其证朝食暮吐，暮食朝吐，小便清利，大便秘而不通，治法当以毒药通其闭塞，温其寒气，大便渐通，复以中焦药和之，不令大便秘结而自愈也。(《素问病机气宜保命集·吐论》)

(6) 有暴下无声，身冷自汗，小便清利，大便不禁，气难布息，脉微呕吐，急以重药温之，浆水散是也。(《素问病机气宜保命集·泻痢论》)

(7) 凡脏腑之秘，不可一例治疗。有虚秘，有实秘。胃实而秘者，能饮食，小便赤，当以麻仁丸、七宣丸之类主之；胃虚而秘者，不能饮食，小便清利，厚朴汤主之。(《素问病机气宜保命集·泻痢论·苍术防风汤》)

(8) 上消者，上焦受病，又谓之膈消病也，多饮水而少食，大便如常，或小便清利，知其燥在上焦也，治宜流湿润燥。(《素问病机气宜保命集·消渴论》)

(9) 治上焦膈消而不欲多食，小便清利，宜小柴胡汤，或加白虎汤，或钱氏方中地骨皮散内加芍药、黄芪、石膏、黄芩、桔梗之类是也。(《素问病机气宜保命集·消渴论》)

(10) 有暴下无声，身冷自汗，小便清利，大便不禁，气难喘息，脉微呕吐，急以重药温之，浆水散是也。(《活法机要·泄痢证》)

(11) 上消者，肺也。多饮水而少食，大便如常，小便清利，知其燥热在上焦也，治宜疏湿以润其燥。(《活法机要·消渴证》)

(12) 下焦吐者皆从于寒，地道也，其脉沉而迟，其证朝食暮吐，暮食朝吐，小便清利，大便秘而不通，治法当以毒药通其秘塞，温其寒气，大便渐通，复以中焦药和之，下令大便秘结而自愈也。(《活法机要·吐证》)

(13) 有寒厥心痛者，手足逆而通身冷汗出，便溺清利，或大便利而不渴，气微力弱，急以术附汤温之。(《活法机要·心痛证》)

(14) 身体沉重，烦心不安，忽肥忽瘦，四肢懒倦，口失滋味，腹难舒伸。大小便清利而数，或上饮下便，或大便涩滞，或夏月飧泄，米谷不化，或便后见血，或便见白脓。(《兰室秘藏·饮食劳倦门·劳倦所伤论》)

(15) 下焦吐者，从于寒也。脉沉迟，朝食暮吐，暮食朝吐，小便清利，大便不通，治宜毒药通其闭塞，温其寒气。(《丹溪手镜·呕吐》)

(16) 有暴下无声，身冷自汗，小便清利，大便不禁，气难布息，脉沉微，喘吐，虽有里急后重，谓寒邪在内而气散也。(《脉因证治·下利》)

(17) 下焦吐者，从于寒也。脉沉迟，其证朝食暮吐，暮食朝吐，小便清利，大便不通。治法，毒药通其闭塞，温其寒气也。(《脉因证治·呕吐哕》)

以上用例表明"清利"修饰的对象主要是关节、小便、胸气、肺气等。从文献用例来看，"清利"表"通畅"，最初出现在春秋时期，如《灵枢·本藏》："是故血和则经脉流行，营复阴阳，筋骨劲强，关节清利矣。"[①] 唐宋沿用，金元大量出现，明清延续此义，尤以明代用例为多。如唐孙思邈《眼科秘诀·注孙真人眼科秘诀后·羌活胜风汤》"咽喉不清利"[②]。宋杨倓《杨氏家藏方·咳嗽方三十七道·玉华散》："治咳嗽止喘。调顺肺经，清利咽膈，安和神气。"[③] 明李时珍《本草纲目·木之三·楮》："从少至多，服至小便清利，胀减为度。"[④] 清尤怡《金匮翼·表邪发黄》："(柴胡茵陈五苓散) 分二服，水一盏半，灯芯五十茎煎服，连进数服，小便清利愈。"[⑤]

---

① 《灵枢经》，人民卫生出版社，1956年版，第81页。
② [唐] 孙思邈：《眼科秘诀》，陆绵绵点注，江苏科学技术出版社，1984年版，第15页。
③ [宋] 杨倓：《杨氏家藏方》，人民卫生出版社，1988年版，第159页。
④ [明] 李时珍：《本草纲目》，刘恒如、刘永山校注，华夏出版社，2013年版，第1392页。
⑤ [清] 尤怡：《金匮翼》，中国中医药出版社，1996年版，第128页。

29. 和就/就和/和作

北魏贾思勰《齐民要术·养羊》："作毡法：春毛、秋毛，中半和用。"① "和"音huò，表"掺和"。《广韵·宥韵》："就，成也。"② "就和"与"和就"是复合词，与不同材料连用，表"调和"。金元医籍中有3例：

(1) **锭子眼药** 黄丹一两,飞 黄蘗半两,去皮 黄连半两,去须 枯白矾半两 炉甘石半两,用黄连制 铜绿半两 硇砂三钱 川乌三钱,炮 干姜二钱 蝎梢一钱 信半钱,煅 乳香少许 没药少许 右为细末，入豆粉四两，浇蜜和就，如大麦许铤子。于眼大眦头，待药化泪出为效。（《儒门事亲·目疾证》）

(2) **耳聋方** 蓖麻子五十个,去皮 右与熟枣一枚同捣，丸如枣子大，更入小儿乳汁就和，每用一丸。绵裹，纳于聋耳内，觉热为度，一日一易。如药难丸，日中曝干。（《儒门事亲·头面风疾》）

(3) **换骨丹** 麻黄煎膏 仙术 香白芷 槐角子取子 川芎 人参 防风 桑白皮 苦参 威灵仙 何首乌 蔓荆子 木香 龙脑研 朱砂研 麝香研 五味子 上为末，桑白皮捣细称，以麻黄膏和就，杵一万五千下，每两分作十丸，每服一丸，以硬物击碎，温酒半盏浸，以物盖，不可透气，食后临卧，一呷咽之，衣盖覆，当自出汗即瘥。（《黄帝素问宣明论方·风门·药证方》）

"和就""就和"有时也作"和作"。《广韵·简韵》："作，造也。"③《说文·人部》段玉裁注："《释言·穀梁传》曰：作，为也。"④ "作"表"为"或"造"，指把原来没有的创造出来，与表"掺和、混杂"的"和"组合成复合词"和作"，引申为"调和；制作"。金元医籍中有2例：

(1) **妙功十一丸** 治癖。丁香 木香 沉香 乳香 麝香 荆三棱炮 广

---

① [北魏]贾思勰：《齐民要术》，中华书局，2015年版，第712页。
② [宋]陈彭年、丘雍等：《广韵》，江苏凤凰教育出版社，2008年版，第127页。
③ [宋]陈彭年、丘雍等：《广韵》，江苏凤凰教育出版社，2008年版，第122页。
④ [清]段玉裁：《说文解字注》，浙江古籍出版社，2007年版，第374页。

茂炮 黑牵牛微炒 黄连 雷丸炒 鹤虱炒 胡黄连 黄芩 大黄焙 陈皮 青皮 雄黄 熊胆 甘草炙,各二钱半 赤小豆三百六十粒,煮 白丁香直尖者,三百六十个 轻粉四钱 巴豆七粒 右二十三味，为细末，赤小豆烂煮研泥，同荞面打糊，<u>和作</u>十一丸，朱砂为衣，阴干。服时水浸一宿，化一丸，大便出，随病各有形状，取出为验。或作化一番，不可再服。曾经火灸者不治。远年愈效。(《儒门事亲·诸风疾证》)

（2）**木通散** 治水肿。海金砂 舶上茴香 巴戟 大戟 甘遂 芫花 木通 滑石 通草各等分 右为细末，每服三钱，以大麦面<u>和作</u>饼子，如当二钱大。烂嚼，生姜汤送下。(《儒门事亲·水肿黄疸》)

《汉语大词典》收录"就和"，未收"和就"，而且义项不同，"就和"释义为"靠拢，亲近"。通过词语溯源，可知"和就"表"调和；制作"出现于宋代，金元数量不多，明代大量出现，清代数量有限。如宋《圣济总录·眼目门·目昏暗》记载的"圣饼子方"①，主张用"炼蜜<u>和就</u>"。引证文献表明，金元医籍《黄帝素问宣明论方·风门》记载的"换骨丹"是抄录宋代杨士瀛《仁斋直指方论·诸风·附诸方》"换骨丹"。又如明周文采《外科集验方·疗疮论》记载制作疮药时有"面糊<u>和就</u>"②。清代亦有用例，如杨时泰《本草述钩元·鳞部·青鱼胆》记载制作青鱼胆的方法，最后是"入青鱼胆汁<u>和就</u>"③。

"和就"还表"作；完成"，用来修饰诗词歌韵、笔墨等。如明周履靖《锦笺记·诒婚》第十一出："[小旦]锦笺上。锦笺上。<u>和就</u>春词。"④ 又清佚名《萤窗清玩》第三卷："因信笔和就，命春花传与玉环曰：'愧小生巴里庸词，安敢抛砖引玉。幸小姐香奁妙手，还期点石为金。'"⑤ 清白云道人《赛花铃》第三回："当下红玉仙、沈西苓将鹊诗依韵<u>和就</u>，随后方兰、方蕙亦各完篇，共录在一方桐叶笺上，以待方公

---

① [宋] 赵佶：《圣济总录》，人民卫生出版社，1962 年版，第 1294 页。
② [明] 周文采：《外科集验方》，上海古籍出版社，1957 年版，第 107 页。
③ [清] 杨时泰：《本草述钩元》，山西科学技术出版社，2009 年版，第 781 页。
④ [明] 毛晋：《六十种曲》，中华书局，1958 年版，第 33 页。
⑤ [明] 佚名：《萤窗清玩》，中国文史出版社，2003 年版，第 132 页。

评阅。"①

"和就"在宋代还表"形成"。如宋代词人李曾伯《辛亥和吴制参赋雪韵》："山川幻出，剡溪梁苑，齐宫郢里。半点瑕无，一团和就，珠圆琼碎。"②

30. 退落

退落：指瘤子、疮疤等消退。《汉语大词典》只列举了一个义项"倒退落后"，引证的是现代文学用例。金元医籍中，"退落"表示伤疤、瘤子等消退有1例：

> 用蛛丝勒瘤子根，三二日自然退落。（《儒门事亲·疮疡痈肿·治头面生瘤子》）

医籍文献用例表明"退落"常用来描述疤痕、疮痂、瘤子等印记的消退；毛发的掉落；病症的减退。表"疤痕、疮痂、瘤子等消退"初见于宋代，如《圣济总录·小儿急疳·虾蟆丸》记载的治疗小儿急疳的"虾蟆丸方"，制药后日三服，"如急疳曾退落牙齿者，以倒流水化五七丸，涂龈上"③。金元时期偶见，明清多有用例。如明张时彻《急救良方·诸疮·治瘤赘》使用蜘蛛丝勒瘤子根，可以"三二日自然退落"④。清吴世昌《奇方类编·奇疾方·灸疮飞蝶》："因艾灸火，疮痂退落。"⑤即用艾灸的方法使疮痂退落。"退落"指毛发掉落，如宋孔平仲《孔氏谈苑》"毛渐退落"⑥。明朱橚《普济方·诸风门·黑虎丹》"眉毛退落"⑦。"退落"又指病症的消退，如清丁尧臣《奇效良方·中恶门》记载了用钟乳石治疗因食用猪羊血过多导致的恶露的药方：用钟乳石和砂

---

① ［清］白云道人：《中国古代珍稀小说：赛花铃》，段扬华校点，春风文艺出版社，1994年版，第311页。
② 唐圭璋：《全宋词》（卷四），中华书局，1965年版，第2786页。
③ ［宋］赵佶：《圣济总录》，人民卫生出版社，1962年版，第1954页。
④ ［明］张时彻：《急救良方》，中医古籍出版社，1987年版，第50页。
⑤ ［清］吴世昌：《奇方类编》，中医古籍出版社，1986年版，第114页。
⑥ ［宋］孔平仲：《孔氏谈苑》，商务印书馆，1939年版，第37页。
⑦ ［明］朱橚：《普济方》，人民卫生出版社，1959年版，第619页。

磨成粉，与饭和成丸，临卧前，空心用水服下，恶露可以"自然退落"[1]。"退落"的口语性强，在西南官话区或江淮方言区常见。

31. 通治

通话，《汉语大词典》中有两个义项，指"平常治理国家"和"普遍研习"。在金元医籍中，"通治"指全部用一种方法治疗，俗言包治百病，有8例：

（1）余闻世之方，多一方面而通治三消渴者，以其善消水谷而喜渴也。（《儒门事亲·刘河间先生三消论》）

（2）此为三法，以三黄丸通治之，细分之为五等。（《医学发明·百病在气在血》）

（3）有失音不语，有舌强不语，有神昏不语，有口禁不语；有舌纵语涩，有舌麻语涩。治大肠风秘，秘有风热，有风虚，曾谓一方可通治乎？（《局方发挥》）

（4）润体丸等三十余方，皆曰治诸风，治一切风、治一应风，治男子三十六种风。其为主治，甚为浩博，且寒热虚实判然迥别，一方通治，果合《经》意乎？果能去病乎？（《局方发挥》）

（5）今世所谓风病，大率与诸痿证混同论治，良由《局方》多以治风之药，通治诸痿也。（《局方发挥》）

（6）夫泻痢证，其类尤多。先贤曰湿多成泻。此确论也。曰风、曰湿，固不可得而通治矣。（《局方发挥》）

（7）胎前产后，虚实不同，逐败养新，攻补难并。积块坚症，赤白崩漏，宜于彼者，必妨于此，而欲以一方通治乎？（《局方发挥》）

（8）凡三法，以三黄丸通治之。（《脉因证治·热》）

"通治"有时写成"通作……治"，语义相同。如：

戴云：痢虽有赤白二色，终无寒热之分，通作湿热治。但分新

---

[1] ［清］丁尧臣：《奇效良方》，中医古籍出版社，1992年版，第69页。

旧，更量元气用药，与赤白带同。(《丹溪心法·痫》)

文献用例表明"通治"最初出现在东汉，唐宋偶见，金元数量增加，明代数量稳步递增，清代存续。如东汉张仲景《金匮要略·腹满寒疝宿食病脉证治第十·附方》记载了"走马汤"，功效是"通治飞尸鬼击病"①。唐孙思邈《备急千金要方·诸风》："大续命汤，治肝厉风，卒然瘖哑，依古法用大小续命二汤，通治五藏偏枯贼风方。"② 宋《圣济总录·针灸门·治黄胆灸刺法》："肺俞穴，从大椎数第三椎，两旁相去各一寸五分，灸主黄胆，通治百毒病。"③ 明李时珍《本草纲目·谷部·阿芙蓉》："[发明]时珍曰：俗人房中术用之。京师售一粒金丹，云通治百病，皆方伎家之术耳。"④ 清雷丰《时病论·备用成方》："丰按：以上诸方，通治咳嗽。"⑤

32. 连折

《广韵·仙韵》："连，合也。续也。"⑥"连"可表连续。《淮南子·览冥训》："河九折注于海而流不绝者，昆仑之输也。"⑦"折"有"弯曲"义，音 zhé。"连折"是复合词，表示连续磕头，即俯身磕头时头部着地后又立起，头部与身体的起伏如同折叠。金元医籍中有1例：

向前俯首，数至于地，如此连折，点地一百二十数。急以酸醋白汤投之，汗出即解。(《儒门事亲·风论》)

清代文献中有"折头"的用例。如浦琳《清风闸》第二十五回："当日汪朝奉托潘二老爹做中，说：'押当铺两座，当日房价纹银二千五百七十两，两处货物共一万二千五百两银子。'于是，潘二老爹望五爷

---

① [汉]张仲景：《金匮要略》，人民卫生出版社，2005年版，第37页。
② [唐]孙思邈：《备急千金要方》，天津古籍出版社，2009年版，第278页。
③ [宋]赵佶：《圣济总录》，人民卫生出版社，1962年版，第2234页。
④ [明]李时珍：《本草纲目》，刘恒如、刘永山校注，华夏出版社，2013年版，第1008页。
⑤ [清]雷丰：《时病论》，人民卫生出版社，1964年版，第122页。
⑥ [宋]陈彭年、丘雍等：《广韵》，江苏凤凰教育出版社，2008年版，第38页。
⑦ 何宁：《淮南子集释》，中华书局，1998年版，第500页。

谈过，五爷应允，连折头都不打，说：'二老爹，你这个里头，可拜他点光。'二老爹说：'兼五老爷光了。'回头同汪朝奉说：'遵命，折头不打，要拜点光。'"① 这里的"折头"是"点头，打照面"，指头部动作弯曲，连续。"连折"用于俯身磕头时，表连续磕头。

33. 收索

收索₁：索取。

《汉语大词典》中只有孤例，为宋苏辙《论衙前及诸役人不便札子》："况非见纳役钱人户，又须取之佗人，收索之间必不便得。"② 金元医籍中有1例，可为之提供书证：

往问其家，彼云："已下村中收索去也。"忽一日入城，面色极佳，语言壮健，但怪其跛足而立，问何故如此？德源曰："足上患一疖。"戴人曰："此里邪去而外现，病瘥之后，凡病皆如是也。"（《儒门事亲·洞泄》）

"收索"表索取，最初出现在唐代。如唐义净译《根本说一切有部毗奈耶出家事》卷一："太子监国，因于暇日，乘象游行，乃见人间征敛赋税，便问从者：'此辈何故有所征求？'答曰：'彼是邻国央伽王使，远来收索。'"③

收索₂：收拾；整理。

"收索"一词，《汉语大词典》也存在词义失收现象。"收索"表收拾、整理，此义项出现在宋代，明清时期少见。如宋代用例：

（1）初受差委，先当急急收索。若早出官，又可参照痕伤大小、阔狭，定验无差。（宋慈《洗冤集录·检复总说》）

（2）某又云，若要逐年做，须是实置三簿：一簿关报上下年事首末，首当附前年某月，末当附后年某月；一簿承受所关报本年合

---

① ［清］浦琳：《清风闸》，刘重一校点，中州古籍出版社，1996年版，第79页。
② ［宋］苏辙：《栾城集》（卷四十五），上海古籍出版社，1987年版，第985页。
③ 大藏经刊行会编辑：《大正新修大藏经·律部二》（23册），新文丰出版公司，1983年版，第1021页。

入事件；一簿考异。向后各人收拾得，也存得个本。又别置一簿，列具合立传者若干人，某人传，当行下某处收索行状、墓志等文字，专牒转运司疾速报应。(朱熹《朱子语类·朱子四》)

（3）苏易简作文房四谱。谱言四宝，砚为首，笔墨兼纸，皆可随时收索，可与终身俱者，唯砚而已。（李之彦《砚谱·活眼死眼》）

收索₃：回收绳索。

《广韵·铎韵》："索，尽也。散也。又绳索。"① 《广韵·尤韵》："收，敛也。"② "索"的本义是绳索。复合词"收索"表回收缆绳。考察词语的历时演变，"收索"最早出现在汉代，如《马王堆汉墓帛书·相马经》："毛上逆者贤伏，能动摇破散，高锡之，[如]火之炎，贤毋动摇者，[肉索]缠之，如收索者，名曰虎缠，良马也。"③ "收索"是收住马缰索。明清时期也有用例。如明顾玠《海槎余录》："溯流而往，遇则并举枪中其身，纵索任其去向，稍定时，复似前法施射一二次毕，则棹船并岸，创置沙滩，徐徐收索。"④ 清游戏主人《笑林广记·闺风部·罚真咒》："夫解索转缚狗脚上，竟往妾房。妻见去久不至，收索到床边，起摸着狗背，乃大骇云：'这死乌龟，我还道是骗我，却原来倒罚了真咒。'"⑤

收索₄：检索。

"收索"在清代还可表检索。如清徐松《宋会要辑稿·职官三》："一房如抄转簿书勾销不至差错稽滞，（侯）（候）对读，守阙有阙，依名次选差填阙。诸房收索文字，合依条限举催。"⑥

34. 虚收虚撮

虚收虚撮：念咒时手在空中做出的一收一撮的虚假动作。

---

① [宋]陈彭年、丘雍等：《广韵》，江苏凤凰教育出版社，2008年版，第150页。
② [宋]陈彭年、丘雍等：《广韵》，江苏凤凰教育出版社，2008年版，第59页。
③ 国家文物局古文献研究室：《马王堆汉墓帛书》，文物出版社，1997年版，第26页。
④ [明]顾玠：《海槎余录》，中华书局，1991年版，第9页。
⑤ [清]游戏主人：《笑林广记》，中州古籍出版社，2008年版，第176页。
⑥ [清]徐松：《宋会要辑稿》（三），中华书局，1957年版，第2412页。

《汉语大词典》《中医大词典》《中医实用名词术语词典》《简明中医名词术语选释》等均失收。金元医籍中有 2 例，仅举其一：

> 右一气念咒三遍，望日月灯火取气一口，吹在疮肿丹瘤之上，右手在疮上<u>虚收虚撮</u>三次，左手不动。每一气念三遍，<u>虚收虚撮</u>三次，百无禁忌。如用之时心正为是。(《儒门事亲·疮疖瘤肿》)

文献用例表明"虚收虚撮"出现在金代，明代续存，清代罕见，在整个医籍史中的使用频次非常低，主要语用场合就是医师给病人看病念咒时在空中做出的手部动作。明代医籍《普济方·诸疮肿门》完全抄录了《儒门事亲》中的语句。

35. 强力

强力₁：勉强；强迫。

《广韵·阳韵》："勥，迫也。"① "勥"可看作"强力"的合体字，故"强力"可表勉强；强迫。金元医籍中有 2 例：

> （1）或小儿亦有此疾，俗曰偏气。得于父已年老，或年少多病，阴痿精怯，<u>强力</u>入房，因而有子，胎中病也。此疝不治，惟筑宾一穴针之。(《儒门事亲·疝本肝经宜通勿塞状》)
>
> （2）《难经》曰："<u>强力</u>入房则肾伤而髓枯，枯则高骨乃坏而不用，与此相同。"今君之证，太阳为寒所遏，血坠下滞腰间也，必有积血，非肾也。(《儒门事亲·寒形》)

"强力"表勉强行事，往往导致不良后果。此义项从汉代沿用至清。如汉《八十一难经》卷四十九难曰："久坐湿地，<u>强力</u>入水则伤肾。"② 唐代孙思邈《千金宝要》："有五劳七伤六极，<u>强力</u>行事举重，重病后骨髓未满而行房室，所食不消，胃气不平者。"③ 明庄履严《妇科百辨·

---

① ［宋］陈彭年、丘雍等：《广韵》，江苏凤凰教育出版社，2008年版，第50页。
② ［战国］扁鹊：《八十一难经》，天津科学技术出版社，1984年版，第93页。
③ ［唐］孙思邈：《千金宝要》，商务印书馆，1937年版，第97页。

调经》："行经时被人强力交媾，闭住血窍，十难救三，宜养血补血行窍等药。"① 又明王化贞《产鉴·中风》记述了产后"强力下床"②的严重后果。清汪昂《医方集解·补养之剂》："强力举重，久坐湿地伤肾。"③

强力₂：勤勉努力。

"强力"作动词，还指勤勉努力。如北齐魏收《魏书·李冲列传》记述李冲秉持政务的态度，"勤志强力，孜孜无怠"④。又唐李延寿撰《南史·顾恺之列传》记述了顾恺之的孙子宪之勤政方法，"性又清俭，强力为政，甚得人和"⑤。

强力₃：增强体力。

《广韵·养韵》："勥，《说文》云有力也，或作强。"⑥ "强"表有力。"强力"作使动，表示增强体力。如唐孙思邈《千金翼方》卷三用山茱萸来"轻身明目，强力长年"⑦。

强力₄：强健勇力。

《广韵·阳韵》："强，健也。"⑧ "强力"作形容词，指强健勇力。如西汉王充《论衡·效力》："长巨之物，强力之人乃能举之。重任之车，强力之牛乃能挽之。"⑨ 引申为"强悍"，如西汉刘安《淮南子·要略》："秦国之俗，贪狼强力，寡义而趋利。"⑩

36. 薄批

薄批₁：切成薄片。

《广韵·齐韵》："批，击也。"⑪ "薄批"指用竹刀把物切成薄片，作动词，《汉语大词典》失收。金元医籍中有3例：

---

① ［明］庄履严：《妇科百辨》，中国中医药出版社，2015年版，第14页。
② ［明］王化贞：《产鉴》，河南科学技术出版社，1982年版，第103页。
③ ［清］汪昂：《医方集解》，上海科学技术出版社，1959年版，49页。
④ ［北齐］魏收：《魏书》，中华书局，1974年版，第1187页。
⑤ ［唐］李延寿：《南史》，中华书局，1975年版，第921页。
⑥ ［宋］陈彭年、丘雍等：《广韵》，江苏凤凰教育出版社，2008年版，第89页。
⑦ ［唐］孙思邈：《千金翼方》，人民卫生出版社，1955年版，第37页。
⑧ ［宋］陈彭年、丘雍等：《广韵》，江苏凤凰教育出版社，2008年版，第50页。
⑨ ［汉］王充：《论衡》，上海人民出版社，1974年版，第203页。
⑩ 何宁：《淮南子集释》，中华书局，1998年版，第24页。
⑪ ［宋］陈彭年、丘雍等：《广韵》，江苏凤凰教育出版社，2008年版。

（1）或腰脚胯痛，可用甘遂粉二三钱，以獖猪腰子薄批七八片，掺药在内，以湿纸包数重，文武火烧熟，至临卧细嚼，以温酒或米饮汤调下。(《儒门事亲·凡在下者皆可下式》)

（2）以通经散下五七行，次以杜仲去粗皮，细切，炒断丝，为细末，每服三钱，猪腰子一枚，薄批五六片，先以椒盐淹，去腥水，掺药在内，裹以荷叶，外以湿纸数重封，以文武火烧熟，临卧细嚼，以温酒送下。(《儒门事亲·推原补法利害非轻说》)

（3）**治痔漏** 白牵牛头末四两没药一钱右同为细末，如欲服药，先一日不食晚饭，明日空心，精獖猪精肉四两，烧令香熟薄批，掺药末在内裹之，渐又细嚼食尽，然后用宿蒸饼压之，取下脓血为效。(《儒门事亲·肠风下血》)

金元时期，"薄批"作动词，常用于药物切割。此义项最早出现在宋代。如宋唐慎微《证类本草·豚卵》："乳妇赤白下方，用子肝一叶，薄批之，揾着煨熟诃子木中，微火炙，又揾炙，尽半两末止。"① 明朱橚《普济方·舌门》记载治疗舌头肿胀，用竹具切割生姜入药，"用薄批生姜蘸药，揩舌肿处"②。"薄批生姜"即把生姜切成薄片。"薄批"用于切羊肝时，强调用竹刀，忌用铁刀。如元倪维德《原机启微·神验锦鸠丸》治疗邪热，记述了羯羊肝的用药方法，"羯羊肝一个竹刀薄批，炙令焦，忌用铁刀"③。切其他物品则不限于竹刀。

薄批₂：竹筹。

"薄批"作名词，表竹筹。此义项《汉语大词典》失收。"薄批"之"竹筹"义早在唐代就已出现。如唐孙思邈《千金翼方》卷十一记载治眼赤的药方"薄批猪脂里使匝"④。宋代诗人王柏《小酌敬岩梅下和立斋韵》："尊酒酌嘉友，薄批明月荐。"⑤ 又宋林洪《山家清供·拨霞供》

---

① [宋]唐慎微：《证类本草》，尚志钧等校点，华夏出版社，1993年版，第464页。
② [明]朱橚：《普济方》，人民卫生出版社，1959年版，第230页。
③ [元]倪维德撰，[明]薛己校补：《原机启微》，上海科学技术出版社，1959年版，第27页。
④ [唐]孙思邈：《千金翼方》，人民卫生出版社，1955年版，第134页。
⑤ 傅璇琮等：《全宋诗》（第60册），北京大学出版社，1998年版，第37998页。

记述武夷山大师的话:"山间只用薄批,酒、酱、椒料沃之,以风炉安座上,用水少半铫,候汤响,一杯后各分以箸,令自夹入汤,摆熟啖之,乃随宜各以汁供。"① 竹笋长在山间,外面包有一层一层的笋衣,薄薄的,俗言"薄批"。

37. 镰

镰:割;去。《广韵·盐韵》:"镰,刀镰也。《释名》曰:镰,廉也。薄其所刘似廉也。"② "镰"与"廉"通,有"割;去"义。"镰"作动词,后接助词"了"和宾语"之"。《汉语大词典》未收该义项。金元医籍中有3例:

(1) 风油诸方:夫风油者,其身上亦只成片肿而色白,此是风及热所致。宜如前法镰之,后涂石盐膏,仍服犀角饮子。(《保童秘要·丹毒》)

(2) 因风而得者其色白,因热而得者其色赤,皆肿而壮热。但不于心上而发者,并可取一刀子锋头,于所患处散镰之,令恶血出。(《保童秘要·丹毒》)

(3) 镰了以白矾汤洗之,其次用鸡子膏涂之,其次宜服升麻饮子。(《保童秘要·丹毒》)

38. 渐引

《诗·小雅·楚茨》:"子子孙孙,勿替引之。"③ 孔传:"引,长也。""引"由延长、延续义引申为发展。"渐引"表示慢慢发展成为,是短语"渐渐引"的缩略形式。金元医籍中有2例:

(1) 夫小儿腿上但有赤色如胭脂,渐引或如钱大,或手掌大,皮肤光紧,此名血疽,因心热所致然也。缘心主血,血得热即凝聚不散。(《保童秘要·痈疽》)

---

① [宋] 林洪:《山家清供》,商务印书馆,1936年版,第11页。
② [宋] 陈彭年、丘雍等:《广韵》,江苏凤凰教育出版社,2008年版,第65页。
③ [汉] 毛亨传,[汉] 郑玄笺,[唐] 孔颖达疏:《毛诗注疏》,上海古籍出版社,2013年版,第1181页。

（2）夫小儿身上或有成片，赤如胭脂，或稍带白色，<u>渐渐引</u>多。此疾有因风而得，因热而得。(《保童秘要·丹毒》)

"渐引"的此义项出现在宋代，金元存用，明代增多，清代沿用。如宋佚名《小儿卫生总微论方·熛浆疮论》："小儿生熛浆疮者，由风热毒气客于皮肤，搏于血气而所生也。始生如火烧汤烫，作泡而起，寻即皮破，浆出以成疮，亦甚疼痛，<u>渐引</u>相续而生，有至遍身溃烂，皮肉不可救者，故又名烂疮。"① "渐引"有时重叠作"渐渐引"。宋唐慎微《证类本草·矾石》："又崔氏方：治甲疽，或因割甲伤肌，或因甲长侵肉，遂成疮肿痛，复缘窄靴研损四边肿，黄水出，浸淫相染，五指俱烂，<u>渐渐引</u>上脚趺泡浆四边起，如火烧疮，日夜倍增，医方所不能疗者。"② 明朱橚《普济方·婴孩诸疮肿毒门》："**丹参散** 治小儿身上有赤，引于颊上或口傍、眼下。赤如胭脂四上皮即皱剥，<u>渐渐引</u>多，此是心热血凝所为。其治法宜以小刀子，锋头镰破令血出，后宜服此药。"③ 清曹存心《评选继志堂医案·内伤杂病门·痿 痹门》："诒按：由膝而肘而脊，病情<u>渐引</u>渐深，方中于膝肘之邪，已能兼治，于脊突一层，似未能兼顾及之。拟再加鹿角霜、川怀牛膝等味。"④

39. 搜作

《集韵·巧韵》："搜，搅。搜乱也。"⑤ "搜"有搅动义。"搜"读作shǎo。《广韵·箇韵》："作，造也。" "搜作"表搅和，制作。《汉语大词典》收"搜搅"，未收"搜作"。"搜作"的短语性较强。金元医籍中有1例：

石灰一大两鸡子一个右破鸡子兼黄，与石灰相和，搜作饼，烧之，令烟绝，捣作末，细罗，日三四度压之。(《保童秘要·㾞疮》)

---

① [宋]佚名：《小儿卫生总微论方》，人民卫生出版社，1986年版，第574页。
② [宋]唐慎微：《证类本草》，尚志钧等校点，华夏出版社，1993年版，第74页。
③ [明]朱橚：《普济方》，人民卫生出版社，1959年版，第1391页。
④ [清]曹存心：《评选继志堂医案》，清光绪三十年（1904），第15页。
⑤ 赵振铎：《集韵校本》（上），上海辞书出版社，2012年版，第826页。

"搜作"在唐代初现，宋代存续，金元偶见，明代常用，清代少见。如唐王焘《外台秘要·诸虫心痛方一十八首》："（生真胡麻、胡粉）上二味，先以猪肉脯一片，空腹啖，咽汁勿咽肉，后取胡粉和胡麻搜作丸，以少清酒使成，顿服尽。"① 宋陈直《养老奉亲书·食治老人泻痢诸方第七》："上以赤石脂末和面，搜作饼，煮熟，下葱酱五味臛头，空心食之，三四服皆愈"。② 宋苏颂《本草图经·蒲黄》："市廛间亦采，以蜜搜作果食货卖，甚益小儿。"③ 明朱橚《普济方·痰饮门·一切痰饮》"浆水搜作饼子"④。明高濂《遵生八笺·饮馔复食笺·水明角儿法》："入豆粉对配，搜作薄皮，内加糖果为馅。"⑤ 清赵学敏《本草纲目拾遗·草部上·南连》："吉氏家传：血痢，用宣连为末，以鸡子搜作饼，炭火煅令通赤，盖定勿泄气，候冷研细，空心米饮下五分大小，大人一钱，以意加减。"⑥

40. 把却

《广韵·马韵》："把，持也。执也。"⑦ 《广韵·药韵》："却，退也。"⑧ "卻"是"却"的异体字。"却"在近代汉语中可作动词后缀，表完成。"把却"的本义为拿。如释道枢《颂古三十九首》："口子喃喃略不休，把却笊篱做火游。"⑨ 后引申为把守；控制。"把却"在金元医籍中有1例，用的是引申义：

> 吐者为霍，下泻者为乱。其中有干霍乱者，吐泻悉被风冷把却肠胃，上不得吐，下不得泻，致使腹肚胀懑。（《保童秘要·霍乱》）

---

① ［唐］王焘：《外台秘要》，王淑民校注，中国医药科技出版社，2011年版，第101页。
② ［宋］陈直：《养老奉亲书》，上海科学技术出版社，1988年版，第79页。
③ ［宋］苏颂：《本草图经》，尚志钧辑校，学苑出版社，2017年版，第139页。
④ ［明］朱橚：《普济方》，人民卫生出版社，1959年版，第1934页。
⑤ ［明］高濂：《遵生八笺》，人民卫生出版社，2011年版，第456页。
⑥ ［清］赵学敏：《本草纲目拾遗》，人民卫生出版社，1957年版，第82页。
⑦ ［宋］陈彭年、丘雍等：《广韵》，江苏凤凰教育出版社，2008年版，第88页。
⑧ ［宋］陈彭年、丘雍等：《广韵》，江苏凤凰教育出版社，2008年版，第148页。
⑨ 傅璇琮等：《全宋诗》（第37册），北京大学出版社，1998年版，第23258页。

医籍中往往使用"把却"的引申义。如南宋守坚集《古尊宿语录·云门匡真禅师广录上·示众》："师云：把却汝咽喉，你作么生道。"① 又如惟盖竺编《明觉禅师语录·明觉禅师后录》："师一日晚参，于僧堂前立云：不打鼓上去不得，把却门入来不得，速道速道。大众眼目定动，师以拄杖一时打趁。"②

41. 错语

错语：神志清醒而言语错乱。《汉语大词典》未收，《中医大辞典》收录，但缺失文献例证。金元医籍中有1例：

汗后烦躁不得眠，五苓散（二十四）或凉膈散（二十三）；口燥呻吟，错语不得眠，五苓散、黄连解毒汤（二十一）；烦心者凉膈散。（《伤寒标本心法类萃·懊憹 虚烦 不得眠》）

检索"错语"的文献用例，最初出现在唐代，后世医籍沿用。如唐王焘《外台秘要·〈崔氏方〉一十五首》："又若胃中有燥粪，令人错语，正热盛亦令人错语。若秘而错语者，宜服承气汤。通利而错语者，宜服下四味黄连除热汤。"③ 清吴谦《医宗金鉴·辨阳明病脉证并治全篇·栀子柏皮汤方》："郑声者，郑重频烦，语虽谬而谆谆不已，老年人遇事则谇语不休，以阳气虚不精明也。此谵语、郑声虚实之所以不同也。二者本不难辨，但阳盛里实，与阴盛格阳，皆能错语，须以他证别之，随证施治可也。"④

42. 交反

《左传·隐公三年》："郑伯怨王，王曰：'无之。'故周郑交质。"⑤《汉语大词典》释"交"为互相义。"交反"表相反。《汉语大词典》收

---

① ［宋］赜藏：《古尊宿语录》，中华书局，1994年版，第262页。
② 大藏经刊行会编辑：《大正新修大藏经·诸宗部四》（47册），新文丰出版公司，1983年版，第679页。
③ ［唐］王焘：《外台秘要》，王淑民校注，中国医药科技出版社，2011年版，第12页。
④ ［清］吴谦等：《医宗金鉴》，人民卫生出版社，1963年版，第169页。
⑤ 杨伯峻：《春秋左传注》，中华书局，1981年版，第27页。

录"交互",未收"交反"。金元医籍中有 2 例：

(1) 诊其脉候,惟不应气,而无左右尺寸交反,其病轻微,则当如此之治也。(《新刊图解素问要旨论·法明标本篇·六气病》)

(2) 或其左右尺寸肺见交反,君臣易位,其病必重而危,当从反治之法也。(《新刊图解素问要旨论·法明标本篇·六气病》)

"交反"最初出现在隋唐时期,如隋慧远《维摩义记》卷第四："释云：维摩前彰已体实无生没,人舍相观察趣求。今若自说彼没此生,与前交反,故自不说如来为辨之。"[①] 遍查文献,"交反"表相反,金元偶见,明清几乎不用。

43. 修合

《国语·晋语五》："晋为盟主,而不修天罚,将惧及焉。"[②] 韦昭注："修,行也。"《汉语大词典》释"修"为"从事某种活动"。《汉语大词典》释"合"的第 22 个义项为"调制"。复合词"修合"表调制、调和药物。字典、辞书等语文工具书未收"修合"一词。金元医籍中有 6 例,其中有一例是此义项的延伸。如：

(1) 信砒一钱大豆七钱雄黄 轻粉 荷叶各半钱甘草一寸上为末,滴水为丸,如小豆大,重年日未出,不见鸡犬、妇人修合,每服一丸,无根水下。平日夜视北斗,来日服,忌热物。(《黄帝素问宣明论方·药证方·趁鬼丹》)

(2) 川楝子二两牛膝一两,酒浸槟榔一两白芍药五钱菟丝子一两,另研,酒浸蛇床子一两干姜五钱穿山甲一大片,酥炙莲肉一两,不去心乳香三钱,另研沉香三钱,另研白檀香五钱,另研鹿茸一两炙巴戟一两大茴香一两仙灵脾三钱破故纸五钱凤眼草三钱胡芦巴五钱人参一两泽泻一两山药一两五味子一两熟地黄二两麦门冬 肉苁蓉 茯苓各一两上二十七味,除乳香、沉香、白檀香、菟丝子四味另研为

---

① 大藏经刊行会编辑：《大正新修大藏经·经疏部六》(38 册),新文丰出版公司,1983 年版,第 512 页。

② [三国吴] 韦昭：《国语注》,商务印书馆,1937 年版,第 134 页。

细末，其余二十三味，各捣烂为细末，同前四味炼蜜为剂，同捣一二百千杵，丸如梧桐子大，每服三十丸，增至九十九，好酒送下，以干物压之。<u>修合</u>之日，再加丁香一钱。(《伤寒标本心法类萃·无价宝》)

(3) **辟谷方** 又方 **保命丹** 人参_{五两} 麻子仁_{二两,炒去皮} 干地黄 瓜蒌子_炒 菟丝子_{酒浸,各二两} 生地黄 干大枣_{各三两} 大豆黄_{一升,煮去沫} 黑附子_{一两生用,一两炮去皮用之} 白茯苓 茯神 地骨皮_{去粗皮} 蔓荆子_{煮熟用} 杏仁_{去皮、尖用} 麦门冬_{炒,去心用} 地肤子_{蒸七遍} 黍米_{作粉} 粳米_{作粉} 白糯米_{作粉} 天门冬_{去心} 车前子_蒸 侧柏叶_{煮三遍,各二两五钱} 右同为细末，各拣选精粹者，腊月内合者妙。他时不可合，日月交蚀不可合。如合时，须拣好日，净室焚香，志心<u>修合</u>，勿令鸡犬、妇人见。(《儒门事亲·辟谷绝食》)

(4) **感应丸** 干姜_{炮制,一两} 南木香_{去芦} 丁香_{各一两五钱} 百草霜_{二两} 肉豆蔻_{去皮,三十个} 巴豆_{去皮、心、膜、油、研,七十个} 杏仁_{一百四十个,汤浸去皮尖,研膏} 右七味，除巴豆粉、百草霜、杏仁三味外，余四味捣为细末，却与三味同拌，研令细，用好蜡匮和，先将蜡六两溶化作汁，以重绵滤去柤，更以好酒一升于银、石器内煮蜡溶，滚数沸倾出，候酒冷，其蜡自浮于上，取蜡秤开丸。春夏<u>修合</u>，用清油一两，于铫内熬令沫散香熟，次下酒煮蜡四两，同化作汁，就锅内乘热拌和前项药末。秋冬<u>修合</u>，用清油作一两五钱，同煎煮熟，作汁和匮药末成剂，分一小铤子，以油单纸裹之，旋丸服耳。(《脾胃论·论饮酒过伤》)

(5) **感应丸**_{出宝鉴} 木香 肉豆蔻 丁香_{各一两半} 干姜_{炮,一两} 巴豆_{七十个,去皮心膜,研出油} 杏仁_{百四个,汤浸去皮尖,研} 右前四味为末，外入百草霜二两研，与巴豆、杏仁七味同和匀，用好蜡六两，溶化成汁，以重绢滤去柤，更以好酒一升，于银石器内煮蜡数沸，倾出待酒冷，其蜡自浮于上，取蜡称用，春夏<u>修合</u>，用清油一两，铫内熬令沫散香熟，次下酒煮蜡四两，同化成汁，就铫内乘热拌和前项药末。秋冬<u>修合</u>，用清油一两半同煎，煮熟成汁，和匀药末成剂，分作小挺子，油纸裹。旋丸服之，每三十丸，空心姜汤下。(《丹溪心法·泄泻》)

(6)《内经》曰"司岁备物"，气味之精专也。<u>修合</u>人际，宜加谨焉。(《用药心法·药味专精》)

"修合"用于调制药物时，讲究清心寡欲、神志专一，忌讳让妇人、

85

鸡犬等看见。如例（1）、例（3）所言。有时"修合"讲究时间、用料的不同，如例（4）、例（5）。"修合"由调制药物延伸到调和人际关系，如例（6）。

考察"修合"的文献用例，最初出现在宋代，明清沿用，明代用例最多。如宋《太平惠民和剂局方·绍兴续添方·消暑丸》："《易简方》云：'此药合时，须用好醋煎煮半夏，姜汁作糊，毋见生水，臻志<u>修合</u>，用之神效。'"① 明施耐庵《水浒传》第一百〇三回："一日，王庆到营西武功牌坊东侧首，一个<u>修合</u>丸散、卖饮片，兼内外科、撮熟药，又杖疮膏药的张医士里，买了几张膏药，贴疗杖疮。"② "修和"与动词"卖"并列，表调制。清吴世昌《奇方类编·伤寒门·避瘟丹》："惟要药料选佳，<u>修合</u>虔洁见功尤验。"③

44. 流利

流利，《汉语大词典》有3个义项：1. 灵活而不凝滞；2. 说话、写文章通畅而清楚；3. 声音圆转、流畅。义项2修饰说话、文章，表示通畅而清楚，引证的是清代文献。在医籍文献中，"流利"表通畅，修饰大小便、脏腑、脉结、血液等。《汉语大词典》未收此义项。金元医籍中有4例：

（1）薄荷叶 甘草_{各四钱} 巴豆_{打烧存性} 盆硝_{各二钱} 轻粉_{二钱} 豆豉_{一两,慢火炒} 五灵脂_{二钱}上为末，炼蜜为丸，如桐子大，每服一丸，温瀽汁下，续后空咽津三五次，禁饮食少时，觉咽喉微暖效；心腹急痛，温酒下二丸，末效再服，得利尤良；带下，以温酒下二丸，或大便<u>流利</u>再服。（《黄帝素问宣明论方·药证方·神应丹》）

（2）人参 白术 当归 芍药 大黄 山栀子 荆芥穗 薄荷 桔梗 知母 泽泻_{各半两} 茯苓_{去皮} 连翘 栝蒌根 干葛_{各一两} 甘草_{二两} 藿香叶 青木香 官桂_{各一分} 滑石_{四两} 寒水石_{二两} 滑石_{半斤}上为细末，每服抄五钱，水一茶盏，入盆硝半两、生姜三片，煎至半盏，绞汁，入蜜少许，温服，渐加

---

① [宋] 太平惠民和剂局：《太平惠民和剂局方》，人民卫生出版社，2011年版，第54页。
② [明] 施耐庵：《水浒传》，上海人民出版社，1975年版，第1212页。
③ [清] 吴世昌：《奇方类编》，中医古籍出版社，1986年版，第51页。

至十余钱，得脏腑流利取效。(《黄帝素问宣明论方·药证方·人参白术汤》)

(3) 其血痹者，饮酒过多，怀热太甚，或寒折于经络，或湿犯于营卫，因而血搏，渐成枯削失血之征。左寸脉结而不流利是也。(《脉因证治·痹》)

(4) 寸微关滑尺带数，流利往来并雀啄，是妊。(《脉因证治·痔漏》)

从语源学角度来看，"流利"在秦汉前已经出现，如《难经经释》卷上："浮者，在上；沉者，在下；长者，过本位；短者，不及本位；滑者，流利；涩者，凝滞。浮沉长短，以形言；滑涩以质言也。"① 这一用法从宋代延续到明清时期，尤以明代用例为多。如宋施发《察病指南·滑脉》："指下寻之，三关如珠动，按之即伏，不进不退，或云往来流利，按如动珠子，而有力，替替然，与数相似，故名曰滑也。"② 明清时期，"流利"还可以形容血液通畅。如明胡慎柔《慎柔五书·虚损·寒热论》："血少不能流利，而滞于气分，故发寒。"③ 明朱橚《普济方·妊娠诸疾门·恶阻附论》："已产之后，胞外余血，败瘀流利，名曰恶露。"④ 清徐大椿《慎疾刍言·老人》："若偶有风寒痰湿等因，尤当急逐其邪，盖老年气血不甚流利，岂堪补住其邪，以与气血为难。"⑤

45. 任下

任下₁：吞下，服下。

"任下"的口语性比较强，在江淮官话中常用，是常见的服药动词，表服下；吞下。有时省作"任"。"任下"有时单独出现，不与名词语素组合，用来指称前面的药方。《汉语大词典》未收，金元医籍中有11例：

---

① [清] 徐灵胎：《徐灵胎医学全书》，中国中医药出版社，2015年版，第9页。
② [宋] 施发：《察病指南》，山西科学技术出版社，2010年版，第33页。
③ [明] 胡慎柔：《慎柔五书》，上海科学技术出版社，1959年版，第7页。
④ [明] 朱橚：《普济方》，人民卫生出版社，1959年版，第549页。
⑤ [清] 徐大椿：《慎疾刍言》，江苏科学技术出版社，1990年版，第11页。

（1）**川芎天麻散** 川芎 细辛 苦参 地骨皮 菖蒲 何首乌 蔓荆子 薄荷叶 杜钱梨 牛蒡子 荆芥穗 蚖蝮草 威灵仙 防风 天麻各一两 甘草二两,炙 上为末，每服二三钱，研蜜水调下，茶水任，不计时候。（《黄帝素问宣明论方·药证方》）

（2）**四仙丹** 春甲乙采杞叶，夏丙丁采花，秋庚辛采子，冬壬癸采根皮。右为末，以桑椹汁为丸。每服五十丸，茶清酒任下。（《儒门事亲·诸风疾证》）

（3）**加味青娥丸** 治肾虚腰痛，或风寒中之，血气相搏为痛。杜仲姜汁浸炒,十二两 破故纸水淘,十二两,芝麻同炒变色,去麻,瓦上焙干为末 沉香六两 胡桃去皮膈,另研,六两 没药另研 乳香另研,各六两 右为末，用肉苁蓉十二两，酒浸成膏，和剂捣千余杵，丸如梧桐子大，每服三十丸，空心温酒或盐汤任下。（《兰室秘藏·腰痛门》）

（4）**加味补阴丸** 治肾虚腰痛并一切肾气虚惫，筋骨软弱等证。人参二两 熟地酒浸,四两 枸杞四两 生地四两,酒洗 归身三两,酒洗 山药三两,微炒 龟板二两,酒浸炙 虎胫骨二两,酥炙 锁阳二两,酒洗 菟丝子三两,酒蒸 杜仲二两,炒去丝 牛膝二两,酒洗 骨碎补二两,捣碎 肉苁蓉二两,酒浸 破故纸二两,炒 右为细末，炼蜜为丸，如梧子大，每服二钱，渐加至三钱，空心淡盐汤或温酒任下。冬月加干姜五钱。（《兰室秘藏·腰痛门》）

（5）**阿胶散** 治失禁。阿胶炒,二两 牡蛎煅 鹿茸酥炙,四两,任下。（《丹溪手镜·小便不禁》）

（6）**茯苓丸** 治心肾虚淋沥。赤白茯苓各二两 地黄汁 好酒熬成膏，丸，盐、酒任下。（《丹溪手镜·小便不禁》）

（7）**地芝丸** 治不能远视，能近视，此除风热。地黄 天门冬四两 枳壳炒 干菊二两 右蜜丸，茶，酒任下。（《丹溪手镜·目》）

（8）**集效丸** 木香 鹤虱 诃子煨 芫荑炒 乌梅 附炮去皮脐 干姜一两 槟榔一钱 大黄二钱 或加黄柏、川连、蜜丸，陈皮、醋汤任下。（《丹溪手镜·虫》）

（9）**阿胶散** 治湿。阿胶二两,炒 牡蛎煅 鹿茸酥炙,四两 煎散，任下。（《脉因证治·淋》）

（10）**治集效方** 木香 鹤虱炒 槟榔 诃子煨 芫荑炒 炮附 干姜各七钱 大黄一两五钱 乌梅或加连、柏。右蜜丸。陈皮汤、醋汤任下。（《脉因证

88

治·虫》)

(11) **地黄丸** 生地 天门冬各四两 炒枳壳 甘菊各二两 蜜丸，茶酒<u>任下</u>。(《脉因证治·目》)

以上用例表明在医籍中"任下"的往往是需要吞服的辅助饮品，如茶、酒、醋、盐汤等。在现代汉语中少用，方言区指称药物时常用。对比同类型的语法结构，也可知"任下"有此义，见下例：

愈风丹 芍药 川芎 白僵蚕炒 桔梗 细辛去叶 羌活各半两 麻黄去节 防风去芦 白芷 天麻 全蝎炙,各一两 甘草三钱 南星半两,生姜制用 朱砂半两为衣 右为末，炼蜜丸如弹子大。每服一丸，细嚼，<u>茶酒吞下</u>。(《儒门事亲·诸风疾证》)

检索"任下"的文献例证，其最初出现在汉代。如东汉佚名《颅囟经·杂证·杏仁丸》："空心米饮茶<u>任下</u>二丸。"[1] 说的是杏仁丸的服药方法。从宋元到明清，"任下"表吞、服在医籍文献中大量使用。如南宋严用和《严氏济生方·消渴门·消渴论治·加减肾气丸》"用盐汤、米饮<u>任下</u>"[2]，明薛己《外科发挥·疮疥·四生丸》"每服三十丸，茶酒<u>任下</u>"[3]，清汪昂《医方集解·收涩之剂》"申未间空心酒盐汤<u>任下</u>"[4]。从"任下"出现的频次来看，明代用例最多。

任下₂：担当；承担。

复合词"任下"表担当；承担。如汉魏伯阳《周易参同契·辰极受正章第二十》："辰极受正，优游<u>任下</u>。明堂布政，国无害道。"[5]

任下₃：获罪。

在特定语境下，"任下"表"获罪"，是引申义。如《韩非子·南面

---

[1] 〔汉〕佚名：《颅囟经》，王宏利校注，中国医药科技出版社，2020年版，第21页。
[2] 〔宋〕严用和：《严氏济生方》，中国中医药出版社，2007年版，第106页。
[3] 〔明〕薛己：《外科发挥》，人民卫生出版社，2006年版，第153页。
[4] 〔清〕汪昂：《医方集解》，上海科学技术出版社，1959年版，第276页。
[5] 〔汉〕魏伯阳：《周易参同契》，上海古籍出版社，1990年版，第12页。

第十八》："主道者，使人臣前言不复于后，后言不复于前，事虽有功，必伏其罪，谓之任下。"① 此义项在整个汉语史中极其少见。

46. 倒合

《广韵·号韵》："倒，倒悬。"②"倒"表示位置、方向等倒转过来。"合"表示闭合，扣严。并列复合词"倒合"表示把物体反转倒扣。《汉语大词典》未收。金元医籍中有1例：

黄连一两当归甘草一钱上同剉细，新水半碗，浸一宿，以慢水熬，约至一半，以绵滤去滓，以净为妙，用火再熬，作稠膏子为度，摊在碗上，倒合，以物盖之，用熟艾一大弹子许，底下燃之，用艾熏膏子，艾尽为度，再入下项药：朱砂一钱，飞 脑子半钱 乳香 没药等分上同研极细，入黄连膏内，搜和，丸如米火，每用二丸，点眼大角内，仰面卧，药化则起。(《素问病机气宜保命集·眼目论·金丝膏》)

从历时文献考证，"倒合"最初出现在宋代，金元时期偶见，明清逐渐增多。如宋陶榖《清异录·丧葬门·魂楼墓衣》："堃处土封，谓之魂楼，凡两品：一如平顶炊饼，一如倒合水桶，上作铜炉形。亦有更用一重砖甃者，或刻镇物象，名墓衣。"③ 明楼英《医学纲目·肝胆部·目疾门·目赤肿痛》记述了"救苦丸"的做法，需要"摊在碗上，倒合，以物盖之"④。清高秉均《疡科心得集·方汇·白降丹》："后再以阳城罐倒合于盆内，用好棉纸截寸许阔，以罐子泥、草鞋灰、光粉三样研细，以盐卤汁和练极熟，于罐口合紧……"⑤ 记述了制作白降丹的密封过程。

以上用例中的"倒合"都是把器物倒扣过来。"倒合"还可以指衣

---

① 陈奇猷：《韩非子集释》，中华书局，1958年版，第297页。
② [宋] 陈彭年、丘雍等：《广韵》，江苏凤凰教育出版社，2008年版，第121页。
③ [宋] 陶榖：《清异录》，孔一校点，上海古籍出版社，2012年版，第114页。
④ [明] 楼英：《医学纲目》，湖南科学技术出版社，2014年版，第1173页。
⑤ [清] 高秉均：《疡科心得集》，田代华整理，人民卫生出版社，2011年版，第570页。

饰裁剪不当，前后倒转缝合。如清曹庭栋《养生随笔·衣》："方春天气和暖，穿夹袄如常式。若衬入袍子内，制半截者，前后两幅，斜裁而<u>倒合</u>之；下阔上狭以就腰，联其半边，系以带如裙，亦似古人下裳之意，欲长欲短，可随系带之高下。"①

47. 搜和

《集韵·巧韵》："搜，搅。搜乱也。"②"搜"有搅动义。"搜"读作 shǎo。《周礼·天官·食医》："食医掌和王之六食、六饮、六膳、百羞、百酱、八珍之齐。"③郑玄注："和，调也。"复合词"搜和"表示调和。《汉语大词典》未收。金元医籍中有 7 例：

(1) 又方 取小左盘龙，不以多少为末。陈米饭<u>搜和</u>得所，丸如梧桐子大。每服三五十丸，却用陈米汤送下。(《儒门事亲·疮疡痈肿》)

(2) **不老丹** 治一切诸风。常服乌髭驻颜，明目延年。苍术_{四斤，}_{米泔水浸软，竹刀子刮去皮，切作片子。内一斤用椒二两，去白，炒黄去椒；一斤盐三两炒黄，去盐；一斤好醋一升煮汁尽；一斤好酒一升煮令汁尽}何首乌_{二斤，米泔水浸软，竹刀子刮去皮，切作片子，用瓦甑蒸。先铺黑豆三升、干枣二升，上放何首乌，上更铺枣二升、黑豆三升，用炊单复着，上用盆合定。候豆枣香熟取出，不用枣豆}地骨散_{去粗皮，重二斤}右件于石臼内捣为细末，候有椹汁、<u>搜和</u>，如软面剂相似，瓷盆内按平。上更用椹汁、药上高三指，用纱绵帛覆护之。昼取太阳，夜取太阴。使干再捣，罗为细末。炼蜜和丸如梧桐子大，空心温酒下六十丸，忌五辛之物。(《儒门事亲·诸风疾证》)

(3) 黄连_{一两}当归甘草_{一钱}上同剉细，新水半碗，浸一宿，以慢水熬，约至一半，以绵滤去滓，以净为妙，用火再熬，作稠膏子为度，摊在碗上，倒合，以物盖之，用熟艾一大弹子许，底下燃之，用艾熏膏子，艾尽为度，再入下项药：朱砂_{一钱，飞}脑子_{半钱}乳香 没药_{等分}上同研极细，入黄连膏内，<u>搜和</u>，丸如米火，每用二丸，点眼大角内，仰面卧，药化则起。(《素问病机气宜保命集·眼目论·

---

① [清] 曹庭栋：《养生随笔》，上海书店出版社，1981年版，第58页。
② 赵振铎：《集韵校本》(上)，上海辞书出版社，2012年版，第826页。
③ [汉] 郑玄笺，[唐] 贾公彦疏：《十三经注疏·周礼注疏》，李学勤主编，北京大学出版社，1999年版，第109页。

金丝膏》)

(4) **黄连阿胶丸** 阿胶炒,二两 黄连三两 茯苓二两 右水熬阿胶膏，搜和二末为丸。米饮下。(《丹溪心法·痢》)

(5) **利腰化痰丸** 南星 蛤粉研细,一两 半夏 瓜蒌仁 贝母去心,治胸膈痰气最妙 香附半两,童便浸 右为末，用猪牙皂角十四挺敲碎，水一碗半，煮杏仁去皮尖一两，煮水将干，去皂角，擂杏仁如泥，入前药搜和，再入姜汁泡蒸饼，丸和绿豆大，青黛为衣。每服五十丸，姜汤下。(《丹溪心法·痰》)

(6) 先用白术、白芍药，炒为末。调服后，却服消渴药。消渴、养肺、降火、生血为主。分上中下治。黄连末、天花粉末、入乳生藕汁、生地黄汁，右二物汁为膏，入上药搜和，佐以姜汁和蜜汤为膏，徐徐留于舌上，白汤少许送下。(《金匮钩玄·痰》)

(7) 阿魏二两，醋和荞麦面裹，火煨熟；槟榔大者二个，刮空，滴乳香满盛，将刮下末，用荞麦拌作饼，慢火煨。右细末，入硇砂一钱，赤芍一两，同为末，面糊搜和，丸如梧子大，盐酒下。(《脉因证治·疝癞》)

"搜和"最早出现在宋代，金元大量出现，明清沿用。宋沈括《梦溪笔谈·异事》"人搜和药剂"①。如金张元素《医学启源·六气方治》"一处搜和为丸"②。明蒋一葵《尧山堂外纪·国朝》"搜和团为饼"③。清魏之琇《续名医类案·哮》："王宇泰治一人盐哮，用白面二钱，沙糖搜和，以糖饼灰汁捏作饼子，放在炉内煨干，划出切作四块，以轻粉四钱，另炒，掺在饼内食之，吐痰而愈。"④

48. 投/下/送/送下

"投""下""送下""送"为服（药）、吞服义，是常见的服药动词。《汉语大词典》未收。金元医籍中有大量用例，"投"有41例，"下"有503例，"送下"有129例，"送"有2例。

---

① 胡道静：《梦溪笔谈校证》，上海人民出版社，2011年版，第515页。
② [金] 张元素：《医学启源》，人民卫生出版社，1978年版，第116页。
③ [明] 蒋一葵：《尧山堂外纪》，吕景琳点校，中华书局，2019年版，第1333页。
④ [清] 魏之琇：《续名医类案》，人民卫生出版社，1957年版，第352页。

投：服；吞服。

金元医籍中，"投"的受事名词往往是粥饮、清酒、蘁汁、凉水等。

（1）赤茯苓 桑白皮 防风 官桂 川芎 麻黄 芍药 当归 甘草炙,各等分
上为末，每服二钱，水二盏，枣三枚，同煎至一盏，去滓，空心，温服。如欲出汗，以粥投之。（《黄帝素问宣明论方·著痹证》）

（2）**川芎神功散** 川芎四两 甘草一分 川乌头 吴白芷 天南星 麻黄各半两
上为末，每服二钱，水一盏、生姜三片，煎至半盏，投清酒半盏，避风。（《黄帝素问宣明论方·药证方》）

（3）**三圣散**见吐门（二十七）食前先食蘁汁半盏，后调药服一半，用鹅翎探引吐出，如吐少，更以热蘁汁投之。不已，用麝香煎汤服半盏，立止。（《伤寒标本心法类萃·三圣散》）

（4）若是扰之，便不救矣。惟安定神思，以凉水投之，待之以静，静便属水，自然无事。（《儒门事亲·热厥头痛》）

（5）又一法用凤凰台散，嗅于鼻内，连嚏二三十次。嗅药时，坐于暖室中。嚏罢，以浆水粥投之，衣被盖之，汗出而愈。（《儒门事亲·风论》）

（6）立其法，是动以安神，静以清肺。假令一气而微汗，用愈风汤三两，加麻黄一两，匀作四服，每服加生姜五七片，空心服之，以粥投之，得微汗则佳。如一旬之通利，用愈风汤三两，大黄一两，亦匀作四服，如前煎，临卧服之，得利为妙。（《医学发明·中风有三》）

下：服用。

金元医籍中，"下"是最普遍的服药动词。与"下"搭配的受事名词比"投"更多样，一般有汤剂、姜汤、醋汤、白汤、酒、茶、水、温水、蜜水、米饮、蘁汁、童便等。

（1）终日三服，其脉生至沉数而实，身表复暖而唯厥逆，与水善饮，有时应人之问，谵妄而舌强难言，方以调胃承气汤下之，获汗而愈。（《素问玄机原病式·燥类》）

(2) 以使热极而为阳厥者，以承气汤之类寒药下之，热退而气得宣通，则厥愈矣。(《素问玄机原病式·燥类》)

(3) 柴胡二两,去苗 黄芩七钱半 甘草半两 半夏汤洗,半两 青黛二钱半 人参半两 上为细末，姜汁浸，蒸饼为丸，如桐子大，每服五十丸，生姜汤下，食后服。(《素问病机气宜保命集·吐论·槟榔散》)

(4) 治疟病，身热目痛，热多寒少，脉长，睡卧不安，先以大柴胡汤下之，微利为度。(《素问病机气宜保命集·诸疟论》)

(5) 牛膝酒浸 草薢 杜仲炒,去丝 苁蓉酒浸 防风 兔丝子酒浸 白蒺藜各等分 桂枝减半 上细末，酒煮猪腰子捣丸，桐子大，空心酒下五七十丸。(《素问病机气宜保命集·虚损论·牛膝丸》)

(6) 又如患形不至有经年，终不晓瘀热在里，设以承气寒药下之，无有不畏，难得痊愈，尚不免于畏恶。(《刘河间伤寒医鉴》)

(7) 表证解，但有里证者，大承气汤下之。(《黄帝素问宣明论方·伤寒门·主疗说》)

(8) 官桂 干姜各半两 木香一分 大黄 蓬莪茂 芫花醋拌湿,炒干 枳壳去穰 陈皮各半两 半夏二两 牵牛半斤,取末四两 茴香一两,炒 巴豆四个 上为末，滴水为丸，如小豆大，每服二三十丸，温水下。(《黄帝素问宣明论方·药证方·木香丸》)

(9) 京三棱 香附子各半两 泽泻二钱半 巴豆四十九粒,出油 黍米粉 牵牛各二钱半 上为末，用栀子煎汤和丸，如绿豆大，每服三丸至五丸，如心痛，艾醋汤下七丸。(《黄帝素问宣明论方·药证方·金黄丸》)

(10) 薄荷叶 甘草各四钱 巴豆打烧存性 盆硝各二钱 轻粉二钱 豆豉一两,慢火炒 五灵脂二钱 上为末，炼蜜为丸，如桐子大，每服一丸，温蘘汁下，续后空咽津三五次，禁饮食少时，觉咽喉微暖效；心腹急痛，温酒下二丸，末效再服，得利尤良；带下，以温酒下二丸，或大便流利再服。(《黄帝素问宣明论方·药证方·神应丹》)

(11) 调胃散(五十) 水银 舶上硫黄 上研至黑，服一钱，米饮下，重者二钱。(《伤寒标本心法类萃·调胃散》)

(12) 朱砂一钱 麝香一钱 干蝎四个全者 豆豉四十九粒 巴豆七个 右乳钵内同研如粉，用面糊为丸，如绿豆大，金银薄荷汤下；伤冷，葱汤下；吐逆，丁香汤下，各一丸。(《保童秘要·惊痫》)

94

（13）**橘皮枳术丸** 治老幼元气虚弱，饮食不消，脏腑不调，心下痞满不快。陈皮二两 枳实麸炒,一两 白术一两 上件为末，荷叶烧饭为丸，每服五十丸，食后温水下。（《东垣先生试效方·饮食劳倦门·劳倦所伤论》）

（14）溲而便脓血，知气行而血止也，宜大黄汤下之，是为重剂；黄芩芍药汤为轻剂。治法宜朴、宜泄、宜止、宜和。（《活发机要·泄痢证》）

（15）**疗本滋肾丸** 黄蘗酒炒 知母酒炒,以上各等分 右为细末，滴水为丸，如梧桐子大，每服一百丸至一百五十丸，空心，盐白汤下。（《兰室秘藏·眼耳鼻门》）

（16）**易水张先生枳术丸** 白术二两 枳实麸炒黄色,去穰,一两 右同为极细末，荷叶裹烧饭为丸，如梧桐子大，每服五十丸，多用白汤下，无时。（《内外伤辨惑论·辨内伤饮食用药所宜所禁》）

（17）又，荆芥 薄荷 木贼 姜蚕 蝎梢 右为末，茶清下二钱。（《丹溪手镜·头痛》）

（18）**劫喘** 椒目，为末，姜汤下。又，萝卜子炒 皂角烧存性 姜汁丸，嚼化。又，大黄 牵牛炒 蜜水下二钱。（《丹溪手镜·喘》）

（19）**尿血方** 发灰能消瘀血、通闭，醋汤下三钱，棕榈烧灰，米饮下亦可。（《脉因证治·吐衄下血》）

（20）**劫药方** 椒目二钱，为末，姜汤下。莱菔子蒸，皂角烧存性。姜汁丸，嚼。大黄煨、牵牛炒,各二两，各为末，蜜水下二钱。治热痰暴喘欲死。（《脉因证治·喘》）

（21）**槐子散** 槐子、芩、木贼、苍术，末之，茶下。（《脉因证治·目》）

（22）五灵脂、荆芥，童便下；鹿角灰，酒下。（《脉因证治·妇人产胎》）

送下：吞服。

金元医籍中，与"送下"搭配的受事名词与"下"基本一致，用法也非常普遍，可以是倒流水（泉水）、姜汤、米饮、茶清、茶、醋汤、白汤、茶汤、温水、米散剂、汤药、童便等。

(1) **绿豆** 小豆各三十粒，口退皮再入**朱砂** 信砒各一钱上为末，同研细，滴水和丸，匀分作十丸，每服一丸，巳早晨服，夜间于北斗下，香水献至早晨，用新倒流水送下。(《黄帝素问宣明论方·药证方·斩邪丹》)

(2) **利膈丸** 牵牛四两,生 槐角子一两,炒 木香一两 青皮一两 皂角去皮,酥炙 半夏洗,各二两右为细末，生姜、面糊为丸，桐子大。每服四五十丸，水送下。(《儒门事亲·下剂》)

(3) **木香槟榔丸** 木香 槟榔 青皮 陈皮 广茂烧 黄连麸炒,各一两 黄柏 大黄各三两 香附子炒 牵牛各四两右为细末，水丸如小豆大。每服三十丸，食后，生姜汤送下。(《儒门事亲·独治于内者》)

(4) **当归丸** 当归 香附子炒 杜蒺藜 芍药各等分右为末，酒糊为丸如小豆大。每服三五十丸，米饮送下。(《儒门事亲·调治》)

(5) **治一切目昏** 川椒一斤,微炒,捣取椒红约取四两 甘菊花四两,末之 生地黄一斤,取新者杵作泥极烂右将地黄泥与前药末同和作饼子，透风处阴干。再为末，以蜜为丸如梧桐子大，每服三十丸，食后茶清送下。(《儒门事亲·目疾证》)

(6) **肝之积肥气丸** 在后积药，依此法服。此春夏药，秋冬另有加减法，在各条下。秋冬加厚朴半两，通前一两，减黄连一钱半。若强风痛，于一料中加人参、茯神、菖蒲各三钱，黄连只依春夏用七钱，虽秋冬不减，淡醋汤送下，空心。(《东垣先生试效方·五积门·五积论》)

(7) **消痞丸** 治心下痞闷，一切所伤，及积年不愈者。干生姜 神曲炒 炙甘草各二分 猪苓二钱五分 泽泻 厚朴 砂仁各三钱 半夏汤洗七次 陈皮 人参各四钱 枳实五钱,炒 黄连净炒 黄芩各六钱 姜黄 白术各一两右为细末，汤浸蒸饼为丸，如梧桐子大，每服五七十丸至百丸，白汤送下，食远服。(《兰室秘藏·心腹痞门》)

(8) **熟干地黄丸** 人参二钱 炙甘草 天门冬汤洗去心 地骨皮 五味子 枳壳炒 黄连各三钱 黄芩 当归身酒洗,焙干,各五钱 柴胡八钱 熟干地黄一两 生地黄酒洗,七钱五分右件同为细末，炼蜜为丸，如梧桐子大，每服一百丸，茶汤送下，食后，日进二服。(《兰室秘藏·眼耳鼻门》)

(9) **皂角木白皮**酥炙 **白附子**炮 **半夏**汤洗七次 **天南星**炮 **白矾**枯 **赤茯苓**去皮

人参各一两枳壳炒,二两右为细末，生姜汁面糊为丸，如梧桐子大，每服三十丸，温水送下，食后。(《内外伤辨惑论·暑伤胃气论》)

(10) **沉香温胃丸** 附子炮,去皮脐 巴戟酒浸,去心 干姜炮 茴香炮,各一两 官桂七钱 沉香 甘草炙 当归 吴茱萸洗,炒去苦 人参 白术 白芍药 白茯苓去皮 良姜 木香各五钱 丁香三钱 右为细末，用好醋打面糊为丸，如梧桐子大，每服五七十丸，热米饮送下，空心，食前，日进三服，忌一切生冷物。(《内外伤辨惑论·肾之脾胃虚方》)

(11) 治伤食兼伤冷饮者，煎五苓散送下，半夏枳术丸服之。(《内外伤辨惑论·随时用药》)

(12) **水芝丸** 莲实去皮,不以多少,用好酒浸一宿,入大猪肚内,用水煮熟,取出焙干 右为极细末，酒糊为丸，如鸡头大，每服五七十丸，温酒送下，食前。上部有脉，下部无脉，其人当吐，食伤太阴也，瓜蒂散。瓜蒂 赤小豆各等分 右二味为细末，每服二钱匕，温浆水调下，取吐为度。(《医学发明·损其肾者益其精》)

(13) 气虚者四君子汤，血虚者四物汤，痰多者二陈汤送下，热甚者童便下。(《丹溪心法·瘟疫》)

(14) 右神曲丸，送下随宜。气虚四君子；血虚四物汤；痰二陈汤；热甚，童便作汤送下。(《脉因证治·瘟病》)

送：吞服。

金元医籍中，用"送"的服药动词比较少。与动补结构的双音节词"送下"相比，单音节"送"还保留着上古汉语单独成词的用法。在近代汉语中，双音节词占主流，单音节词"送"的能产性受到双音节词的挑战，可使用的频次和空间非常有限，基本上已让位于双音节词。金元医籍中有2例：

(1) 天门冬十两,去心秤 麦门冬去心,八两 生地黄三斤,取汁为膏子 上二味为末，膏子和丸，如梧子大，每服五十丸，煎逍遥散送。(《素问病机气宜保命集·咳嗽论·天门冬丸》)

(2) **生甘露饮子** 石膏一钱二分 人参二钱 生甘草一钱 炙甘草二钱 山栀子一钱 荜澄茄一钱 白豆蔻一钱 白葵花五分 黄檗酒拌炒,一钱半 香白芷一钱 连翘一钱杏仁去皮,一钱半 麦门冬五分 黄连三分 木香三分 桔梗三钱 升麻二钱 姜黄一钱 知母二钱,酒制 当归身五分 全蝎二个 藿香二分 柴胡三分 兰香五分 上件为细末,如法汤浸蒸饼和匀成剂,捻作饼子,晒半干,杵碎,筛如黄米大,食后每服二钱,抄于掌中,以舌舐之,随津唾下,或送以白汤少许亦可。(《东垣先生试效方·消渴门·消渴论》)

49. 消进/消克

《广韵·宵韵》:"消,灭也。尽也。息也。"① "进"有进食,饮食义。复合词"消进"表示饮食的消化,吸收。《汉语大词典》收录"消化",未收录"消进"。金元医籍中有2例:

(1) **利膈丸** 主胸中不利,痰嗽喘促,利脾胃壅滞,调秘泻脏,推陈致新,消进饮食,治利膈气之胜药也。(《素问病机气宜保命集·咳嗽论》)

(2) 设病愈后,老弱虚人常人,常服保养,宣通气血,消进酒食。(《黄帝素问宣明论方·水湿门·水湿总论》)

"消进"在唐代还不是一个凝固化程度很高的词,结构比较松散,可以分离。如唐王焘《外台秘要·崔氏疗香港脚遍身肿方》:"药消进食,食消又更进二服。"② "消"指药物和饮食的消化。"进"指进食,吸收。宋代,"消进"的词汇化程度进一步加深。如宋钱乙《小儿药证直诀·记尝所治病二十三证》:"**大胡黄连丸** 治一切惊疳,腹胀,虫动,好吃泥土生米,不思饮食,多睡,吼哇脏腑或秘或泻,肌肤黄瘦,毛焦发黄,饮水,五心烦热。能杀虫,消进饮食,兼治疮癣,常服不泻痢方。"③

金元时期,"消进"的词汇化已经稳固。元曾世荣《活幼心书·信

---

① [宋] 陈彭年、丘雍等:《广韵》,江苏凤凰教育出版社,2008年版,第41页。
② [唐] 王焘:《重订唐王焘外台秘要方》,[明] 程衍道重订,明代养寿院经余居本,第2页。
③ [宋] 钱乙:《小儿药证直诀》,[宋] 阎孝忠整理,人民卫生出版社,2006年版,第65页。

效方汤散门·泻黄散》："治吐泻后，调和脾胃，<u>消进饮食</u>，及丁奚哺露，虚热烦渴，气逆心恶。"① 明代存用，如明王肯堂《证治准绳·幼科·脾脏部（上）·不乳食》"<u>消进奶食</u>"②。清代罕见。

从"消克"的词汇化角度考证，唐代是其词汇化的萌芽阶段，词语结构比较松散，处于离散状态。宋代"消进"开始词汇化过程，金元时期完成词汇化。"消进"的宾语比较单一，基本上是饮食、酒食、奶食。明代存用，清代基本不用。

消克：消化。

《广韵·德韵》："克，能也。胜也。"③ "消克"表示饮食的消化。《汉语大词典》亦未收。金元医籍中有1例：

> 自下而损者，一损于肾，骨痿不能起于床；二损损于肝，筋缓不能自收持；三损损于脾；饮食不能<u>消克</u>。(《素问病机气宜保命集·虚损论》)

"消化"最初出现在宋代《二程遗书》卷二（上），如"道则不<u>消克</u>"④。此时"消克"的词汇化还没完成，"消"与"克"各自的语素义明显，所组成的复合词"消克"也不是指饮食的消化、吸收，而是表示丢弃克己复礼的道理。"消克"在金元时期完成词汇化，表示饮食的消化。明清时期其词汇化程度进一步巩固。如明朱橚《普济方·痰饮门·留饮附论》："此药化痰止嗽，<u>消克饮食</u>。"⑤ 这是《普济方》中记载的"辰砂利痰丸"的药效，可以止咳化痰，也可以消化饮食。清张璐《本经逢原·隰草部·麦门冬》："《本经》主心腹结气，伤中伤饱，胃络脉绝，羸瘦短气，一气贯下，言因过饱伤胃而致心腹气结，脉绝不通，羸

---

① ［元］曾世荣：《活幼心书》，翁宁榕校注，中国中医药出版社，2016年版，第97页。
② ［明］王肯堂：《证治准绳》，上海科学技术出版社，影印1959年版，第510页。
③ ［宋］陈彭年、丘雍等：《广韵》，江苏凤凰教育出版社，2008年版，第156页。
④ ［宋］程颢、程颐：《二程语录》，上海古籍出版社，2020年版，第76页。
⑤ ［明］朱橚：《普济方》，人民卫生出版社，1959年版，第1962页。

瘦短气，故宜以此滋其津液，通其肺胃。殊非开豁痰气，<u>消克</u>饮食之谓。"①

明清时期，"消克"的对象不断增加，从饮食范畴拓展到药物、散剂等事物范畴。如明薛己《外科枢要·治验》："小便秘涩，服<u>消克</u>之药愈甚。"②清魏之琇《续名医类案·瘫痪》："或者谓痰、谓火、谓风，多与清凉<u>消克</u>发散之剂。"③

50. 操洗

《广韵·号韵》："操，持也。"④"操"表执，拿。"操洗"表示拿着东西用手洗，俗称搓洗。《汉语大词典》未收。金元医籍中有2例：

（1）**治痰千缗汤** 半夏_{生末，一两} 大皂角_{去皮子，半两，剉} 上同于绢袋中盛之，用水三升，生姜七大片，同煎至一半，以手<u>操洗</u>之，取清汁，分作三服，食后并服，二服效。（《素问病机气宜保命集·咳嗽论·治痰千缗汤》）

（2）**千缗汤** 治痰妙。半夏_{一两，生} 大皂角_{半两，去皮子} 雄黄加之_{大治痰} 上同入绢袋中，水三升，姜八片，煎至半，以手<u>操洗</u>之，取清汁服。（《脉因证治·逆痰嗽》）

文献用例表明"操洗"在金元时期就已出现，明代延续，清代基本不用。如明凌濛初《二刻拍案惊奇》卷十九："忙去打些水来，替他<u>操洗</u>腐肉。再去拔些新鲜好草来喂他。"⑤又卷二十九："到得倾下浴盆，通身<u>操洗</u>，可煞作怪，但是汤到之处，疼的不疼，痒的不痒，透骨清凉，不可名状。"⑥

51. 推过

《广韵·脂韵》："推，排也。"⑦《诗·大雅·云汉》："旱既太甚，

---

① ［清］张璐：《本经逢原》，刘从明校注，中医古籍出版社，2017年版，第87页。
② ［明］薛己：《外科枢要》，人民卫生出版社，1983年版，第231页。
③ ［清］魏之琇：《续名医类案》，人民卫生出版社，1957年版，第303页。
④ ［宋］陈彭年、丘雍等：《广韵》，江苏凤凰教育出版社，2008年版，第121页。
⑤ ［明］凌濛初：《二刻拍案惊奇》，人民文学出版社，1996年版，第36页。
⑥ ［明］凌濛初：《二刻拍案惊奇》，人民文学出版社，1996年版，第131页。
⑦ ［宋］陈彭年、丘雍等：《广韵》，江苏凤凰教育出版社，2008年版，第14页。

则不可推。"① 郑玄注:"推,去也。"孔颖达疏:"推是远离之辞,故为去也。"可见,"推过"表排除。在医籍中,由于肠胃宿食不消化,需要药物帮助泻痢,故"推过"引申为"排泄"。《汉语大词典》未收。金元医籍中有2例:

(1) 少阴经证,多里急后重,故加大黄,令急<u>推过</u>,物去则轻矣,《内经》曰:"因其重而减之。"又曰:"其下者,引而竭之。"(《素问病机气宜保命集·泻痢论·加减平胃散》)

(2) 太阴证,不能食也,当先补而后泻之,乃进药法也。先煎厚朴半两,俱依本方加制,水一盏半,煎至一半服;若三两服后未已,谓有宿食不消,又加枳实二钱同煎服;三两服泄又未已,如稍加食,尚有热毒,又加大黄三钱<u>推过</u>,泄止住药;如泄未止,谓肠胃有久尘垢滑粘,加芒硝半合,宿垢去尽,则愈矣。(《素问病机气宜保命集·泻痢论·加减平胃散》)

明代"推过"存用。如明王肯堂《证治准绳·类方·清凉饮子》:"(进承气法)二三服泄又未已,如不加食,尚有热毒,又加大黄三钱。<u>推过</u>泄未止者,为肠胃久有尘垢滑粘,加芒硝半合,垢去尽则安矣。"②一般排泄有困难者,中医主张用大黄辅助泻痢。

"推过"除此义项外,还可以见字明义,如把东西推到另一边;推卸责任等。此处暂不讨论。

52. 迎发

《广韵·庚韵》:"迎,逢也。"③《说文·辵部》:"迎,逢也。"④"迎"有"遇到;遭逢"义。《易·系辞上》:"言出乎身,加乎民;行发

---

① [汉]毛亨传,[汉]郑玄笺,[唐]孔颖达疏:《毛诗注疏》,上海古籍出版社,2013年版,第1747页。
② [明]王肯堂:《证治准绳》,彭怀仁点校,人民卫生出版社,2014年版,第433页。
③ [宋]陈彭年、丘雍等:《广韵》,江苏凤凰教育出版社,2008年版,第53页。
④ [汉]许慎:《说文解字》,中华书局,1963年版,第40页。

乎迩，见乎远。"①《广韵·月韵》："发，发起。"② 语素"发"表发生。复合词"迎发"表示遇到发生（的时候）。《汉语大词典》未收。金元医籍中有2例：

(1) 桂枝 羌活 防风 甘草炙,各半两 上为粗末，每服半两，水一盏半，煎至一盏，温服清，迎发而服之。如吐者，如半夏曲等分。（《素问病机气宜保命集·诸疟论》）

(2) 苍术四两草乌头一钱杏仁三十个上为粗末，都作一服，水三升，煎至一半，均作三服，一日服尽，迎发而服。（《素问病机气宜保命集·诸疟论》）

"迎发"在金元时期出现，明代存续，清代几乎不用，近代偶用。如明王肯堂《证治准绳·类方·疟》："桂枝羌活汤（《保命》，下同）桂枝 羌活 防风 甘草炙,各半两 上为粗末，每服半两，水一盏半，煎至一盏，迎发而服之。吐者，加半夏曲等分。"③ 明李梴《医学入门·杂病分类·外感·食疟腹胀寒热并》："腹胀因湿痰，或疟气归腹者，古龙虎丹，用杏仁煎汤，迎发时下。"④ 明朱橚《普济方·诸疟门·久疟附论·治久疟痰疟》记载苍术汤也有"一日服尽，迎发而服"⑤。

53. 宣利/宣行/宣平/宣散

这组"宣"类词族都有"通；通畅"义。《汉语大词典》收录"宣通"，未收录这组词族。除此义项外，"宣利"还有其他义项。

宣利₁：通畅。

《广韵·仙韵》："宣，通也。散也。"⑥《说文·刀部》："利，铦

---

① ［魏］王弼注，［唐］孔颖达疏：《十三经注疏·周易正义》，李学勤主编，北京大学出版社，1999年版，第276页。
② ［宋］陈彭年、丘雍等：《广韵》，江苏凤凰教育出版社，2008年版，第141页。
③ ［明］王肯堂：《证治准绳》，彭怀仁点校，人民卫生出版社，2014年版，第76页。
④ ［明］李梴：《医学入门》，江西科学技术出版社，1988年版，第786页。
⑤ ［明］朱橚：《普济方》，人民卫生出版社，1959年版，第2814页。
⑥ ［宋］陈彭年、丘雍等：《广韵》，江苏凤凰教育出版社，2008年版，第39页。

也。"① 铦是一种利器，引申为锋利。因刀锋利，割物不滞，引申为"通"。"利"表"通；通畅"，字典、辞书等未收。复合词"宣利"表"通；通畅"。《汉语大词典》未收。金元医籍中有6例：

（1）樟柳根三两 大戟一两半 甘遂一两，炒 上为极细末，每服二三钱，热汤调下，取大便宣利为度，此药主水气之胜药也。（《素问病机气宜保命集·妇人胎产论·产后药》）

（2）松花膏 治三二十年劳嗽，预九月间，宣利一切痰涎，肺积喘嗽不利。（《黄帝素问宣明论方·药证方·松花膏》）

（3）玄青丸 治下痢势恶，频并窘痛，或久不愈，诸药不能止，须可下之，以开除湿热痞闷积滞，而使气液宣行者，宜以逐之，兼宣利积热，酒食积，黄瘦中满，水肿腹胀，兼疗小儿惊疳，积热乳癖诸证，唯泄泻者勿服。（《黄帝素问宣明论方·药证方·玄青丸》）

（4）若下利热极，频并窘痛，或久不愈，诸药不能止者，须下之，以开除湿热痞闭积滞，而使气液宣行者，宜以逐之，兼宣利积热也。（《黄帝素问宣明论方·泄痢门·泄痢总论》）

（5）海金砂散 治脾湿太过，通身肿满，喘不得卧，腹胀如鼓。牵牛一两半，半生半炒 甘遂 海金砂各半两 右为细末，每服二钱，煎倒流水一盏调下，食前。得宣利，止后服。（《医学发明·泻之则胀已汗之则疮已》）

（6）治法 腰以上肿宜汗，腰以下肿宜利小便。主治，使补脾气，实则能健运，以参、术是也，佐以黄芩、麦冬制肝木。（《脉因证治·痞》）

"宣利"出现在隋唐时期，宋金元明清承袭此义。"宣利"的涉事宾语或名词范畴有肠胃、经络、脏腑、痰涎、小便、积热等。如隋唐巢元方《诸病源候论·心痛病诸候·心痛多唾候》："若腑脏和平，则水液下流宣利。"② 宋王怀隐《太平圣惠方·药酒序》："夫酒者，谷之精，和

---

① ［汉］许慎：《说文解字》，中华书局，1963年版，第91页。
② ［隋唐］巢元方：《诸病源候论》，人民卫生出版社，1955年版，第92页。

养神气，性惟剽悍，功甚变通，能<u>宣利</u>胃肠，善导引药势，今则兼之。"① 金张元素《医学启源·六气方治·七宣丸》："食前临卧服，米饮下一服，加至四、五十丸，<u>宣利</u>为度。"② 明陈会撰《神应经·序》："药以气味而达之，故其<u>宣利</u>经络也迟。"③ 清王士雄《归砚录》卷三："后余治以肝郁为病，中脘胀滞作痛，腹渐大，欲成胀病。治以<u>宣利</u>疏养之法，二十余剂，腹中已觉宽畅，惟大腹仍空阜不瘥。"④ 从文献用例频次来看，明清居多。

宣利$_2$：显示锋利。

《广韵·仙韵》："宣，布也。明也。"⑤ "宣"有"显示；宣布"义。《说文·刀部》："利，铦也。"⑥ 铦是一种利器，引申为锋利。复合词"宣利"表示锋利，多指剑器，或比喻诗歌的高超技艺。《汉语大词典》未收。

从文献考证来看，此义项出现在唐宋时期。如王起《切玉剑赋》："以藏乎密地，出匣而<u>宣利</u>。"⑦ 姜特立《说诗》："似拙乃藏巧，借钝以<u>宣利</u>。"⑧

宣利$_3$：滑利；渗透。

《广韵·仙韵》："宣，缓也。"⑨ "宣"言及缓也。"宣"与膏脂性名词搭配使用，形容缓慢渗透的过程。"宣利"表滑利；渗透。

此义项用域狭窄，往往是形容动物的油膏特性。如唐段成式《酉阳杂俎·广动植之一·毛篇》："貊泽，大如犬，其膏<u>宣利</u>，以手所承及铜铁瓦器中贮，悉透，以骨盛，则不漏。"许逸民校笺："宣利：犹

---

① [宋] 王怀隐：《太平圣惠方》，人民卫生出版社，1958年版，第3064页。
② [金] 张元素：《医学启源》，人民卫生出版社，1978年版，第144页。
③ [明] 陈会：《神应经》，湖南科学技术出版社，2014年版，第15页。
④ [清] 王士雄：《归砚录》，方春阳、楼羽刚点校，中医古籍出版社，1987年版，第50页。
⑤ [宋] 陈彭年、丘雍等：《广韵》，江苏凤凰教育出版社，2008年版，第39页。
⑥ [汉] 许慎：《说文解字》，中华书局，1963年版，第91页。
⑦ 董诰等：《全唐文》，中华书局，1983年版，第6495页。
⑧ 傅璇琮等：《全宋诗》（第38册），北京大学出版社，1992年版，第24106页。
⑨ [宋] 陈彭年、丘雍等：《广韵》，江苏凤凰教育出版社，2008年版，第39页。

润滑。"①

宣利₄：宣告利益。

《广韵·仙韵》："宣，布也。明也。"②"利"有"利益，好处"义。"宣利"表示宣告利益。如宋邵伯温《邵氏闻见录》卷二十三："仍于供职之初辰，首论理财之不可，恐宣利而坏俗，陈孟子之耻言。"③

宣行：通畅。

《广韵·仙韵》："宣，遍也。通也。"④《广韵·庚韵》："行，适也。往也。去也。"⑤ 故"行"有通义。"宣行"是同义复词，表"通，通畅"。《汉语大词典》未收。金元医籍中有11例：

（1）湿病本不自生，因于火热怫郁，水液不能宣行，即停滞而生水湿也。（《黄帝素问宣明论方·伤寒门·诸湿》）

（2）凡病湿者，多自热生，而热气尚多，以为兼证，当云湿热，亦犹风热义同，虽病水寒，不得宣行，亦能为湿，虽有此异，亦以鲜矣。（《黄帝素问宣明论方·论风热湿燥寒·伤寒表里证》）

（3）或痰逆生风，痰涎嗽，兼产后腹痛，及小儿府疾，诸风潮搐，但平人常服补养，宣行荣卫，调饮食。（《黄帝素问宣明论方·药证方·信香十方青金膏》）

（4）凡病湿者，多自热生，而热气尚多，以为兼证，云湿热亦犹风热义同，虽病水寒，不得宣行，亦能为湿，虽有此异，亦以鲜矣。（《黄帝素问宣明论方·水湿总论》）

（5）**保安半夏丸** 治久新诸嗽，或上逆涎喘，短气痰鸣，咽干烦渴，大小便涩滞，肺痿劳劣，心腹痞满急痛，中满膈气，上实下虚，酒食积聚不消，补养气血，宣行营卫。（《黄帝素问宣明论方·药证方·保安半夏丸》）

（6）狂阳心火燥其三焦，肠胃燥热怫郁，而水液不能宣行也，

---

① [唐] 段成式：《酉阳杂俎》，中华书局，2015年版，第1202页。
② [宋] 陈彭年、丘雍等：《广韵》，江苏凤凰教育出版社，2008年版，第39页。
③ [宋] 邵伯温：《邵氏闻见录》，中华书局，1983年版，第213页。
④ [宋] 陈彭年、丘雍等：《广韵》，江苏凤凰教育出版社，2008年版，第39页。
⑤ [宋] 陈彭年、丘雍等：《广韵》，江苏凤凰教育出版社，2008年版，第39页。

周身不得润泽，故瘦悴黄黑也。而燥热消渴，然虽多饮，亦必水液不能浸润于肠胃之外，汤不能止渴，徒注为小便多出，俗未明，妄为下焦虚冷，误人多矣。(《黄帝素问宣明论方·燥门·消渴总论》)

(7) 若下利热极，频并窘痛，或久不愈，诸药不能止者，须下之，以开除湿热痞闭积滞，而使气液宣行者，宜以逐之，兼宣利积热也。(《黄帝素问宣明论方·泄痢门·泄痢总论》)

(8) **玄青丸** 治下痢势恶，频并窘痛，或久不愈，诸药不能止，须可下之，以开除湿热痞闷积滞，而使气液宣行者，宜以逐之，兼宣利积热，酒食积，黄瘦中满，水肿腹胀，兼疗小儿惊疳，积热乳癖诸证，唯泄泻者勿服。(《黄帝素问宣明论方·药证方·玄青丸》)

(9) 气血宣行其中，神自清利，而应机能用矣。(《黄帝素问宣明论方·妇人门·妇人总论》)

(10) 肝心相搏，风热燥甚，三焦肠胃燥热怫郁，而水液不能宣行，则周身不得润湿，故瘦瘁黄黑，而燥热消渴，虽多饮而水液终不能浸润于肠胃之外，渴不止而便注为小便多也。(《儒门事亲·刘河间先生三消论》)

从"宣行"的历时层面考察，其最初出现在春秋时期，历代沿用，以明代居多。如《黄帝内经素问·六元正纪大论篇第七十一》："五运宣行。"① 唐王焘《外台秘要·冷痰方四首》："《病源》：冷痰者，言胃气虚弱，不能宣行水谷，故使痰水结聚，停于胸膈之间，遂令人吞酸气逆，四肢变青，不能食饮。"② 宋王怀隐《太平圣惠方·治小儿癖气诸方》："若调养乖方，三焦否隔，则肠胃不能宣行。"③ 明朱橚《普济方·婴孩诸疮肿毒门·痈疽附论》："或积毒热气不得宣行。"④ 清尤怡《金匮翼·火郁发热》："火郁者，阳气为外寒所遏，不得宣行，郁而成

---

① 《黄帝内经素问》，人民卫生出版社，2012年版，第309页。
② [唐] 王焘：《外台秘要》，王淑民校注，中国医药科技出版社，2011年版，第125页。
③ [宋] 王怀隐：《太平圣惠方》，人民卫生出版社，1958年版，第2809页。
④ [明] 朱橚：《普济方》，人民卫生出版社，1959年版，第1338页。

火……"① "宣行"的涉事名词主要是腑脏、胃气、肠胃、阳气等，既有人体器官名词，也有气体名词。

宣平：通畅。

《广韵·庚韵》："平，和也。"② "平"有和义。通则和，和则平。"宣平"表通畅。金元医籍中有2例：

（1）**桂苓白术丸** 治消痰逆，止咳嗽，散痞满壅塞，开坚结痛闷，推进饮食，调和脏，无问寒湿、湿热，呕吐泻痢，皆能开发，以令遍身流湿润燥，气液<u>宣平</u>而愈。（《黄帝素问宣明论方·药证方·桂苓白术丸》）

（2）况消渴者，本因饮食服饵失宜，肠胃干涸，而气液不得<u>宣平</u>；或耗乱精神，过违其度；或因大病，阴气损而血液衰虚，阳气悍而燥热郁甚之所成也。（《儒门事亲·刘河间先生三消论》）

"宣平"最早出现在先秦时期，明清沿用。如《黄帝内经素问·五常政大论篇第七十》："岐伯曰：悉乎哉问也！敷和之纪，木德周行，阳舒阴布，五化<u>宣平</u>，其气端……"③ 明朱橚《普济方·咳嗽门》："气液<u>宣平</u>而愈。"④ 清高鼓峰《医家心法·消症》："郁成燥热，气不<u>宣平</u>。"⑤ "宣平"的涉事主语一般是气体、液体。

宣散：发散。

《广韵·仙韵》："宣，散也。"⑥《左传·昭公元年》："侨闻之，君子有四时：朝以听政，昼以访问，夕以修令，夜以安身。于是乎节宣其气，勿使有所壅闭湫底以露其体，兹心不爽，而昏乱百度。"⑦ 杜预注："宣，散也。" "宣"有发散义。"宣散"是同义复词，表发散。金元医籍

---

① ［清］尤怡：《金匮翼》，中国中医药出版社，1996年版，第93页。
② ［宋］陈彭年、丘雍等：《广韵》，江苏凤凰教育出版社，2008年版，第39页。
③《黄帝内经素问》，人民卫生出版社，2012年版，第285页。
④ ［明］朱橚：《普济方》，人民卫生出版社，1959年版，第1338页。
⑤ ［清］高鼓峰：《医家心法》，王新华点注，江苏科学技术出版社，1983年版，第59页。
⑥ ［宋］陈彭年、丘雍等：《广韵》，江苏凤凰教育出版社，2008年版，第39页。
⑦ 杨伯峻：《春秋左传注》，中华书局，1981年版，第1220页。

中有5例：

（1）此因饮食冷物过多，明盛阳衰而为中寒也；或冷热相击而反阳气怫郁，不能<u>宣散</u>，怫热内作，以成热证者，不可亦言为冷，当以脉证别之。（《黄帝素问宣明论方·药证方·白术调中汤》）

（2）但当以和平之药，<u>宣散</u>其表、和解其里。（《伤寒心要》）

（3）殊不知此证乃阴耗阳竭，阴气极弱谓之耗，阳厥极深谓之竭，蓄热怫郁将欲绝者，当此之证，寒剂、热剂俱不可投，但进凉膈合解毒，以养阴退阳，<u>宣散</u>蓄热，脉气渐生，得大汗而愈，有无汗气和而愈者。（《伤寒心要》）

（4）懊侬虚烦者，皆用凉膈散（二十三），甚佳，及宜汤濯手足，使心胸结热<u>宣散</u>而已。（《伤寒标本心法类萃·懊侬虚烦 不得眠》）

（5）盖阳气后竭而然也，不下亦死，宜凉膈散（二十三），或黄连解毒汤，或二药合服，或白虎（二十二）合凉膈散，养阴退阳，积热渐以<u>宣散</u>，则心胸温暖，脉渐以生，至于脉复有力，方可以三一承气汤（十三）下之，或解毒加六一散（五十二）调之，愈后宜服退热之药，忌发热诸物。（《伤寒标本心法类萃·发厥》）

"宣散"在唐代初现，明清承续。如唐王焘《外台秘要·古今诸家丸方一十八首·五补七宣丸》："夫人所疾，皆因风不<u>宣散</u>，即成拥缓热风。"[①] 明李时珍《本草纲目·木部·龙脑香》："痘疮心热血瘀倒靥者，用引猪血直入心窍，使毒气<u>宣散</u>于外，则血活痘发。"[②] 清黄宫绣《本草求真·散剂·驱风·荆芥》："是以<u>宣散</u>风邪。用以防风之必兼用荆芥者，以其能入肌肤<u>宣散</u>故耳。"[③] "宣散"的涉事名词主要是风疾、毒气、风邪等。

---

① [唐]王焘：《外台秘要》，王淑民校注，中国医药科技出版社，2011年版，第550页。

② [明]李时珍：《本草纲目》，刘恒如、刘永山校注，华夏出版社，2013年版，第1320页。

③ [清]黄宫绣：《本草求真》，人民卫生出版社，1987年版，第77页。

54. 收持

收持₁：收敛，运动自如。

《广韵·尤韵》："收，敛也。"① 《素问·举痛论》："寒则腠理闭，气不行，故气收矣。"王冰注："收，谓收敛也。"② 又《晏子春秋·外篇·晏子死景公驰往哭哀毕而去第十六》："寡人犹且淫佚而不收，怨罪重积于百姓。"张纯一校注："收，敛也。"③ 战国楚宋玉《神女赋》："頩薄怒以自持兮，曾不可乎犯干。"④ "持"表约束。"收持"表收敛；收引，即运动自如。《汉语大词典》收录"收引"，未收"收持"。金元医籍中有8例：

（1）至于手足痿弱不能<u>收持</u>，由肺金本燥，燥之为病，血液衰少，不能营养百骸故也。（《素问玄机原病式·五运主病》）

（2）自下而损者，一损于肾，骨痿不能起于床；二损损于肝，筋缓不能自<u>收持</u>；三损损于脾，饮食不能消克。（《素问病机气宜保命集·虚损论》）

（3）**牛膝丸** 治肾肝损，骨痿不能起于床，筋缓不能<u>收持</u>，宜益精缓中。（《素问病机气宜保命集·虚损论·牛膝丸》）

（4）治肾肝损，骨痿不能起于床，宜益精；筋缓不能自<u>收持</u>，宜缓中，牛膝丸。（《活发机要·虚损证》）

（5）胃绝：口噤释黑，四肢重如山，不能<u>收持</u>，大小便自利无休，饮食不入，七日死。（《丹溪手镜·五脏绝死》）

（6）**牛膝散** 治肾肝损，骨痿筋缓不能<u>收持</u>，亦治腰痛。（《丹溪手镜·热烦》）

（7）其肉痹者，饮食不节，肥美之为。肉不荣，肤不泽，则纹理疏，三气入之，则四肢缓而不<u>收持</u>。（《脉因证治·痹》）

（8）**牛膝丸** 治肾肝损，骨痿不能起床，筋缓不能<u>收持</u>。（《脉

---

① ［宋］陈彭年、丘雍等：《广韵》，江苏凤凰教育出版社，2008年版，第59页。
② 《素问》，穆俊霞、王平校注，中国医药科技出版社，2011年版，第63页。
③ 张纯一：《晏子春秋校注》，梁运华点校，中华书局，2014年版，第391页。
④ 严可钧：《全上古三代秦汉三国六朝文》（卷十），中华书局，1965年版，第123页。

因证治·痹》）

"收持"的修饰对象主要是筋脉，因为骨痿，筋脉松弛不能收敛。从词语溯源来看，"收持"最早出现在汉代，唐宋沿用，明清续存。如《难经经释》第十四难："四损，损于筋，筋缓不能自收持。"[①] 隋唐巢元方《诸病源候论·心痛病诸候·心痛候》："肾之经，足少阴是也，与膀胱合；膀胱之经，足太阳是也。此二经俱虚而逆，逆气乘心而痛者，其状下重，不自收持，苦泄寒中，为肾心痛也。"[②] 宋琼瑶真人《针灸神书·琼瑶神书人部·孙子中增添三法》："七十日后，食血气肉尽，故其虫黄赤，损于肌肉，故变瘦劣，饮食不能为肤，筋缓不能收持。"[③] 明楼英《医学纲目·肝胆部·金牙酒》："疗积年八风五痓，举身弹曳，行步跛躄，不能收持。"[④] 清周扬俊《温热暑疫全书·热病方论》："热病不知痛处，耳聋不能自收持，口干，阳热盛，阴颇有寒者，热在髓，死不治。"[⑤] 从文献例证来看，"收持"一般用在否定结构中，指筋脉收敛困难。

收持₂：收拾。

《诗·周颂·维天之命》："假以溢我，我其收之。"毛传："收，聚也。"[⑥]《广韵·之韵》："持，执持。"[⑦]"收持"由此引申为收拾。

此义项在唐代初现，现代文中残存。如大唐三藏义净译《大宝积经·佛说入胎藏会第十四之一》："时诸苾刍于小食时执持衣钵，入劫比罗城为行乞食。于时难陀见寺无人，便作是念：我扫地了即可还家。遂便扫地。世尊观知，以神通力，令扫净处粪秽还满。复作是念：我除粪

---

① [清] 徐灵胎：《徐灵胎医学全书》，中国中医药出版社，2015年版，第13页。
② [隋唐] 巢元方：《诸病源候论》，人民卫生出版社，1955年版，第92页。
③ [宋] 琼瑶真人：《针灸神书》，中医古籍出版社，1999年版，第90页。
④ [明] 楼英：《医学纲目》，湖南科学技术出版社，2014年版，第1047页。
⑤ [清] 周扬俊：《温热暑疫全书》，赵旭初点校，上海中医学院出版社，1993年版，第26页。
⑥ [汉] 郑玄笺，[唐] 孔颖达疏：《毛诗注疏》，上海古籍出版社，2013年版，第1888页。
⑦ [宋] 陈彭年、丘雍等：《广韵》，江苏凤凰教育出版社，2008年版，第16页。

秽，方可言归。放帚收持粪秽无尽，复作是念。闭户而去。"① "收持"表收拾。由收拾他物，转指收拾主体。如王令《原蝗》："埋藏地下不腐烂，疑有鬼党相收持。"② 现代文学作品一般用"收拾"代替"收持"，如张贺芳《小五虎演义》第四十四回："时间不太，呼延豹把浑身上下收拾了个利落紧村：头戴虎头盔，身贯虎皮甲，进到帐内，冲众人拱手施礼：'诸位，你们都不用出去，在帐内听信儿吧！'"③

收持$_3$：收藏，持有。

唐宋时期，"收持"还表收藏，持有。如大唐三藏义净译《根本说一切有部毗奈耶药事》卷第十二："是时婆罗门，速诣王所。起居问讯，少病长寿。又白王言：'大王当知，我才种麦。生长成金。唯愿大王差人取分。'王便差人，而取麦分。时婆罗门收持积聚。量出王分，遂变为麦。"④ "收持积聚"表示收藏或持有的麦子。宋元吴全节《灵宝玉鉴·开明幽暗门》："右式制造策杖，平时收持，咒祝合炁，存神，随事行用。"⑤ "收持"表示收藏或持有策杖。

55. 走窜

走窜：表逃窜。

"走窜"先秦时期已经出现，字典辞书等已释。但"走窜"与气味或药性词语连用，表示气味相窜、扩散。此一用例最早出现在金元时期，《汉语大词典》引证的是明代文献，时代稍晚。金元医籍中有1例，可提前书证。如：

地仙丹既曰补肾，而滋补之药与僭燥走窜之药相半用之，肾恶燥，而谓可以补肾乎？(《局方发挥》)

---

① 大藏经刊行会编辑：《大正新修大藏经·宝积部上》（11册），新文丰出版公司，1983年版，第327页。
② 傅璇琮等：《全宋诗》（第12册），北京大学出版社，1998年版，第8079页。
③ 张贺芳：《小五虎演义》，黄河文艺出版社，1985年版，第469页。
④ 大藏经刊行会编辑：《大正新修大藏经·律部三》（24册），新文丰出版公司，1983年版，第52页。
⑤ 张继禹：《中华道藏》（35册），华夏出版社，2004年版，第642页。

111

56. 飞窜

飞窜：飞逐。

"飞窜"一词《汉语大词典》引证的是现代用例，时代过晚。金元医籍中有1例，可提前书证。如：

> 法当补阴抑阳，气降则血归经，岂可以轻扬飞窜之脑、麝，佐之以燥悍之金石乎？（《局方发挥》）

57. 筑筑

筑筑：跳动。

《汉语大词典》释义为："上下摇动。如筑杵捣物的样子。"引证的是清蒲松龄《聊斋志异·织成》："又无何，湖中一木直立，筑筑摇动。"何注："筑筑，捣也，谓立于水中，形上下如捣也。"① 时代稍晚。金元医籍中有1例，由"上下摇动"义引申为气体或脉搏跳动的样子。如：

> 动气，脐傍筑筑然动跳也。由真脏之气虚发动也，虽有攻里发表之证，不可汗下。（《丹溪手镜·动气》）

"筑筑"此义项出现在唐代，如唐王焘《外台秘要·霍乱不止及洞下泄痢方八首》："删繁疗霍乱洞泄不止，脐上筑筑，肾气虚，人参理中汤方。"② 宋代医籍常用"筑筑"形容腹中气体跳动的样子。如宋金成无己《伤寒明理论·悸》："筑筑踢踢然动。"③ 又《伤寒明理论·动气》："动气者，为筑筑然动于腹中者是矣。"④ 明清医籍中，"筑筑"还可描摹脉搏和耳鸣时气体的流动貌。如明朱橚《普济方·针灸门·癥癖》："当有脉筑筑然向上。细细寻至膊上，至筑筑头当膊下。"⑤ 清孙

---

① ［清］蒲松龄：《聊斋志异》，上海古籍出版社，2011年版，第1513页。
② ［唐］王焘：《外台秘要》，王淑民校注，中国医药科技出版社，2011年版，第84页。
③ ［宋金］成无己：《伤寒明理论》，上海科学技术出版社，1959年版，第28页。
④ ［宋金］成无己：《伤寒明理论》，上海科学技术出版社，1959年版，第40页。
⑤ ［明］朱橚：《普济方》，人民卫生出版社，1959年版，第423页。

一奎《孙文垣医案·新都治验·九德侄耳鸣》:"九德侄,耳鸣,气筑筑然,闭而不通,鼻塞不利,口不知味,痰多而膈热不清,脉左浮而弦大,右滑大,俱数。"①

58. 滑泄/泄泻

滑泄/泄泻:腹泻。

《汉语大词典》引证的是明清用例,时代稍晚。"滑泄/泄泻"在金元时期已经出现,唐宋医籍中亦有用例。金元医籍中有2例:

(1)又相台监酒岳成之,病虚滑泄,日夜不止,肠鸣而口疮,俗呼为心劳口疮,三年不愈。予以长流水,同姜枣煎五苓散五七钱,空心使服之,以治其下;以宣黄连与白茯苓去皮,二味各等分为末,以白面糊为丸,食后温水下三五十丸,以治其上。百日而愈。(《儒门事亲·推原补法利害非轻说》)

(2)昔维阳府判赵显之,病虚羸,泄泻褐色,乃洞泄寒中证也。每闻大黄气味则注泄。余诊之,两手脉沉而软,令灸水分穴一百余壮,次服桂苓甘露散、胃风汤、白术丸等药,不数月而愈。(《儒门事亲·推原补法利害非轻说》)

59. 不容

不容:无须,不必。

《汉语大词典》所用书证为现代瞿秋白的《赤俄之归途》,时代过晚。金元医籍中有1例,可提前书证。如:

昔有人春月病瘟,三日之内,以驴车载百余里。比及下车,昏瞀不知人,数日而殂。又有人饮酒过伤,内外感邪,头痛身热,状如伤寒。三四日间,以马驮还家。六七十里,到家百骨节皆痛,昏愦而死,此余亲睹。若此之类,不容更述。(《儒门事亲·立诸时气解利禁忌式》)

---

① [清]孙一奎:《孙文垣医案》,中国医药科技出版社,2019年版,第180页。

"不容"最初见于先秦时期，但没有凝固成词，是否定义语素"不"与允许义语素"容"组合而成的松散结构。如《灵枢经·周痹第二十七》五"间不容空"①，张说《唐享太庙乐章·凯安三首》"室如屏气，门不容躬"②。宋苏辙《栾城集·陈州为张安道论时事书》"伏惟圣德广大，无所不容"③。金元时期，偶尔出现"不容更述"的用法，"不容"义为"无须，不必"。词汇化程度比较高，已经凝固成词。

60．统共

统共：总共。

《汉语大词典》所用例证为清朝与现代文献，时代较晚。金元医籍中有1例，可提前书证。如：

> 凡太阳一年三百六十五日，一日行一度，一年行一周天。月一日行十三度有奇，二十九日行一周天。日方行二十九度比之此月则月已先行一周天，三百六十五度之外，又行天之二十二度，则反少七度而不及时也。又加半日则统共而为一月，《阴阳说》云："只之行，只有前后，迟速分等，周天常转，则大小尽之异也。"本三百六十五日四分度之一。(《新刊图解素问要旨论·六化变用》)

遍检"统共"，文献用例表明其最早出现在金元时期，但极其少见。"统共"的使用高峰在清代，如晚清吴趼人《二十年目睹之怪现状》中就有大量用例。

61．作止

作止：作息起居。《汉语大词典》中的例证为宋代文献，且属孤例。金元医籍中有1例，可提前书证。如：

> 又陈择仁，年近七十，厚味之人也。有久喘病，而作止不常。(《格致余论·呃逆论》)

---

① 《灵枢经》，人民卫生出版社，1956年版，第60页。
② ［清］彭定求等：《全唐诗》，中华书局，1960年版，第923页。
③ ［宋］苏辙：《栾城集》，中华书局，1990年版，第613页。

第二节　名词

1. 向导

向导：表领路人。

该词秦汉时期已有。医籍中"领路人"引申为药引。如：

若欲行温散，宁无助火添病耶？由是古方中多以山栀为热药之向导，则邪伏而病易退，正易复而病易安。(《金匮钩玄·心痛》)

明清时期，"向导"承袭此义。如明李时珍《本草纲目·草部·半夏》："夫咳嗽吐痰，虚劳吐血，或痰中见血，诸郁，咽痛喉痹，肺痈肺痿，痈疽，妇人乳难，此皆贝母为向导，半夏乃禁用之药。"[①] 又《本草纲目·兽·豕》："时珍曰：'肝主藏血，故诸血病用为向导入肝。'"[②] 清魏之琇《续名医类案·咽喉》："治当从其性而伏之，用八味丸料加炒黑干姜，水煎，入青盐少许为向导，冷而与之，三剂而愈。"[③]

向：《广韵》许两切，上养，晓。响：《广韵》许亮切，去漾，晓。"向"与"响"声母相同，韵母相近，属一声之转，"向导"亦作"响导"。金元医籍中有2例：

(1) 盖以热药治寒病，苟无寒药为之响导，佐使，则病拒药而扞格不入。(《局方发挥》)

(2) 予如其病热深而药无反佐之过也。仍与前药炒与之，盖借火力为响导。一帖利止，四帖精神回，十帖病全安。(《局方发挥》)

"向导"通作"响导"，明清时期亦有例证。如明李梴《医学入门·

---

① [明]李时珍：《本草纲目》，刘恒如、刘永山校注，华夏出版社，2013年版，第819页。
② [明]李时珍：《本草纲目》，刘恒如、刘永山校注，华夏出版社，2013年版，第1775页。
③ [清]魏之琇：《续名医类案》，人民卫生出版社，1957年版，第447页。

杂病分类·内伤类·咽喉》："血虚者，四物汤加桔梗、荆芥、知母、黄柏；气虚者，四君子汤加甘草、桔梗、玄参、升麻，甚则干姜、附子以为响导，徐徐服之。"① 清汪昂《本草备要·木部·栀子》："古方多用栀子为君，热药为之响导，则邪易伏。"② 从"向导"与"响导"在各时代的出现频次与"药引"义项在医籍文献中的使用次数来看，"向导"占主流，至今仍是主要的语言表达形式。

2. 外境/内境

外境/内境：外在的环境/（身体）内在的环境。

《汉语大词典》有两个义项：一是国境以外的地区；二是指外界事物。金元医籍中的"外境"指外界的环境，与之相反的"内境"指身体内在的环境。例如：

余曰：暑月赴宴，外境蒸热；辛辣适口，内境邪热。而况旧有积痰，加之愧闷，其痰与热何可胜言？（《格致余论·虚病痰病有似邪祟论》）

"内境"与"外境"互为反义义场，字典辞书收录"外境"，但语义有别，且失收"内境"。

3. 走马

走马：中医指遗精、滑精现象。

《中医大辞典》释"走马"："推拿穴位。"③ 然彼"走马"非"走马"。古汉语中，"走"是"跑"义。"走马"与"跑马"同义。"跑马"俗称遗精。"走马"亦称"走阳"。如《中医大辞典》："走阳，遗精之俗称。"《汉语大词典》收录"跑马"，未收"走马"，但此义项缺失。金元医籍中有两个用例：

(1) **发灰散** 治走马房劳饮食，忍小便以致转胞不通，脐下急

---

① [明]李梴：《医学入门》，江西科学技术出版社，1988年版，第855页。
② [清]汪昂：《本草备要》，人民卫生出版社，2011年版，第397页。
③ 李经纬等：《中医大辞典》（第二版），人民卫生出版社，2020年版，第780页。

满。醋下二合。(《丹溪手镜·小便淋闭》)

(2) **发灰散** 治饮食、忍小便、走马房劳，旨致转胞，脐下急满不通。醋服一合，或加葵子、甘遂，加大蒜捣饼，安脐心，令实，着艾灸三十壮，治小便不通。(《脉因证治·淋》)

4. 环口

环口₁：口唇四周。

"环口"在金元医籍中有1例：

环口黧黑，柔汗发黄，为脾绝也死。(《丹溪手镜·不治证》)

"环口"最早出现在汉代，如张仲景《伤寒论·辨脉法第一》："环口黧黑，柔汗发黄者，此为脾绝也。"[①] 明清医者根据口唇周围出现的黧黑症状，诊治病者的脾胃功能。如明萧京《轩岐救正论·四诊正法·脉色逆顺》："环口黧黑，虚汗发黄，脾先绝也。"[②] 明佚名《幼科概论·脐风症论》："若再下行至环口，唇口即绪紧，舌头强直，故有撮口噤口缩腹等象之恶候也。"[③] 清代医籍沿用，出现了"环口黧黑""环口青黑""环口裂血""环口疮蚀""长脸环口"等词语义场。

环口₂：圆形小口。

《广韵·删韵》："环，玉环。"[④] 玉环是圆形，泛指环形的物品。"环口"此义项最初出现在宋代，从元至清，形容圆形器物的出口部位。如宋赵令畤《侯鲭录》卷第三："陶人之为器，有酒经焉。晋安人盛酒以瓦壶，其制，小颈，环口，修腹，受一斗，可以盛酒。"[⑤] "环口"即指瓦制酒壶的瓶口是圆形的。元陶宗仪《南村辍耕录》卷二十三："余昔宦游钱唐，因识吴和之者。性慧巧，博物，收一辘轳，玉青色，形如

---

① 刘渡舟：《伤寒论校注》，人民卫生出版社，2013年版，第11页。
② [明]肖京：《轩岐救正论》，中医古籍出版社，2015年版，第133页。
③ [明]佚名：《幼科概论》，上海科技出版社，1959年版，第33页。
④ [宋]陈彭年、丘雍等：《广韵》，江苏凤凰教育出版社，2008年版，第35页。
⑤ [宋]赵令畤：《侯鲭录》，傅成校点，上海古籍出版社，1987年版，第85页。

吕字，环口中间，辘轳旋转，无分毫缝罅，形色极古。"① 此句中的"环口"是玉器"辘轳"的"轳"头圆形中空部位。

5. 肥人/肥白人/瘦人

《说文·肉部》："肥，多肉也。从肉卪。"② 肉多，即脂肪含量高。"肥"与语素"人"组合成词"肥人"，指脂肪含量高的人，俗称胖子。《汉语大词典》收录"胖子"，失收"肥人"。金元医籍中有18例，其中《丹溪手镜》有2例，《丹溪心法》有4例，《格致余论》有两例，《金匮钩玄》有5例，《脉因证治》有5例。例如：

（1）形脉相应肥人，脉细欲绝者死；瘦人，脉躁者死。(《丹溪手镜·评脉》)

（2）肥人中风，口㖞，手足麻木，左右俱作痰治。(《丹溪心法·中风》)

（3）而况肥人湿多，瘦人火多；白者肺气虚，黑者肾气足。(《格致余论·治病先观形色 然后察脉问证论》)

（4）瘦人多是血少，肥人属痰，寻常者多是痰。(《金匮钩玄·怔忡》)

（5）因痰积下流，渗入膀胱，肥人多有之。二陈汤，加升提为主。(《脉因证治·妇人产胎》)

从词语的历时角度考察，"肥人"最早出现在东周战国时期。如《灵枢经·逆顺肥瘦第三十八》："黄帝曰：愿闻人之白黑肥瘦小长，各有数乎？岐伯曰：年质壮大，血气充盈，肤革坚固，因加以邪，刺此者，深而留之，此肥人也。"③ 唐宋至清沿用此义。如唐孙思邈《千金要方·风毒香港脚方·论风毒状第一》："其人本黑瘦者易治，肥大肉厚赤白者难愈；黑人耐风湿，赤白不耐风；瘦人肉硬，肥人肉软，肉软则受疾至深，难愈也。"④ "肥人"与"瘦人"相对，特征不同，治法有

---

① ［元］陶宗仪：《南村辍耕录》，中华书局，1959年版，第281页。
② ［清］段玉裁：《说文解字注》，浙江古籍出版社，2007年版，第171页。
③ 《灵枢经》，人民卫生出版社，1956年版，第72页。
④ ［唐］孙思邈：《备急千金要方》，天津古籍出版社，2009年版，第252页。

别。宋代宋慈《洗冤集录·四时变动》："胖匹缝切，胀臭也胀，肥人如此。久患瘦劣人，半月后方有此证。"① 元忽思慧《饮膳正要·兽品·猪肉》："味苦，无毒。主闭血脉，弱筋骨，虚肥人。"② 清李渔《闲情偶寄·声容部·盥栉》："自生之油，从毛孔沁出，肥人多而瘦人少，似汗非汗者是也。"③ 从词语的使用频率来看，唐宋出现得不多，金元逐渐增加，明代盛行，清代渐衰。

"肥人"因血气充盈，肤色白晳，又称"肥白人"。金元医籍中有3例：

(1) 肥白人多湿，少用乌头、附子行经。凡用乌、附，必用童便煮过，以杀其毒。(《丹溪心法·中风》)

(2) 肥白人多湿，少用附子、乌头行经。(《金匮钩玄·中风》)

(3) 肥白人必多痰，以二陈汤去其热。(《金匮钩玄·浊》)

在病理特征上，"肥白人"多表现为湿多、痰多。"肥"与颜色语素"白"组成复合词"肥白人"，如宋唐慎微《证类本草·地笋》："肥白人、产妇可作蔬菜食，甚佳。即泽兰根也。"④ 又《证类本草·禽上·雁肪》："脂和豆黄作丸，补劳瘦，肥白人。"⑤ "肥白人"明清存用，明代用例增多。如明王肯堂《证治准绳·女科·胎前门·求子》："若肥白人是痰多，宜二陈加南星、苍术、滑石、芎、归、香附之类。"⑥ 清傅山《傅青主女科歌括·产后编·产后诸症治法·麻黄根汤》："肥白人产后多汗，加竹沥一盏，姜汁一小匙，以清痰火。"⑦

现代汉语称脂肪含量多的人，一般不用"肥白人"，而用"胖人"。在从"肥白人"到"胖人"语言形式的演变中，经历了一个词汇过渡阶

---

① ［宋］宋慈：《洗冤集录》，上海科学技术出版社，1981年版，第26页。
② 张秉伦、方晓阳：《饮膳正要译注》，上海古籍出版社，2014年版，第298页。
③ ［清］李渔：《闲情偶寄》，中华书局，2018年版，第283页。
④ ［宋］唐慎微：《证类本草》，尚志钧等校点，华夏出版社，1993年版，第273页。
⑤ ［宋］唐慎微：《证类本草》，尚志钧等校点，华夏出版社，1993年版，第480页。
⑥ ［明］王肯堂：《证治准绳》，臧载阳点校，人民卫生出版社，2014年版，第271页。
⑦ ［清］傅山：《傅青主女科歌括》，上海人民出版社，1978年版，第96页。

段——"肥胖人"。"肥胖人"出现在明代,用例寥寥无几,演变到清代称为"胖人",数量渐多。如明汪机《外科理例·疮疥一百四十三》:"若肥胖人疮痛,乃湿热也,宜羌活、防风、荆芥、白芷、苍术、连翘,取其风能胜湿也。"① 又明孙一奎《赤水玄珠·治阴水之剂》:"肥胖人初胀未久,以胃苓汤服。"② 从文献例证来看,清代基本上使用"胖人"。如清吴谦《医宗金鉴·外科心法要诀·痈疽辨脓歌》:"胖人宜于脓多,瘦人宜于脓少。若胖人脓少,是肉不腐;瘦人脓多,是肉败坏,皆非吉也。"③

从颜色词语素"白"的位置来看,唐代出现"肥白人",颜色词"白"在后,与"肥"并列作中心语"人"的定语。现代汉语称"白胖子",颜色词"白"在前,作中心语"胖子"的定语。

从"白胖子"的语源来看,其出现在清代小说中。如清贪梦道人《彭公案》第一百六十五回:"胜官保站在山坡,往对面一瞧,头前一位有二十多岁,白胖子,俊俏人物,头戴纬帽,高提梁翡翠翎管,三品顶戴花翎,身穿蓝绸国士衫,腰系凉带,青缎粉底京鞋,佩带绿鲨鱼皮鞘太平刀。"④

与"肥"相对的是"瘦","肥人"出现在金元时期,是"瘦人"的反义语言形式,与现代汉语中的"胖、瘦"语素相比,反义义场发生了变化。《汉语大词典》收录"瘦子",失收"瘦人"。金元医籍中有 8 例:

(1) **五苓散** 治瘦人,脐下有悸,吐涎沫而颠眩,水也。亦治停痰宿水。(《丹溪手镜·宿食留饮》)

(2) 瘦人多热 黄柏、黄连、活石、椿皮、川芎。滑者,加龙骨、赤石脂;滞者,加葵花;血虚四物汤。(《丹溪手镜·带》)

(3) 瘦人阴虚火热,用四物汤加牛膝、竹沥、黄芩、黄柏,有痰者加痰药。(《丹溪心法·中风》)

(4) 如瘦人心下痞者,乃是郁热在中焦,宜枳实、黄连、葛

---

① [明] 汪机:《外科理例》,人民卫生出版社,1963 年版,第 211 页。
② [明] 孙一奎:《赤水玄珠》,上海古籍出版社,1991 年版,第 171 页。
③ [清] 吴谦等:《医宗金鉴》(下册),人民卫生出版社,2011 年版,第 1017 页。
④ [清] 贪梦道人:《彭公案》,上海古籍出版社,1993 年版,第 503 页。

根、升麻。(《丹溪心法·痞》)

(5) 瘦人带病少，如有带者是热也。黄柏、滑石、川芎、椿皮、海石。(《金匮钩玄·血崩》)

(6) **刮热方** 治瘦人。(《脉因证治·带下》)

(7) **形脉相应** 肥人，脉细欲绝者死。瘦人，脉躁者死。(《脉因证治·杂脉》)

(8) 肥人血多、湿多；瘦人气实、热多。白者，肺气弱，血不足；黑者，肾气有余，忌黄芪。(《脉因证治·杂证》)

"瘦人"与"肥人"相对，初见于战国时期，如《灵枢经·逆顺肥瘦第三十八》："黄帝曰：刺瘦人奈何？岐伯曰：瘦人者，皮薄色少，肉廉廉然，薄唇轻言，其血清气滑，易脱于气，易损于血，刺此者，浅而疾之。"[①] "肥人"与"瘦人"都是一种病症，医籍文献往往将二者对举。如宋杨士瀛《仁斋直指方论·总论》："若长人脉短，短人脉长，肥人浮，瘦人沉，大人弱，小人壮，夫如此者，皆不中理而为病，此礼之谓也。"[②] 从医籍文献中的用例来看，明代占主流，清代衰落，发展到现代汉语中，已不称"瘦人"，而称"瘦子"。

与"肥白人"的颜色语素位置一样，明清时期的医籍中出现了数十例"瘦黑人"的词语形式。如明虞抟《医学正传·妇人科上·月经·安经汤》："妇人血病，宜用当归。若肥白人，与人参、黄芪同用；瘦黑人，宜与生地黄、香附同用。"[③] 清代日本人丹波元坚《杂病广要·身体类·治有宜补》："或曰：诸痛与瘦黑人，及阴虚火动，参、芪在所当禁，今用之顾效谓何？"[④]

在明代，"瘦黑人"中的颜色词"黑"发生移位，变成"黑瘦人"。如明李梴《医学入门·观形察色问证·观形察色》："肥白人多湿痰，黑

[①] 《灵枢经》，人民卫生出版社，1956年版，第72页。
[②] [宋] 杨士瀛：《仁斋直指方论》，盛维忠等校注，福建科学技术出版社，1989年版，第21页。
[③] [明] 虞抟：《医学正传》，黄惠勇整理，山西科学技术出版社，2013年版，第472页。
[④] [清] 丹波元坚：《杂病广要》，人民卫生出版社，1958年版，第881页。

瘦人多火热。"① "肥白人"与"瘦黑人"对举。

"瘦子"最初出现在明代，但前面少用颜色词。明清时期，"瘦子"前加颜色词作定语，如"黄瘦子""黑瘦子"。明楼英《医学纲目·小儿部·七圣丸》："一岁儿常服二丸，临卧温热汤送下，使日间所飧之物，一夜而化，永无疳疾，能使黄瘦子顿作化生儿。"② 清俞万春《荡寇志》第一百十一回："希真在厅上一望，却不是范天喜，只见那人相貌文雅，带了一仆，是个鲜眼黑瘦子，共进了左厢房。"③

6. 料例

"料"表材料、原料。《广韵·祭韵》："例，比也。"④ "例"表体例、比例。"料""例"组成复合词"料例"，金元医籍中有1例，表原料比例，如：

> 云一升者，即今之大白盏也。云铢者，六铢为一分，即二钱半也；二十四铢为一两也。云三两者，即今之一两；云二两，即今之六钱半也。料例大者，只合三分之一足矣。（《用药心法·升合分两》）

"料例"出现在宋代，明清沿用。宋庄绰《鸡肋编》卷中："景祐三年，依开通钱料例，每料用五斤三两，收净四斤十三两。庆历四年，依太平钱料例，又减五两半，收净四斤八两。庆历七年，以建州钱轻怯粗弱，遂却依景祐三年料例。至五年以锡不足，减锡添铅。嘉祐三年，以有铅气，方始依旧。嘉祐四年，池州乞减铅锡各三两，添铜六两。治平元年，江东转运司乞依旧减铜添铅锡，提点相度乞且依池州擘画，省部以议论不一，遂依旧法，用五斤八两收净五斤到今。其说以为钱轻有利，则盗铸难禁。殊不知盗铸不缘料例，而开通钱自唐武德至今四百余年，岂可谓轻怯而易坏乎？缘物料宽剩，适足以资盗窃。今依景祐三年料例，据十监岁额二百八十一万贯，合减料八十七万八千余斤，可铸钱

---

① ［明］李梴：《医学入门》，江西科学技术出版社，1988年版，第155页。
② ［明］楼英：《医学纲目》，湖南科学技术出版社，2014年版，第4100页。
③ ［清］俞万春：《荡寇志》，人民文学出版社，1981年版，第606页。
④ ［宋］陈彭年、丘雍等：《广韵》，江苏凤凰教育出版社，2008年版，第109页。

一十六万九千余贯。"①

明清时期，"料例"由原料比例引申为物料例价。明李昭祥《龙江船厂志·训典制·典章》："行下龙江提举司计料明白，行移各库放支物料。其工程对象，照依料例文册，然后兴工。"② 清丁日建《治台必告录·请变通船政书》："厂用有余，则发商匠领卖，而交价浮于原值；旧船桩柁等料，亦有厂户承领缴价，以津贴工料例价之不敷。"③

7. 懒语

《说文·女部》："嬾，懈也。懈者，怠也。俗作懒。"④ 可见"懒"是"嬾"的俗体字。"懒"表松懈、懈怠，引申为少，表示不想做某事。与语素"言"或"语"连用，构成复合词"懒言""懒语""懒言懒语"，表示少言语或不说话。金元医籍中有2例：

（1）内伤饮食劳役者，心肺之气先损，为热所伤，热既伤气，四肢无力以动，故口鼻中皆短气少气，上喘懒语，人有所问，十不欲对其一，纵勉强答之，其气亦怯，其声亦低，是其气短少不足之验也。（《内外伤辨惑论·辨气少气盛》）

（2）若是劳役所伤，饮食不节，表虚不足之病，必短气气促，上气高喘，懒语，其声困弱而无力，至易见也。（《内外伤辨惑论·辨劳役受病表虚不作表实治之》）

"懒语"在宋代就已出现。如郭印《康子思二诗有问道之意和其韵》"诸子但论时世事，令人懒语益思眠"⑤。又张嵲《晚游新亭》"应人时懒语，兀坐独搘颐"⑥。"懒语"有时与"懒言"连用，"懒言懒语"指"少言少语"。清坑余生《续济公传》第三回："邓素秋当此孤灯寂寞，愁肠万种，天有二鼓之时，半含眼睛，沉沉睡去。次日精神减少，懒言

---

① [宋]庄绰：《鸡肋编》，中华书局，1983年版，第80页。
② [明]李昭祥：《龙江船厂志》，江苏古籍出版社，1999年版，第5页。
③ [清]丁日建：《治台必告录》，人民日报出版社，2009年版，第298页。
④ [汉]许慎：《说文解字》，中华书局，1963年版，第264页。
⑤ 傅璇琮等：《全宋诗》（第29册），北京大学出版社，1998年版，第18913页。
⑥ 傅璇琮等：《全宋诗》（第32册），北京大学出版社，1998年版，第20463页。

懒语。"① 又第十六回："二人安歇。次日狄小霞懒言懒语，春兰回去。"②

8. 食迷风

食迷风：病症名，指伤食积胃，呕吐不得的样子。

"食迷风"一词《中医大辞典》《简明中医名词术语选释》《中医实用名词术语词典》等医药工具书未收，《汉语大词典》亦未收。金元医籍中有2例：

（1）若有宿食而烦者，仲景以栀子大黄汤主之。气口三盛，则食伤太阴，填塞闷乱，极则心胃大疼，兀兀欲吐，得吐则已，俗呼"食迷风"是也。（《东垣先生试效方·饮食劳倦门·论酒客病并治法》）

（2）脉得八至，则伤于太阴。塞闷乱，甚则心胃大痛。兀兀欲吐，得吐则已。俗呼"食迷风"是也。（《素问病机气宜保命集·内伤论第十五》）

文献考证表明"食迷风"初见于金元时期，明清存用，以明代为主，不过大都是抄录金元医籍。如清代日本人丹波元坚《杂病广要·脏腑类·伤食》："气口三盛，脉得八至，则伤于太阴，月真塞闷乱，甚则心胃大痛，兀兀欲吐，得吐则已，俗呼'食迷风'是也。"③

9. 长流水

长流水₁：活水，流动的水。

《说文·水部》："流，水行也。"④ 元陶宗仪《南村辍耕录·纳音》："长流水者，长为水库，已为金长生之地。金生则水性已存，以库水而逢生金，则泉源终不竭，故曰长流水也。"⑤ "长流水"表示流动的活水，尤其是活动的泉水。

---

① ［清］坑余生：《续济公传》，浙江古籍出版社，1998年版，第13页。
② ［清］坑余生：《续济公传》，浙江古籍出版社，1998年版，第78页。
③ ［清］丹波元坚：《杂病广要》，人民卫生出版社，1958年版，第516页。
④ ［汉］许慎：《说文解字》，中华书局，1963年版，第239页。
⑤ ［元］陶宗仪：《南村辍耕录》，中华书局，1959年版，第240页。

金元医籍中常用"长流水"煎药、调剂、洗药，有22例：

（1）临发日，可用野夫多效方、温脾散治之。如不愈，用辰砂丹治之则愈矣。如服药讫，宜以长流水煎白虎汤，五苓散服之，不宜食热物及燥热之药。（《儒门事亲·疟》）

（2）次服白虎汤、玉露散、桂苓甘露散之类。如不愈者，是积热太甚，宜以神芎藏用丸、三花神祐丸、调胃承气汤等药，大作剂料下之。下讫，以长流水煎五苓散服之。或服小柴胡汤数服亦可。（《儒门事亲·疟》）

（3）火运太过之病，火主暴逆之故也。急宜用水调桂苓甘露散、五苓散、益元散，或以长流水煎过放冷服则愈。（《儒门事亲·泄痢》）

（4）夫下利脓血，腹痛不止，可用调胃承气汤加生姜、枣煎。更下藏用七八十丸。量虚实加减。泻讫，次用长流水调五苓散五七钱，或加灯芯煎调下亦得。调益元散五七钱亦可。大忌油腻一切热物则愈矣。（《儒门事亲·脏毒下血》）

（5）夫大人小儿病沙石淋，及五种淋沥闭癃，并脐腹痛，益元散主之，以长流水调下。（《儒门事亲·五种淋沥》）

（6）所伤冷食宿酒若推尽，则头痛等病自愈也。次以五苓散、生姜、枣，长流水煎服五六服。不可服酒症进食丸，此药皆犯巴豆，有热毒之故也。（《儒门事亲·酒食不消散》）

（7）夫两目暴赤，发痛不止，可以长流水煎盐汤吐之。次服神芎丸、四物汤之类。（《儒门事亲·两目暴赤》）

（8）**小胃丹** 芫花 好醋拌匀过一宿，瓦器不住手搅令每黑，不要焦 甘遂 湿面裹，长流水浸半日，再水洗晒干，又云水浸冬七春秋五日，或水煮亦可 大戟 长流水煮一时，再水洗晒干，各半两 大黄 湿纸裹煨勿焦，切，焙干，再酒润炒热焙干，一两半 黄柏 三两，焙炒 右为末，粥丸麻子大。每服二三十丸，临卧津液吞下，或白汤一口送下，取其上膈上之湿痰热积，以意消息之，欲利则空心服。又方甘遂、大戟减三分之一，朱砂为衣，名辰砂化痰丸。一方加木香、槟榔各半两，蒸饼丸。每服七八丸，至十九止。（《丹溪心法·痰》）

（9）以黄牡牛择肥者，买一二十斤，长流水煮糜烂，融入汤中为液，以布滤出渣滓，取净汁再入锅中，文火熬成琥珀色则成矣。每饮一盏，少时又饮，如此者积数十盏，寒月则重汤温而饮之。（《格致余论·倒仓论》）

"长流水"有时写作"长流千里水"或"流水千里外"。用数词"千里"修饰"长流水"，极言活水不断。例如：

（1）余尝以隔数年不愈者，减去朴硝，加黄连一斤，大作剂，以长流千里水煎五七沸，放冷，日呷之数百次，以桂苓甘露散、白虎汤、生藕节汁、淡竹沥、生地黄汁相间服之。大作剂料，以代饮水，不日而痊。（《儒门事亲·三消之说当从火断》）

（2）近读《灵枢经》，有半夏汤治不瞑，以流水千里外者八升，扬之万遍，取其清五升、炊以苇薪火，正与此论合。（《儒门事亲·水解》）

"长流水"也作"顺流水"。如《金匮钩玄·疝》："食积与瘀血成痛者，栀子、桃仁、山楂、枳实、吴茱萸。右为末，生姜汁、顺流水作汤，调服。"

词语溯源表明"长流水"出现在金元时期，明清沿用，明代大量出现。如明周之千《慎斋遗书·不眠》："胆实，脉实，精神不守，宜泻热，半夏、生地、黄芩、远志、茯神、枣仁、秫米，长流水煎服。"[1] 清魏之琇《续名医类案·痛痹》："后以木通二两锉细，长流水煎汁顿服，服复一时许，遍身痒甚，上体发红丹如小豆大粒，举家惊惶，随手没去，出汗至腰而止，上体不痛矣。"[2]

长流水$_2$：比喻一轮酒；巡回酒。

喝酒的时候，一杯一杯的酒轮流排成长列，宛如流动的水，比喻一轮酒。此义项主要出现在明代。如明西湖渔隐主人《欢喜冤家》第二回："小二把酒筛上几碗，流水而吃，去担中取了那把尖刀，放在灯后，

---

[1] ［明］周之千：《慎斋遗书》，中国中医药出版社，2016年版，第167页。
[2] ［清］魏之琇：《续名医类案》，人民卫生出版社，1957年版，第316页。

又吃个长流水,酒已醉,胆已大。"① 又明梦觉道人《三刻拍案惊奇》第十八回:"那人正待拿去,他跳起夺住。道:'只道我量不济,要你替,还是我吃一个长流水。'"②

长流水₃:瀑布。

"长流水"表瀑布在唐代就已经出现,清代沿用。如白居易《东坡种花二首》:"前有长流水,下有小平台。时拂台上石,一举风前杯。"③ 清邹必显《飞砣全传》第三回:"且说众人随着跎子来到转得园,但见大大的一个心服情苑,好一派长流水。"④

长流水₄:长江水。

"长流水"还表示长江水。金元时期初现,明清沿用。《诸葛亮博望烧屯》第二折:"(下)(正末云)二将军云长,你也领五百军,去那潺陵渡口,用沙囊土布袋,堰住那长流水,等夏侯惇军马过时提闸放水。小心在意者。(关末云)得令。(正末唱)"⑤ 明末凌濛初《二刻拍案惊奇》卷一:"宋时,王沂公之父爱惜字纸,见地上有遗弃的,就拾起焚烧,便是落在粪秽中的,他毕竟设法取将起来,用水洗净,或投之长流水中,或候烘晒干了,用火焚过。"⑥ 清方士淦《东归日记》:"自长流水以东,尽戈壁,无草无树,直至此间方见。"

长流水₅:比喻生命逝如流水。

如唐王梵志诗《死亦不须忧》:"死亦不须忧,生亦不须喜。须入涅盘城,速离五浊地。天公遣我生,地母收我死。生死不由我,我是长流水。"⑦ 此句中的"长流水"即比喻生命逝如流水。

10. 盖覆

盖覆:名词,表示覆盖的衣物。《汉语大词典》未收该义项。金元医籍中有1例:

---

① [明]西湖渔隐主人:《欢喜冤家》,青海人民出版社,2015年版,第42页。
② [明]梦觉道人:《三刻拍案惊奇》,北京大学出版社,1987年版,第186页。
③ [清]彭定求等:《全唐诗》,中华书局,1960年版,第4802页。
④ [清]邹必显:《飞砣全传》,华夏出版社,1995年版,第221页。
⑤ 张月中:《全元曲》,中州古籍出版社,1996年版,第1500页。
⑥ [明]凌濛初:《二刻拍案惊奇》,人民文学出版社,1996年版,第7页。
⑦ 项楚:《王梵志诗校注》,上海古籍出版社,2010年版,第599页。

夫小儿霍乱者，皆因胃中有宿乳不散，或因伤食，失盖覆，冷风中脐，因而成之。(《保童秘要·霍乱》)

"盖覆"的同素逆序词是"覆盖"，《汉语大词典》有3个义项：一是"掩盖；遮盖"；二是"犹伞蓬"；三是"指覆盖在地面上的植物"。遍检"盖覆"在文献中的用例，其作为名词在明清时期比较活跃，医籍中的"盖覆"往往指覆盖的衣物。

明代用例如王肯堂《证治准绳·心脏部二·痘疮上·禁忌》："如天大寒，盖覆常宜温暖，勿使受寒，恐毒气为寒所触而不得出也。"[①]《证治准绳·心脏部二·痘疮上·汗下》："又言温暖盖覆，不令通风，以瘢未出，或身表凉而恶寒，或天令寒而恶冷，温暖盖覆，不令通风也，瘢若已出，身热天暄，何必用盖覆而不使之通风乎，后人执此二句，首尾俱不敢下，温燠不令通风，不知天令之所加，人身之所盛，致使误人多矣。"[②]

清代用例如芝屿樵客《儿科醒·治痘论第十一·附种痘说》："下苗之后，调摄禁忌，不可不慎。自始至终，不可稍忽。如避寒热，慎饮食是也。假令天气严寒，盖覆宜温暖，勿使受寒，恐被寒气所触，则痘不得出，亦不可过于重棉叠褥。火器熏靠衣被，致热气壅滞，使痘不得宣发。天气和暖，盖覆宜适中。恐客热与毒相并，致增烦热，亦不可轻易着单露体，致风寒外侵，阻遏生发之气，此寒热所以贵得其平也。卧处常要无风，夜静不断灯火，不离亲人看守。一切食饮，宜豫为现成，以备不时之需。如时有迅雷烈风之变，宜谨帷帐，添盖覆，多烧辟秽香，以辟一时不正之气。"[③] 此例中的三处"盖覆"都作名词。

11. 通口

通口：整口，一口。

《汉语大词典》释"通口"为"允诺"，这是其引申义。在金元医籍

---

① [明] 王肯堂：《证治准绳》，陈立行点校，人民卫生出版社，2014年版，第313页。
② [明] 王肯堂：《证治准绳》，陈立行点校，人民卫生出版社，2014年版，第318页。
③ [清] 芝屿樵客：《儿科醒》，中国书店，1987年版，第14~15页。

中,"通口"表示"整口,一口",这是本义,共有4例:

(1) 人参 桔梗 白芷 麻黄_{去节} 干葛 白术 甘草_{各一两,炙} 白姜_{半两}上为末,每服二钱,水一大盏、生姜三片、葱白二寸,煎至八分,如出汗,连进二服,<u>通口</u>温服。(《黄帝素问宣明论方·药证方·新添半夏栝蒌丸》)

(2) 人火者,烹饪之火是也,乃使曝于烈日之中,登于高堂之上,令侍婢携火炉,坐药铫于上,使药常极热,不至大沸,<u>通口</u>时时呷之百余次,龙火自散。(《儒门事亲·喉舌缓急砭药不同解》)

(3) **羌活汤** 治风热壅盛上攻,头目昏眩。羌活 防风 细黄芩_{酒制} 黄连_{酒制,各一两} 黄檗_{半两,酒制} 柴胡_{七钱} 瓜蒌根_{半两,酒制} 炙甘草_{七分} 白茯苓_{五分} 泽泻_{三钱}上件为粗末,每服五钱,水二大盏,煎至一盏,取清,食后或临卧,<u>通口</u>热服,日进二服。(《东垣先生试效方·头痛门·头痛论》)

(4) **羌活汤** 治风热壅盛上攻,头目昏眩。炙甘草_{七分} 泽泻_{三钱} 瓜蒌根_{酒洗,五钱} 羌活_{一两} 白茯苓 酒黄檗_{各五钱} 柴胡_{七钱} 防风 细黄芩_{酒洗} 酒黄连_{各一两}右为粗末,每服五钱重,水二中盏,煎至一盏,取清,食后临卧,<u>通口</u>热服之。(《兰室秘藏·头痛门》)

"通口"出现于宋代,明清存用。宋代医书中,治疗畏寒、食伤积滞症,一般都是整口、一口服药,俗称通口。如宋庞安时《伤寒总病论·不可发汗证》中的李根汤,治手足冷与呕哕,服药时主张"<u>通口</u>,日三五服"[1]。又宋陈直《养老奉亲书》中有治肠寒便白、食伤积滞的药方"香草散",采用"<u>通口</u>,食前,日进三分"[2]的服药方法。明胡文焕《香奁润色·胎部》记载治胎印时,用药是"<u>通口</u>饮,立效如神"[3]。清戴天章《广瘟疫论·里证·齿燥》记述了用三承气、三黄石膏治齿燥病症,形容患重病时"<u>通口</u>皆燥"[4]。这几例中的"通口"皆表整口。

---

[1] [宋]庞安时:《伤寒总病论》,商务印书馆,1937年版,第29页。
[2] [宋]陈直:《养老奉亲书》,上海科学技术出版社,1988年版,第340页。
[3] [明]胡文焕:《香奁润色》,中华书局,2012年版,第205页。
[4] [清]戴天章:《广瘟疫论》,中国中医药出版社,2009年版,第42页。

12. 道路

道路：经络；血脉。

"道路"是医籍文献的特征词。《汉语大词典》未收此义项，《中医大辞典》亦未收。金元医籍中有 6 例：

（1）是以圣人春木旺，以膏香助脾；夏火旺，以膏腥助肺；金用事，膳膏燥以助肝；水用事，膳膏膻以助心，所谓因其不胜而助之也。故食饮之常，保其生之要者，五谷、五果、五畜、五菜也，脾胃待此而仓廪备，三焦待此而道路通，荣卫待此以清以浊，筋骨待此以柔以正。（《素问病机气宜保命集·原脉论》）

（2）若衰火之炎；瘘瘛则愈；利肺之气，喘息自调也；道路开通，吐呕则除。（《素问病机气宜保命集·病机论》）

（3）王注曰：物之生滑利，物之死枯涩。其为治也，宜开通道路，养阴退阳，凉药调之。（《素问病机气宜保命集·病机论》）

（4）故王太仆云："治下补下，方之缓慢，则滋道路而力又微，制急方而气味薄，则力与缓等。"（《儒门事亲·七方十剂绳墨订》）

（5）故治消渴者，补肾水阴寒之虚，而泻心火阳热之实，除肠胃燥热之甚，济人身津液之衰，使道路散而不结，津液生而不枯，气血利而不涩，则病日已矣。（《儒门事亲·刘河间先生三消论》）

（6）故治疾者，补肾水阴寒之虚，而泻心火阳热之实，除肠胃燥热之甚，济一身津液之衰。使道路散而不结，津液生而不枯，气血利而不涩，则病日已矣。（《金匮钩玄·三消之疾燥热胜阴》）

"道路"在先秦以前就已出现，在医籍文献中使用比较普遍。《汉语大词典》和医籍字典、辞书未收。从文献例证来看，"道路"在唐宋时期表经络、筋脉，如《太平圣惠方·辨奇经八脉法》："冲督之脉者，十二经之道路。"[①] 金元时期"道路"一词接近固化。清代医籍多抄录于明代，如《医灯续焰》《医门法律》《医位原旨》《古今名医汇萃》《叶选医衡》等。如明皇甫中撰注《明医指掌·三消证》："善治者，补肾水真阴之虚，泻心火燔灼之势，除肠胃燥热之甚，济心中津液之衰，使道路

---

① ［宋］王怀隐、王祐等：《太平圣惠方》，人民卫生出版社，1958 年版，第 16 页。

散而不结，津液生而不枯，气血利而不涩，则渴证自已矣。"①

13. 留饮

学界对"留饮"一词的考释结果众多。如刘华珍、徐子亮认为"留饮""总属饮病范畴，其含义在各医籍中有所不同，或为饮证的通称；或专指饮停于某一部位；或专指饮在体内停留时间较久"②。与此类似的考释大多也认为"留饮"是体内液体不流动的蓄水现象。"留饮"最早出现在《神农本草经·草·甘遂》："甘遂，味苦寒，治大腹疝瘕、腹满、面目浮肿、留饮、宿食、破癥坚积聚、利水谷道，一名主田。"③"留饮"指宿食，《汉语大词典》未收。《中医大辞典》收录，但释义为："病症名。痰饮之一。指水饮蓄而不散者。"④ 认为"留饮"指痰饮，是人体的蓄水现象。根据金元医籍中"留饮"的用例，可知除指肝脾、腹脘、胃脏等器官蓄水、蓄食现象，也指气体在脏器里郁结的现象。各字典、词典和医籍辞书未指明此义项。金元医籍中有28例：

（1）守真云：发黄者阳明里热极甚，烦渴热郁，留饮不散，以湿热相搏，而体发黄也。（《刘河间伤寒医鉴·论燥湿发黄》）

（2）大抵本因热郁极甚者，留饮不散，湿热相搏，而以术附汤主之，误矣。（《刘河间伤寒医鉴·论燥湿发黄》）

（3）气循风府而上，则为脑风，项背怯寒，脑户极冷，以此为病，神圣散主之，治脑风，邪气留饮不散，项背怯寒，头疼不可忍者。（《黄帝素问宣明论方·脑风证》）

（4）治脑风，邪气留饮，头疼不可忍者，用远志末不以多少，于鼻中嗅，与痛处柔之，相兼前药可用也。（《黄帝素问宣明论方·脑风证》）

（5）或腹满实痛，烦渴谵妄，脉实数而沉；里热燥甚，肠胃怫郁，留饮不散，胸腹高起，痛不可忍，但呕冷液，大渴反不能饮，

---

① ［明］皇甫中：《明医指掌》，人民卫生出版社，1982年版，第206页。
② 刘华珍、徐子亮：《"留饮"浅析》，载于《中医药通报》，2012年第5期。
③ ［魏］吴普等述，［清］孙星衍、孙冯翼：《神农本草经》，人民卫生出版社，1963年版，第106页。
④ 李经纬：《中医大辞典》（第二版），人民卫生出版社，2020年版，第1459页。

强饮不能止，喘急闷者。(《黄帝素问宣明论方·伤寒方·大承气汤》)

(6) **茵陈汤** 治阳明里热极甚，烦渴热郁，留饮不散，以致湿热相搏，而身发黄疸，但头汗出，身无汗，小便不利，渴引水浆，身心发黄，宜茵陈汤下五苓散，黄，利大小便。(《黄帝素问宣明论方·伤寒方·茵陈汤》)

(7) 或里热燥甚，伤寒怫郁留饮不散，烦渴不止，则腹高起，痛不可忍，但呕冷涎，大渴不能饮，饮亦不能止其渴，喘急闷乱，但欲死者，三一承气汤，下咽立止其渴，有若无病之人，须臾大汗而愈。(《伤寒标本心法类萃·渴》)

(8) 阳明病，表热极甚，烦满热郁，留饮不散，以致湿热相搏而身体发黄，其候但头汗出，身无汗，齐颈而还，小便不利，渴饮水浆者，身体发黄，宜茵陈汤（三十二）调下五苓散（二十四）；结胸而发黄者，茵陈同陷胸汤（十六）各半下之。(《伤寒标本心法类萃·发黄》)

(9) 夫愤郁而不得伸，则肝气乘脾，脾气不化，故为留饮。(《儒门事亲·饮当去水温补转剧论》)

(10) 肝主虑，久虑而不决则饮气不行。脾主思，久思而不已则脾结，故亦为留饮。(《儒门事亲·饮当去水温补转剧论》)

(11) 夫郁愤而不伸，则肝气乘脾之气而不流，亦为留饮。(《脉因证治·宿食留饮》)

(12) 肝主虑，久不决，则气不行。脾主思，久则脾结，亦为留饮。(《脉因证治·宿食留饮》)

(13) 又论留饮，蓄水而已，虽有四有五之说，止一证也。夫郁愤而不伸，则肝气乘脾，脾气不濡，亦为留饮。肝主虑，久不决则饮气不行；脾主思，久则脾结，亦为留饮。乘困饮水，脾胃久衰不能布散，亦为留饮。饮酒过多，胞经不及渗泄，亦为留饮。渴饮冷水，乘快过多，逸而不动，亦为留饮。(《丹溪手镜·宿食留饮》)

根据以上用例，可见"留饮"不仅指常规的蓄水、蓄食、蓄酒现象，还指肝气、脾气不舒病。例（13）就指出了"留饮"的六种病症。

14. 鱼口

鱼口：一种症状。

《汉语大词典》中的义项 2 是"中医上的一种疮口，开合如鱼嘴症状"，引证的是明代《醒世姻缘传》，例证时代稍晚。《中医大辞典》引证的是《外科正宗》，时代亦晚。金元医籍中有 5 例，可以提前书证。如：

(1) 阳毒不解，热伏太阳，故使目瞪，六脉弦劲，渐作鱼口，气粗者死。(《丹溪手镜·目瞪》)

(2) 肚大青筋，爪甲黑，舌出咬牙，鱼口气急皆死。(《丹溪手镜·斑疹》)

(3) **肺绝** 口似鱼口，气出不快，唇反无纹，皮毛焦，三日死。(《丹溪手镜·崩漏》)

(4) **气喘七证** 喘而鱼口者，不治。(《脉因证治·伤寒》)

(5) 六脉弦劲，渐作鱼口，气粗者死。(《脉因证治·伤寒》)

15. 一忽

一忽：(睡)一觉。

《汉语大词典》中"一忽"的义项 2 "一会儿"引证的是现代文，时代偏晚，而且义项有失确切。金元医籍中有 1 例：

一忽又一忽，终日睡着沉沉不醒，惟狐惑二证有之。(《丹溪手镜·喜眠》)

"一忽"在元代出现了叠用组合"一忽又一忽"，指(睡了)一觉又一觉。"一忽"此一义项出现在宋代，明清存续。如《太平广记·昆虫三·淳于棼》："……一忽儿前进，一会儿后退，礼节和人间的一样。"[①]"一忽儿"与"一会儿"互文见义。"一忽"在宋代出现了儿化现象，构成"一忽儿"，作状语。明代"一忽"有时放在动词后面作补语。如明毛晋《六十种曲·运甓记·牛眠指穴》："且挪个牛来缚在树上，困一忽

---

① [宋]李昉等：《太平广记》，上海古籍出版社，1990 年版，第 3753 页。

再做计较。[睡介]"① 在清代及现代,"一忽"可作补语和状语,功能等同于时间名词"一会儿"。如清初褚人获《隋唐演义》第六十七回:"怀清应了,又睡一忽,却好萧后醒来叫道:'小喜,李夫人呢?'"② 现代文中有"一忽儿……一忽儿"连用的情况,相当于"一会儿……一会儿"。如施蛰存《唐诗百话·朱庆余》:"大概当时妇女的眉样,一忽儿时行深色,一忽儿时行浅色,所以新娘感到不知如何画眉才好。"③

16. 品件

品件:表不同类,各种各样。

《汉语大词典》所用"品件"一词的例证为宋代文献,如吴自牧《梦粱录·大内》:"凡饮食珍味,时新下饭,奇细蔬菜,品件不缺。"④ "品件"指花色品种,只有孤例。《儒门事亲》可以提前并补充书证。如:

有品件群众之缓方,盖药味众,则各不得骋其性也。(《儒门事亲·七方十剂绳墨订》)

17. 眼子

眼子:小孔。

《汉语大词典》收录了"眼子",但只有例句,无文献。金元医籍中有1例:

黄丹一两密陀僧半两轻粉一钱半麝香半两龙脑一字上为细末,掺药在疮上,用青白子涂之,内留一眼子。(《黄帝素问宣明论方·药证方·龙脑润肌散》)

考察文献例证,可知"眼子"表小孔始于宋代,清代沿用。如宋朱

---

① [明] 毛晋:《六十种曲》,中华书局,1958年版,第47页。
② [清] 褚人获:《隋唐演义》,中华书局,1963年版,第524页。
③ 施蛰存:《唐诗百话》,陕西师范大学出版社,2014年版,第241页。
④ [宋] 吴自牧:《梦粱录》,商务印书馆,1939年版,第62页。

肱《北山酒经·投醹》："若醋面干如蜂窠眼子，拨扑有酒涌起，即是熟也。"① 明吴承恩《西游记》第七十回："八戒道：'莫赖我，我有证见！你不看一钯筑了九个眼子哩！'"② 清《善恶图全传》第三十六回："大人一见，上前细看，但见脑后两个小眼子，伤了性命。"③

第三节 形容词

1. 素盛

素盛：向来肥胖。

《左传·僖公二十八年》："其众素饱，不可谓老。"杨伯峻注："素，向来。"④ 在医籍文献中，"盛"与"瘦"相对，表脂肪多。如：

（1）痰，昔肥今瘦，肠间有声，食与饮并出，宜半夏、人参主之。（《脉因证治·呕吐哕》）

（2）痰饮者，其人素盛今瘦，肠间漉漉有声。（《脉因证治·宿食留饮》）

"素"与"今"工对，"肥"与"瘦"工对，那么"盛"亦与"肥"同义。"素盛"指向来肥胖，脂肪含量高。"素盛"最早出现在东汉，如张仲景《金匮要略·痰饮咳嗽病脉证并治第十二》："问曰：四饮何以为异？师曰：其人素盛今瘦，水走肠间，沥沥有声，谓之痰饮。"⑤ 南宋陈言《三因极一病症方论·痰饮叙论》："痰饮者，其人素盛今瘦，肠间漉漉有声。"⑥ 金元医籍引用汉代文献，明清医籍中谈及"素盛"，引证的亦是《金匮要略》。

---

① ［宋］朱肱：《北山酒经》，任仁仁整理校点，上海书店出版社，2016年版，第33页。
② ［明］吴承恩：《西游记》，崇文书局，2016年版，第565页。
③ ［清］不题撰人：《善恶图全传》，中州古籍出版社，1994年版，第284页。
④ 杨伯峻：《春秋左传注》，中华书局，1981年版，第458页。
⑤ ［汉］张仲景：《金匮要略》，人民卫生出版社，2005年版，第43页。
⑥ ［宋］陈言：《三因极一病症方论》，人民卫生出版社，2011年版，第396页。

2. 绵脆

绵脆：柔弱。

宋李廷忠《橘山四六·被召谢五府》"恐以绵脆之力，孤使令"，明孙云翼注："绵弱也，言其柔弱如绵。"①"绵脆"形容力量柔弱。金元医籍偶有"绵脆"用例，但形容的是肠胃柔弱。此义明清罕见。如：

  小儿初生之时，肠胃绵脆，易饥易饱，易虚易实，易寒易热，方书旧说，天下皆知之矣。(《儒门事亲·过爱小儿反害小儿说》)

3. 冲和

冲和：(味道)清淡。

晋陶潜《五月旦作和戴主簿》："居常待其尽，曲肱岂伤冲。"逯钦立校注："冲，淡泊。"② 与味道相连，语境中的"冲和"指(味道)清淡。元代朱丹溪医籍中有 2 例：

  (1) 曰：味有出于天赋者，有成于人为者。天之所赋者，若谷、菽、菜、果自然冲和之味，有食人补阴之功，此《内经》所谓味也。(《格致余论·茹淡论》)

  (2) 安于冲和之味者，心之收、火之降也。(《格致余论·茹淡论》)

又王吉昌《永遇乐》："廓胸臆、洪饮冲和，坦荡醉吟时节。"③ 清代袭用，如清程文囿《程杏轩医案·家秀翘兄肝郁痛伤胃气详论病机治法》："谨择参米饮一方，气味冲和，谅当合辙。"④

4. 废懒

废懒：荒废，懒惰。

---

① [清]永瑢、纪昀：《四库全书总目提要·集部一〇八》，上海古籍出版社，1987年版，第 224 页。
② 逯钦立辑校：《先秦汉魏晋南北朝诗》(中)，中华书局，1983 年版，第 977 页。
③ 唐圭璋：《全金元词》(上)，中华书局，1979 年版，第 554 页。
④ [清]程文囿：《程杏轩医案》，中国医药科技出版社，2018 年版，第 96 页。

"废懒"即人因为病症或年老力衰而变得懒惰。金元医籍中有1例：

> 夫老人内虚脾弱、阴亏性急。内虚胃热则易饥而思食，脾弱难化则食已而再饱，阴虚难降则气郁而成痰。至于视听言动皆成废懒，百不如意怒火易炽，虽有孝子顺孙，亦是动辄扼腕，况未必孝顺乎？（《格致余论·养老论》）

"废懒"出现在宋代，清代存用。如宋何薳《春渚纪闻·东坡事实·墨木竹石》："帖云：'某近者百事废懒，唯作墨木颇精，奉寄一纸，思我当一展观也。'"① 清朱彭寿《旧典备征·自序》："年来蒿目时艰，百事废懒，久不复留意于斯。"② "百事废懒"指对所从事的事务力不从心。

5. 清和

清和：清静和平，形容气味或气体。

《汉语大词典》中"清和"的义项2为清静和平，形容升平气象。在医籍中，"清和"形容气味，表示清淡平和。金元医籍中有1例：

> 令口气而已自谦之，以其脾有郁火，溢入肺中，失其清和甘美之气，而浊气上干，此口气病也。（《本草衍义补遗·丁香》）

"清和"还指体内气体的性质。宋至清都有用例。如明薛己《校注妇人良方·妇人两胁胀痛方论第十七》："若概用香燥之剂，反伤清和之气，则血无所生，诸症作焉。"③ 清汪昂《医方集解·明目之剂》："肝为心母，子能令母实，故心火旺则肝木自实，肝主风，心主火，瞳子散大，乃风火摇动之征也，水不能制火，则清和之气乖乱，而精液随之走散矣，精液走则光华失，故视物不清也。"④ "清和"是体内维持阴阳平

---

① ［宋］何薳：《春渚纪闻》，中华书局，1983年版，第87页。
② ［清］朱彭寿：《旧典备征》，中华书局，1982年版，第17页。
③ 盛维忠：《薛立斋医学全书·校注妇人良方》，中国中医药出版社，2015年版，第866页。
④ ［清］汪昂：《医方集解》，上海科学技术出版社，1959年版，第282页。

衡的气体，清和之气受伤或被扰乱，就会损害身体、影响视力。

6. 轻扬

轻扬：药材性味轻浮上扬。

"轻扬"《汉语大词典》中有 3 个义项：轻浮不正；轻轻飘扬；扬扬自得貌。《中医大辞典》有词条"飞扬，穴名。即飞阳"[①]。根据金元医籍文献用例来看，"飞扬"主要指药材性味上扬、飘扬，有 3 例：

(1)（郁金）本草无香，属火、属土与水。性轻扬，能致达酒气于高远也。(《本草衍义补遗·郁金》)

(2) 正如龙涎无香，能散达诸香之气耳。因轻扬之性，古人用以治郁遏不能散者，恐命名因于此始。(《本草衍义补遗·郁金》)

(3)（当归）气温味辛，气味俱轻扬也。(《本草衍义补遗·当归》)

在医籍中"轻扬"可看作"轻浮上扬"的简写。如：

(龙脑) 属火也。知其寒而通利，然未达其暖而轻浮上扬。(《本草衍义补遗·龙脑》)

7. 慓悍/气悍/健悍/暴悍

慓悍：药性猛烈。

"慓悍"《汉语大词典》释义为"轻捷勇猛"，形容人。金元医籍中，"慓悍"可指药性猛烈，形容物。如：

为慓悍之剂。《经》曰石钟乳气悍，仁哉言也。(《本草衍义补遗·石钟乳》)

《广韵·翰韵》："悍，猛悍。"[②]《说文·心部》："悍，勇也。从心

[①] 李经纬等：《中医大辞典》（第二版），人民卫生出版社，2020 年版，第 167 页。
[②] [宋] 陈彭年、丘雍等：《广韵》，江苏凤凰教育出版社，2008 年版，第 116 页。

旱声。"① 检索金元医籍，与"悍"相关的还有"气悍""健悍""暴悍"，形成"悍"词族语义场，用来转指中药的药性猛烈。《汉语大词典》失收这组词。

"气悍"，金元医籍中有2例：

（1）为慓悍之剂。《经》曰石钟乳气悍，仁哉言也。（《本草衍义补遗·石钟乳》）

（2）夫石药，又偏之意者也，自唐时太平日久，膏粱之家惑于方士服食致长生之说，以石药体厚气厚，习以成俗，迨至宋及今，犹未已也。斯民何辜？受此气悍之祸而莫知能救，哀哉！（《本草衍义补遗·石钟乳》）

"健悍"，由形容人的强健彪悍转指药性生猛。如：

附子走而不守，取健悍走下之性以行地黄之滞，可致远。（《本草衍义补遗·附子》）

"暴悍"，如《本草衍义补遗·常山》："（常山）属金而有火与水，性暴悍。善驱逐，能伤其真气，切不可偃过也。"

另外与"悍"词族语义场相关的词还有"峻利"。《汉语大词典》引用的是明代书证，时代稍晚。金元医籍中有2例：

（1）易水张先生，尝戒不可用峻利食药，食药下咽，未至药丸施化，其标皮之力始开，使言空快也，所伤之物已去；若更待一两时辰许，药尽化开，其峻利药必有情性，病去之后，脾胃安得不损乎？脾胃既损，是真气元气败坏，促人之寿。（《内外伤辨惑论·辨内伤饮食用药所宜所禁》）

（2）此一药下胃，其所伤不能即去，须待一两时辰许，食则消化，是先补其虚，而后化其所伤，则不峻利矣。（《内外伤辨惑论·

---

① [清]段玉裁：《说文解字注》，浙江古籍出版社，2006年版，第509页。

辨内伤饮食用药所宜所禁》）

"峻利"指药性猛烈。遍检"峻利"的文献用例，其初见于汉代医籍，宋代偶有用例，明代陡增，清代存用。如汉张仲景《金匮要略论注·三物备急丸方》："注曰：'此方妙在干姜、巴黄峻利，寒热俱行。有干姜以守中，则命蒂常存，且以通神明而复正性，故能治一切中恶卒。'"①

8. 兀兀

《说文·儿部》："兀，高而上平也。"段玉裁注："凡从兀声之字，多取孤高之意。"②《广韵·没韵》："兀，高儿。"③ "兀"的本义是高耸的样子。词语重叠形式"兀兀"义为"……的样子"。在具体语境中又有不同的情态。医籍文献中，"兀兀"常与呕吐义动作动词连用，表示"泛恶欲吐貌"。此词在中医古籍中多写作"蕰蕰""嗢嗢""猥猥"等。《汉语大词典》等辞书未收。金元医籍中有15例：

（1）若有宿食而烦者，仲景以栀子大黄汤主之。气口三盛，则食伤太阴，填塞闷乱，极则心胃大疼，兀兀欲吐，得吐则已，俗呼"食迷风"是也。（《东垣先生试效方·饮食劳倦门·劳倦所伤论》）

（2）夫烦者，扰扰心乱。兀兀欲吐，怔忡不安；躁者，无时而热，冷汗自出，少时则止。（《东垣先生试效方·烦躁发热门·烦躁发热论》）

（3）**朱砂安神丸** 治心中烦乱，怔忡，兀兀欲吐，胸中气乱而热，有如懊恼之状，皆膈上血中伏火蒸蒸而不安，宜用权衡法，以镇阴火之浮行，以葬上焦元气。（《东垣先生试效方·烦躁发热门·烦躁发热论》）

（4）如饮食所伤而为痞满者，常内消导。其胸中窒塞上逆，兀兀欲吐者，则宜吐之，所谓"在上者，因而越之"也。（《东垣先生试效方·心下痞门·心下痞论》）

---

① ［汉］张仲景撰，［清］徐彬注：《金匮要略论注》，人民卫生出版社，1963年版，第38页。
② ［清］段玉裁：《说文解字注》，浙江古籍出版社，2006年版，第405页。
③ ［宋］陈彭年、丘雍等：《广韵》，江苏凤凰教育出版社，2008年版，第141页。

（5）**柴胡半夏汤** 治旧有风证，不敢见风，眼涩头痛，有痰眼黑，恶心兀兀欲吐，风来觉皮肉紧，手足重难举，居暖处有微汗便减，再见风其病即便复一名补肝汤。（《东垣先生试效方·呕吐哕门·呕吐哕论》）

（6）先师壮岁，病头痛，每发时两颊青黄，晕眩目不欲开，懒于语言，身体沉重，兀兀欲吐食，数日方过。（《东垣先生试效方·头痛门·头痛论》）

（7）恐其药少，再服七八十丸，大便复见两三行，原证不瘳，增添吐逆，食不能停，痰唾稠粘，涌出不止，眼涩头旋，恶心烦闷，气短促上喘，无力以言，心神颠倒，兀兀不止，目不敢开，如在风云中，头苦痛如裂，身重如山，四肢厥冷，不得安卧。（《东垣先生试效方·头痛门·头痛论》）

（8）**补肝汤**一名柴胡半夏汤 治素有风证，不敢见风，眼涩，头痛，眼黑，胸中有痰，恶心，兀兀欲吐，遇风但觉皮肉紧，手足难举重物。如居暖室，少出微汗，其证乃减，再或遇风，病即复。（《兰室秘藏·呕吐门》）

（9）**安神丸** 治心神烦乱，怔忡，兀兀欲吐，胸中气乱而热，有似懊憹之状，皆膈上血中伏火，蒸蒸然不安。宜用权衡法以镇阴火之浮越，以养上焦之元气。（《兰室秘藏·杂病门》）

（10）**上二黄丸** 治伤热食痞闷，兀兀欲吐，烦乱不安。黄芩二两 黄连去须酒浸，一两 升麻 柴胡各三钱 甘草二钱 一方加枳实麸炒，去穰，五钱 右为极细末，汤浸蒸饼为丸，如绿豆大，每服五七十丸，白汤送下，量所伤服之。（《内外伤辨惑论·辨内伤饮食用药所宜所禁》）

（11）**黄连**气寒，味苦，泻心火，除脾胃中湿热，治烦躁恶心，郁热在中焦，兀兀欲吐。治心下痞满必用药也。仲景治九种心下痞，五等泻心汤皆用之。去须用。（《药类法象》）

（12）**朱砂安神丸** 治血中伏火，心神烦乱，蒸蒸不安，兀兀欲吐。（《丹溪手镜·热烦》）

（13）**附录** 恶心，欲吐不吐，心中兀兀，如人畏舟船，宜大半夏汤，或小半夏茯苓汤，或理中汤加半夏亦可。（《丹溪心法·恶心》）

(14) **朱砂安神丸** 治心神烦乱怔忡，兀兀欲吐，胸中气乱而热，似懊恼状，皆是膈上血中伏火。(《脉因证治·热》)

(15) **李论** 戊己火衰，不能制物，食则不消，伤其太阴，填塞闷乱，兀兀欲吐。(《脉因证治·宿食留饮》)

"兀兀"表呕吐貌，文献例证表明其出现在金元时期，明清沿用，明代大量出现，清代使用频率减少。如明缪希雍《神农本草经疏·草部下品·半夏》："又治风痰喘逆，兀兀欲吐，眩晕欲倒：半夏一两，雄黄三钱，为末，姜汁浸，蒸饼丸梧子大。"① 医家用水煮金花丸治疗痰喘，压抑呕吐的症状。清尤怡《金匮翼·痰厥头痛》："其证头重闷乱，眩晕不休，兀兀欲吐者是也。"②

9. 眊眊

眊眊：模糊不清貌。

"眊眊"指视物不清，视力模糊，常用来修饰语素"目"。《汉语大词典》未收该词。金元医籍中有6例，共7处：

(1) **固真丸** 治白带久下不止，脐腹冷痛，阴中亦然，目中溜火壅其上，视物眊眊然无所见，牙齿恶热饮，痛须得黄连末擦之乃止，唯喜干食，大恶汤饮。此病皆寒湿乘其胞内，故喜干而恶湿。肝经目火上溢，走于标故上壅，而目溜火。肾水浸肝而上溢，致目眊眊而无所见。齿恶热饮者，是少阳、阳明经伏火也。(《东垣先生试效方·妇人门·癫疝带下论》)

(2) 郁怒者，腹急、胁胀、目视眊眊。(《丹溪手镜·腰痛》)

(3) 思噎者，心怔忡，喜忘，目视眊眊。(《丹溪手镜·腰痛》)

(4) 手足阴阳经合生见证：目眊眊无所见，足少阴、厥阴；目瞳人痛，足厥阴……(《丹溪心法·十二经见证》)

(5) 思噎者，心怔悸，喜忘，目视眊眊。(《脉因证治·噎膈》)

(6) 头作阵痛，目中流火，视物眊眊，耳鸣耳聋，头并口

---

① [明] 缪希雍：《神农本草经疏》，中医古籍出版社，2007年版，第370页。
② [清] 尤怡：《金匮翼》，中国中医药出版社，1996年版，第160页。

鼻……(《脾胃论·神圣复气汤》)

"眊眊"最早出现在《黄帝内经素问·刺腰痛篇第四十一》:"腰痛侠脊而痛至头几几然,目眊眊欲僵仆,刺足太阳郄中出血。"[①]

10. 清利₂

清利:头脑清爽,眼神清澈。

《汉语大词典》中"清利"有5个义项,其中第3个义项表示"清澈有神",用来形容眼睛。根据医籍文献用例,"清利"不仅指眼睛,还可以指头脑、精神,表示头脑清爽,眼神清澈。复合词"清利"可以分开使用,构成短语"清神利头"。如:

川芎石膏汤 治风热上攻头面,目昏眩痛闷,风痰喘嗽,鼻塞口疮,烦渴淋闷,眼生翳膜,清神利头,宣通气血,中风偏枯,解中外诸邪,调理诸病,劳复传染。(《黄帝素问宣明论方·药证方》)

"清神"指精神清爽,"利头"指头脑清爽。精神从属于大脑,"清神利头"有时作"精神清利"。《汉语大词典》中的释义偏指眼睛,忽略了语素"头"的语义,而且引证的是现代文用例,时代较晚。金元医籍中有16例:

(1)羌活治脑热头风 密蒙花治羞明怕日 木贼退翳障 香白芷清利头目 细辛 干菜子二味起倒睫 麻子起拳毛 川芎治头风 苍术明目暖水脏 甘菊花 荆芥穗治目中生疮 黄芩洗心退热 石膏 藁本二味治偏正头痛 甘草解诸药毒,各等分 上为末,每服一钱至二钱,食后临卧,用蜜水一盏调下,或茶清,或淘米第二遍泔亦得,日进三服,至十日渐明,服至二十日大验。(《黄帝素问宣明论方·药证方·石膏羌活散》)

(2)或平人常用,颇能清利头目,宽膈美食,使髭须迟白,久用亦能固牙齿,便迟老。(《黄帝素问宣明论方·药证方·信效散》)

(3)然养生之要,内功外行,衣饮药食,诸所动止,应其时

---

① 《黄帝内经素问》,人民卫生出版社,2012年版,第158页。

候，各有宜否，宜者为之，禁者避之，盛者制之，衰者益之，使气血和平，精神清利，内无邪僻，外没冤嫉，安得有祸患天柱而至于已矣！（《新刊图解素问要旨论·守正防危篇》）

（4）气血宣行其中，神自清利，而应机能用矣。（《黄帝素问宣明论方·妇人门·妇人总论》）

（5）诸痰在于膈上，使头目不能清利，涕唾稠粘，或咳唾喘满，或时发潮热，可用独圣散吐之。（《儒门事亲·风论》）

（6）凡诸痰在于膈上，使头目不能清利，涕唾稠粘，或咳嗽喘满，时发潮热，可用独圣散吐之，次服搜风丸之类。（《儒门事亲·风门》）

（7）凡一切沉积，或有水不能食，使头目昏眩。不能清利，可茶调散吐之。次服七宣丸，木香槟榔丸。（《儒门事亲·内伤》）

（8）薄荷叶辛苦，疗贼风、伤寒，发汗，主清利头目，破血牢利关节，治中风失音，小儿风痰，新病差人不可服之，令虚汗不止。（《东垣先生试效方·药象门·药象气味主治法度》）

（9）川芎散 治头目不清利。（《东垣先生试效方·头痛门·头痛论》）

（10）通气防风汤 清利头目，宽快胸膈。夫胸若不利者，悉出于表。黄芪三钱 甘草炙，四钱 人参五钱 葛根一钱半 防风一钱 蔓荆子半钱 上件㕮咀，如麻豆大，分作二服，每服水一盏半，煎至一盏，去滓，临卧温服，以夹衣服覆面目，勿语，须臾汗出为效，必至服药三四日少语，如服药毕亦少语言，一日经效。（《东垣先生试效方·心下痞门·心下痞论》）

（11）搜风丸 治邪气上逆，以致上实下虚，风热上攻，眼目昏，耳鸣，鼻塞，头痛，眩晕，燥热上壅，痰逆涎嗽，心腹痞痛，大小便结滞。清利头面，鼻聪耳鸣，宣通血气。（《黄帝素问宣明论方·药证方》）

（12）川芎散 治头目不清利。（《兰室秘藏·头痛门》）

（13）上清汤 清利头目，宽快胸膈。（《兰室秘藏·自汗门》）

（14）茶苦，为阴中之阳，所以清头目。（《药类法象·升降者天地之气交》）

（15）荆芥穗 气温,味辛苦。清利头目，辟邪毒，利血脉，宣通五脏不足气。能发汗，除劳冷，捣和醋，封毒肿。去枝，手搓碎用。（《药类法象》）

（16）薄荷 气温,味苦辛。疗贼风伤寒，发汗。主清利头目，破血，利关节。治中风失音，小儿风痰。解劳乏，与薤相宜。新病瘥人不可多食，令人虚汗不止。去枝、茎及黄叶，搓碎用之。（《药类法象》）

"清利头目"最初在宋代偶有出现，金元大量增加，明代占主流，清代存续，但词频降低。如宋赵佶《圣济总录·风邪》记载的"人参饮方"，可以"消化痰涎，清利头目"[1]。宋杨士瀛《仁斋直指方论·眼目方论·石膏羌活散》就利用白香芷"清利头目"[2]的药性入药。明李时珍《本草纲目·草部·赤箭·天麻丸》："凡欲消风化痰、清利头目、宽胸利膈以及治疗头晕、多睡、肢节痛、偏头风、鼻痈、面肿等症，都要服天麻丸。"[3] 明清时期多利用药物本身的特性来保持头脑清爽，眼神清澈。元代还有利用药膳来达到这类效果的，如忽思慧《饮膳正要·诸般汤煎·橙香饼儿》："（橙香饼儿）宽中顺气，清利头目。"[4]

11. 默默

默默：精神不振，萎靡。

"默默"《汉语大词典》中有 5 个义项：缄口不说话；幽寂无声；无知貌；不得意；暗暗地。根据"默默"在医籍文献中的语境，可知其形容精神不振。金元医籍中有 3 例：

（1）棠溪栾彦刚，病下血。医者以药下之，默默而死。其子企，见戴人而问之曰："吾父之死竟无人知是何证？"戴人曰："病

---

[1] ［宋］赵佶：《圣济总录》，人民卫生出版社，1962 年版，第 259 页。

[2] ［宋］杨士瀛：《仁斋直指方论》，盛维忠等校注，福建科学技术出版社，1989 年版，第 507 页。

[3] ［明］李时珍：《本草纲目》，刘恒如、刘永山校注，华夏出版社，2013 年版，第 511 页。

[4] 张秉伦、方晓阳：《饮膳正要译注》，上海古籍出版社，2014 年版，第 128 页。张秉伦等注释"清利头目"为使头脑清醒、眼睛明亮。词语释义考虑到头脑和眼睛两个义域，没有偏指。

判其心也。"心主行血，故被刲则血不禁，若血温身热者死。(《儒门事亲·肠澼下血》)

(2) **风温** 先伤风，后伤湿。头痛自汗，体重息如喘，但<u>默默</u>欲眠，尺寸脉俱浮。风温脉浮，证同前条下。(《脉因证治·七经余证》)

(3) **厥阴幽闷三证** 阴毒阳冷，四肢逆冷，心膈幽闷，<u>默默</u>思睡，脉沉伏者是。(《脉因证治·伤寒》)

医籍中"默默"可以重叠成"沉沉默默"，表示无精打采。现代汉语中则不能重叠。金元医籍中有2例：

(1) 俗名传尸，虽多种不同，其病与前人相似。大略令人寒热，盗汗，梦与鬼交，遗泄，白浊，发干而耸，或腹中有块，或脑后两边有小核数个，或聚，或散，<u>沉沉默默</u>，咳血嗽痰，或腹下痢，羸瘦困乏不自胜持，虽不同证，其根多有虫啮心肺一也。(《丹溪手镜·痨瘵》)

(2) **证** 其病俗名传尸。虽多种不同，其病与前人相似。大略令人寒热盗汗，梦与鬼交，遗泄白浊，发干而耸；或腹中有块，或脑后两边有小核数个，或聚或散，<u>沉沉默默</u>，咳嗽痰涎；或咯脓血，如肺痿、肺痈状；或腹下利，羸瘦困乏，不自胜持。(《脉因证治·劳》)

"默默"最早出现在汉代张仲景的《伤寒论》中，如卷三中"默默不欲饮食"[①]的"默默"，用来形容人精神萎靡，并不是强调闭口不说话。《伤寒论》中出现两例：

(1) 血弱气尽，腠理开，邪气因入，与正气相搏，结于胁下，正邪分争，往来寒热，休作有时，<u>默默不欲饮食</u>。藏府相连，其痛

[①] 朱佑武：《伤寒论校注》，湖南科学技术出版社，1982年版，第49页。"默默"作"嘿嘿"。

必下，邪高痛下，故使呕也。小柴胡汤主之。(《伤寒论·辨太阳病脉证并治中第六·小柴胡汤方》)

（2）伤寒五六日，中风，往来寒热，胸胁苦满，<u>默默不欲饮食</u>，心烦喜呕，或胸中烦而不呕，或渴，或腹中痛，或胁下痞硬，或心下悸，小便不利，或不渴，身有微热，或咳者，与小柴胡汤主之。(《伤寒论·辨太阳病脉证并治中第六·栀子干姜汤方》)

从唐至清，"默默"的此必项一直应用于医籍文献中。如唐孙思邈《千金翼方》卷八："治月水不通手足烦热腹满，<u>默默</u>不欲寐心烦方。"① 又如清周士祢《婴儿论·辨寒热脉证并治·大青龙汤方》："<u>默默</u>不欲饮食。心烦喜呕。"② 以上诸例中的"默默"皆偏指人的精神状态。

12. 昏漫

《说文·日部》："昏，日冥也。"段玉裁注："冥者，窈也。窈者，深远也。"③ "昏"指因为日落、深远而看不清。《广韵·换韵》："漫，大水。"④ "漫"的本义是水大，因为水大、漫无边际而看不清。"昏漫"由此引申为眼视物不明。《汉语大词典》未收该词。金元医籍中有1例：

阳夏胡家妇，手足风裂，其两目<u>昏漫</u>。(《儒门事亲·手足风裂》)

"昏漫"的此义项出现在金元时期，明清罕见。如元沈梦麟《花溪集·送归安县丞赵千顷序并诗》："一官吏抱案于前，民诉讼于下，迫以簿书之期，搃以公上之命，则瞀然而<u>昏漫</u>，不知可否。向之讥评者，亦何异于木偶之笑土偶哉？"⑤

---

① [唐]孙思邈：《千金翼方》，人民卫生出版社，1955年版，第94页。
② [清]周士祢：《婴儿论》，上海科学技术出版社，1989年版，第23页。
③ [清]段玉裁：《说文解字注》，浙江古籍出版社，2006年版，第305页。
④ [宋]陈彭年、丘雍等：《广韵》，江苏凤凰教育出版社，2008年版，第117页。
⑤ [清]永瑢、纪昀：《四库全书总目提要·集部五》，上海古籍出版社，1987年版，第53页。

13. 浅薄

《广韵·狝韵》："浅，不深也。"① 《诗·小雅·小旻》："战战兢兢，如临深渊，如履薄冰。"② 可见"浅"指表层，不深入；"薄"的本义是厚度薄。复合词"浅薄"在指具体物品时，指厚度薄。但在指称人体穴位、肌肉等名词时，指浅显、少。这是"浅薄"的本义。《汉语大词典》释义例证为"轻微；微薄"，多用来形容福命、八字、功效及物品的厚度，例证为近代陈登科《活人塘》十三："孙在涛捧着一块长方形的油皮纸封的纸包……走向铺边，深深一躬：'老弟，浅薄得很，以表寸心。'"③ 句中的纸包"浅薄"，指厚度薄。用它来修饰肌肉、穴位，释义不准确。金元医籍中有2例：

（1）手腕者，阳池穴也，此穴皆肌肉浅薄之处，灸疮最难瘥。（《儒门事亲·骨蒸热劳》）

（2）《内经》曰"诸阳发四肢。"此穴皆是浅薄之处，灸癌最难瘥也。（《儒门事亲·风门》）

"浅薄"早在汉代《难经》中就出现了本义用法，明清医籍存用。例如《难经经释》卷下："七十三难曰：诸井者肌肉浅薄，气少不足使也。刺之奈何？"④

14. 寒薄

寒薄：衣服轻薄。

"寒薄"：《汉语大词典》中有6个义项：中医谓寒气逼阻于皮肤；对人冷漠、薄情；命相不好、福分浅薄；贫寒、不富裕；微薄、不丰厚；微寒。这6个义项应该都不是"寒薄"的本义。"寒薄"的本义指衣服轻薄，不保暖。由本义引申出其他6个义项。《汉语大词典》失收

---

① [宋]陈彭年、丘雍等：《广韵》，江苏凤凰教育出版社，2008年版，第117页。
② [汉]郑玄笺，[唐]孔颖达疏：《毛诗注疏》，上海古籍出版社，2013年版，第1062页。
③ 陈登科：《活人塘》，人民文学出版社，1952年版，第77页。《汉语大词典》引证文献有误，正文是十三卷，不是十四卷。
④ [清]徐灵胎：《徐灵胎医学全书》，中国中医药出版社，2015年版，第44页。

本义。金元医籍中有3例：

（1）贫贱刍荛之人病疟，以饮食疏粝，衣服寒薄，劳力动作，不可与膏粱之人同法而治。（《儒门事亲·疟》）
（2）凡田野贫寒之家病疟，为饮食粗粝，衣服寒薄，劳力动作，不与膏粱同法。临发日，可用野夫多效方中温脾散治之。（《儒门事亲·风门》）
（3）夫刍荛之人，饮食粗粝，衣服寒薄，劳役动作，一切酒食所伤，以致心腹满闷，时呕酸水，可用进食丸治之。（《儒门事亲·酒食所伤》）

"寒薄"形容衣服轻薄，是其本义，在唐代就已出现，如孙思邈《千金翼方》第十一"小儿衣甚寒薄"①。"寒薄"还可指风帷轻薄，如宋陈允平《解连环》："自绣带、同翦合欢，奈鸳枕梦单，凤帏寒薄。"②

15. 神良

《广韵·真韵》："神，灵也。"③《系辞》曰："阴阳不测之谓神。"《说文·富部》："良，善也。"④ 并列复合词"神良"形容药物治疗后效果灵验。《汉语大词典》收录"神方"，未收"神良"。金元医籍中有2例：

（1）若夫疮久而虫蛆者，以木香槟榔散傅之，神良。（《儒门事亲·虫蛊之生湿热为主诀》）
（2）如白虎加人参，凉膈散加当归、桔梗，勿问秋冬，但见疮疹用之神良。（《儒门事亲·火类》）

"神良"最早出现在晋代，如葛洪《抱朴子·内篇·金丹》："当以

---

① ［唐］孙思邈：《千金翼方》，人民卫生出版社，1955年版，第125页。
② 唐圭璋：《全宋词》（卷五），中华书局，1965年版，第3123页。
③ ［宋］陈彭年、丘雍等：《广韵》，江苏凤凰教育出版社，2008年版，第28页。
④ ［汉］许慎：《说文解字》，中华书局，1963年版，第111页。

王相日作,服之神良。"① 唐至清沿用。如唐孙思邈《备急千金方·胃腑》也用"神良"表示治肺痿的药方效果好,"神良无比"②。宋苏颂《本草图经·木部上品·楮实》用楮叶捣汁饮治鼻衄,认为效果"神良"③。明楼英《医学纲目·肝胆部·竹沥汤》:"此方神良。"④ 此例记述的是竹沥汤药方,主治四肢不收,心神恍惚,用药时常加三两羌活。清凌奂《本草害利·香附》"胎产神良"⑤,因香附有开郁化气、消除炎症的功效,对胎产有神效。从文献例证来看,"神良"的使用具有连续性,汉代存用,唐宋盛行,金元锐减,明代亦不多见,清代较多,是一个高低起伏的过程。

16. 薄薄

薄薄:稍微,略微。

《汉语大词典》引用的是清代书证,时代稍晚。金元医籍中有7例:

(1) 又方 乳头香一合 右以水细研,于肿处薄薄涂之,干即易。(《保童秘要·眼》)

(2) 雄黄 蚺蛇胆 吴白矾各一分 硇砂一皂荚子大 杏仁七枚 茵草半分,烧作灰 麝香一杏仁大 右为末,更细研,每用详酌多少,以苏调,薄薄涂于疮上,日三度涂之。(《保童秘要·痈疽》)

(3) 巴豆去皮 班猫各一枚 右为末,取好口脂调,每日三度,薄薄涂之。(《保童秘要·痈疽》)

(4) 又方 鸽粪 赤小豆各二分 吴茱萸 皂荚生用 葶苈生用 白矾各一分 藜芦半分 右为末,先以汤洗疮,后用生油调此药,薄薄涂之。(《保童秘要·痈疽》)

(5) 又方 吴茱萸二分 芜荑三分 葶苈子五分 右为末,以麻油调,于疮上薄薄涂之。(《保童秘要·痈疽》)

(6) 又方 杏子油三合 朱粉二钱匕 右相和调,每日薄薄涂之。(《保

---

① [晋] 葛洪:《抱朴子》,上海古籍出版社,1990年版,第35页。
② [唐] 孙思邈:《备急千金方》,中国医药科技出版社,2011年版,第280页。
③ [宋] 苏颂:《本草图经》,尚志钧辑校,学苑出版社,2017年版,第362页。
④ [明] 楼英:《医学纲目》,湖南科学技术出版社,2014年版,第929页。
⑤ [清] 凌奂:《本草害利》,中医古籍出版社,1982年版,第32页。

童秘要·丹毒》）

（7）又方 细辛半分 犀角屑 白芷 黄耆各一分 升麻 防风各二分 栀子七枚 竹茹一鸡子大 右细锉，以新绵裹，用生油半升煎之，候药色黄，和铛铫拈下，净滤去滓，入黄蜡一分，匀搅候凝，取出收藏，每日于囟上<u>薄薄</u>涂之。（《保童秘要·诸疮》）

金元医籍中有一个与"薄薄"同义的复音词"少少"，如：

（1）又方 苦参 班猫各半两 葶苈草五两 巴豆半分 右以水五升，煎取二升，去滓，逐日以<u>少少</u>于疮上涂之，勿近口眼。（《保童秘要·痛疽》）

（2）淡竹叶 黄芩各三分 黄连 栀子各五分 大黄四分 黄柏 胡粉各三分 生地黄十分 水银不计多少 右除水银胡粉外，余并切如豆大，以新绵裹，取成炼了猪脂，详酌多少，以慢火与药同煎，候药紫色，即滤去滓，入盆中，下水银、胡粉，以柳木槌子研匀，候凝。每日三五度，<u>少少</u>傅之，夜亦然。（《保童秘要·痛疽》）

"薄薄"作形容词，表稍微，最初出现在宋代。如宋王怀隐、王祐等《太平圣惠方·痈疽论·治热毒疖诸方》记载了胡粉散方的用法，即用麻油和水银调和均匀后，"<u>薄薄涂之</u>"[1]。

17. 清白

《广韵·清韵》："清，澄也。洁也。"[2] "白"指颜色，白亮。复合词"清白"指液体清透，白亮。这是词的本义。《汉语大词典》收录该词，有8个义项：谓品行纯洁，没有污点；特指廉洁，不贪污；旧称未操所谓卑贱职业的，这样的人及其后代始得从政或应试当官；清爽，完毕；清楚明白；明亮；清秀白皙；清酒与白酒。其中义项"明亮"应该是词的本义，但所引书证为现代用例，如郭沫若《塔·万引》："在他走

---

[1]［宋］王怀隐、王祐等：《太平圣惠方》，人民卫生出版社，1958年版，第1932页。
[2]［宋］陈彭年、丘雍等：《广韵》，江苏凤凰教育出版社，2008年版，第54页。

出店门的时候，看见东方的天上一颗清白的大星在向他微笑。"① 此句中"清白"修饰星星，指物体洁白，明亮。从《汉语大词典》中的义项排列来看，"明亮"应该排第一位。但是所用书证时代较晚，而且指称对象限定于星星。从文献考证的角度来看，"清白"最初修饰液体，由液体的明亮、洁白转指事物的外在视觉效果。这从《广韵》的释词方式中也可得到证明。如《广韵·清韵》："《山海经》曰：大時之山，清水出焉。"② "清白"最先指水的颜色。金元医籍中用的是"清白"的本义，有7例：

（1）寒气生清，水清就于湿，故以下利清白，此乃肠胃寒，化物失常。（《黄帝素问宣明论方·补养门·补养总论》）

（2）**白木调中汤** 治中寒痞闷急痛，寒湿相搏，吐泻腹痛上下所出水液，澄沏清冷，谷不化，小便清白不涩，身凉不渴，本末不经，有见阳热证，其脉迟者是也。（《黄帝素问宣明论方·药证方·白术调中汤》）

（3）然犯寒则寒病起，而上下所出水液澄沏清冷，癥瘕癫疝，瘙，坚痞腹满急痛，不利清白，食已不饥，吐利腥秽，屈伸不便，厥逆禁固之类也。（《新刊图解素问要旨论·守正防危篇》）

（4）鹜泄者，所下澄澈清冷，小便清白，湿兼寒也。（《金匮钩玄·泄泻从湿治有多法》）

（5）予曰："《经》曰暴注下迫，皆属于热；又曰暴注属于火；又下痢清白属于寒。"热，君火之气；火，相火之气；寒，寒水之气。属火热者二，属水寒者一。（《局方发挥》）

（6）详玩《局方》，专以热涩为用，若用之于下痢清白而属于寒者斯可矣。（《局方发挥》）

（7）凡治痢病，小便清白不涩为寒，赤涩为热。（《脉因证治·下利》）

"清白"的本义用法出现于唐代，宋元明清沿用，以明代居多。如

---

① 郭沫若：《塔》，商务印书馆，1920年版，第83页。
② [宋]陈彭年、丘雍等：《广韵》，江苏凤凰教育出版社，2008年版，第54页。

唐孙思邈《备急千金方·膀胱腑方·膀胱腑脉论第一》："伤热则小便不通，膀胱急尿苦黄赤，伤寒则小便数清白，或发石水，根在膀胱，四肢小，其腹独大也。"① 宋苏颂《本草图经·玉石上品·玉屑》："今五色玉，清白者常有，黑者时有，黄、赤者绝无，虽礼之六器，亦不能得其真。"② 明龚廷贤《寿世保元·六气为病·寒类》："诸病上下所出水液，澄澈清冷。癥疝，癫疝坚痞腹满急痛，下痢清白。"③ 清吴贞《伤寒指掌·太阴本病述古·腹痛》："少腹痛属厥阴界分，四肢逆冷，小便清白，是冷结膀胱，宜当归四逆加吴茱萸生姜汤温之。"④ "清白"的本义可以指液体，也可以指物。

18. 困弱

困弱₁：疲累；虚弱。

《广韵·恩韵》："困，病之甚也。悴也。极也。"⑤ 汉桓宽《盐铁论·结和》："圣人不困其众以兼国，良御不困其马以兼道。"⑥ "困"有疲累义。复合词"困弱"在医籍中形容体质极度疲累；虚弱。《汉语大词典》未收。金元医籍中有5例：

（1）治太阴脾经受湿，水泄注下，体微重微满，困弱无力，不欲饮食，暴泄无数，水谷不化，先宜白术芍药汤和之，身重暴下，是大势来，亦宜和之。（《素问病机气宜保命集·泻痢论·防风芍药汤》）

（2）又一医所论与前亦同，又投暖药五七日，其证转加困弱，请余治之。（《儒门事亲·论火热二门》）

（3）**白术芍药汤** 治太阴脾经受湿，水泄注下，体重微满，困弱无力，不欲饮食，暴泄无数，水谷不化，宜此和之。白术 芍

---

① 周仲瑛、于文明：《中国古籍珍本集成·备急千金方》，湖南科学技术出版社，2014年版，第1636页。
② ［宋］苏颂：《本草图经》，尚志钧辑校，学苑出版社，2017年版，第3页。
③ ［明］龚廷贤：《寿世保元》，上海科学技术出版社，1959年版，第35页。
④ 曹炳章：《中国医学大成终集·伤寒指掌》，上海科学技术出版社，2013年版，第51页。
⑤ ［宋］陈彭年、丘雍等：《广韵》，江苏凤凰教育出版社，2008年版，第115页。
⑥ ［汉］桓宽：《盐铁论》，上海人民出版社，1974年版，第92页。

药各一两甘草半两上判，每服一两，水煎。（《活发机要·泄痢证》）

（4）**升阳除湿汤** 治脾胃虚弱，不思饮食，肠鸣腹痛，泄泻无度，小便黄，四肢困弱。（《脾胃论·湿热成痿肺金受邪论》）

（5）**白术芍药汤** 治脾受湿，水泄。微满困弱，暴下无数，是大势来，宜宣利也。（《丹溪手镜·下利》）

从"困弱"的词语溯源来看，其最初出现在宋代，金元沿用，明清存用。如宋陈直《养老奉亲书·兔头饮方》记载了食用兔头的药方，它能治老人"日渐羸瘦困弱"①的病症。明王肯堂《证治准绳·脾脏部上·夏秋治里·玉露散方》："如过四五日困弱，宜异功散、和中散、开胃丸。"②清沈源《奇症汇》卷之四也有"懈倦困弱"③的临床表征叙述。

困弱$_2$：穷困；弱小。

"困"也有穷困义。"困弱"连用，指称国力和个人实力时往往表穷困、弱小。这是词的本义。如汉范晔《后汉书·窦融列传》："若兵不早进，久生持疑，则外长寇仇，内示困弱，复令逸邪得有因缘，臣窃忧之。"④

19. 软快

软快：指松软轻快，多形容手足血液畅通。

《汉语大词典》未收"软快"。金元医籍中有2例：

（1）**起死神应丹** 治瘫痪、四肢不举、风痹等疾。麻黄去根节,河水五升,熬去滓,可成膏子五斤 白芷二两 桑白皮二两 苍术二两,去皮 甘松二两去土 川芎三两 苦参三两半 加浮萍二两 以上各为细末，用膏子和丸，如弹子大。每服一丸，温酒一盏化下，临卧服之。微汗出，勿虑。如未安，隔三二日再服，手足即时软快。及治卒中风邪，涎潮不利，小儿惊风，服之立效。（《儒门事亲·诸风疾证》）

---

① ［宋］陈直：《养老奉亲书》，上海科学技术出版社，1988年版，第97页。
② ［明］王肯堂：《证治准绳》，陈立行点校，人民卫生出版社，2014年版，第532页。
③ ［清］沈源：《奇症汇》，中医古籍出版社，1981年版，第245页。
④ ［汉］范晔：《后汉书》，中华书局，1965年版，第805页。

（2）予曰：大黄之寒，其性善走，佐以厚朴之温，善行滞气，缓以甘草之甘，饮以汤液，灌涤肠胃，滋润软快，无所留滞，积行即止。（《局方发挥》）

"软快"在金元时期出现，清代存用。如清俞根初《重订通俗伤寒论·伤寒夹证·夹哮伤寒》批评了"恣行疏利以求速效，反损真气"[①]的做法，主张"用外治烫运法"，具体方法是用麸皮与生姜渣炒拌，再用盐水炒枳壳片，炒热后用布包定，然后以"揉熨软快为度"[②]。"软快"是在肠道或肝脏上通过揉熨的方法使血液畅通，人感觉松软轻快。

20. 昏倦

昏倦：迷茫困倦。

《汉语大词典》所用"昏倦"的例证一是明代，二是清代，稍晚。"昏倦"在元代也有用例，如：

因口授一方，用人参、连翘、芎、连、生甘草、陈皮、芍药、木通，浓煎沸汤，入竹沥，与之数日而安。或曰何以知之？曰见其精神昏倦，病受得深，决无外感，非胎毒而何？（《格致余论·慈幼论》）

"昏倦"最早出现在南北朝时。如南朝齐萧子良《南齐萧竟陵集·三界内苦门十四》："若谓好声以为乐者，则应丝竹繁会，亲听无厌，何意小久，便致昏倦，耳不乐闻，当知是苦。"[③] 宋代常用，如苏轼《与陈季常十六》（之二）："早来宿酒殊昏倦，得佳篇一洗，幸甚。"[④]

21. 盲聩

盲聩：眼瞎耳聋，比喻愚昧无知。

《汉语大词典》所用"盲聩"例证为清代，属孤例，时代稍晚。金

---

① ［清］俞根初：《重订通俗伤寒论》，上海科学技术出版社，1959年版，第346页。
② ［清］俞根初：《重订通俗伤寒论》，上海科学技术出版社，1959年版，第346页。
③ ［明］张溥：《汉魏六朝百三家集·南齐萧竟陵集》，明娄东张氏刻本。
④ ［宋］苏轼：《苏轼全集》（下册），傅成、穆俦标点，上海古籍出版社，2000年版，第1758页。

元医籍中有1例：

> 肝肺之火既退，宜其阴血复其旧。《衍义》不明说，而曰邪热因不足而客之，何以明仲景之意开后人之盲聩也？（《本草衍义补遗·大黄》）

唐释慧琳《正续一切经音义》："盲聩，牛快反，生聋。曰聩，人无识。"① 可见"盲聩"最早出现在唐代。遍查"盲聩"文献用例，该词一般在唐代字典辞书中出现；宋代和明代逐渐增多，频率相当；元代少量出现；清代偶见。宋洪迈《容斋随笔·旧序》："否则涉于荒唐缪悠，绝类离索，以盲聩人之耳目者，在所不取。"② 明伏雌教主《醋葫芦》第十六回："玉帝敛容躬身道：'若非大仙玄诲，朕亦几乎盲聩矣。快着功曹，传向冥王得知，着彼勘明奏覆。'"③

22. 壮厉

"壮厉"《汉语大词典》中有两个义项：刚直毅烈；强劲猛烈。从文献例证来看，义项2"强劲猛烈"引证的是冰心《寄小读者》，时代稍晚。金元时期已经出现，有2例：

> （1）盖外伤风寒者，心肺元气初无减损，又添邪气助之，使鼻气壅塞不利，面赤不通，其鼻中气不能出，并从口出，但发一言，必前轻后重，其言高，其声壮厉而有力。（《内外伤辨惑论·辨气少气盛》）

> （2）是伤寒则鼻干无涕，面壅色赤，其言前轻后重，其声壮厉而有力者，乃有余之验也。（《内外伤辨惑论·辨气少气盛》）

遍检"壮厉"之"强劲猛烈"的义项在文献中的使用，其最初出现在北魏文人作品中，如崔鸿《十六国春秋·鲜于亮》："亮仪观丰伟，声

---

① ［唐］释慧琳，［辽］释希麟：《正续一切经音义》，上海古籍出版社，1986年版，第1111页。
② ［宋］洪迈：《容斋随笔》，孔凡礼点校，中华书局，2005年版，第2页。
③ ［明］伏雌教主：《醋葫芦》，青海人民出版社，2015年版，第316页。

气壮厉，燕兵惮之，不敢杀，以白鈒。"① 文献考证表明金元医籍文献沿用了宋代杨士瀛《仁斋直指方论·辨气少气盛》："盖外伤风寒者，心肺元气初无减损，又添邪气助之，使鼻气壅塞不利，面赤不通，其鼻中气不能出，但发一言，必前轻而后重，其言高，其声壮厉而有力者，乃有余之验也。"② 明清亦是承袭宋代。

23. 拂拂

拂拂：颤动的样子。

《汉语大词典》释"拂拂"用的是元代书证，只有孤例，时代稍晚。金元医籍中有1例：

> 外伤寒邪，发热恶寒，寒热并作。其热也翕翕发热，又为之拂拂发热，发于皮毛之上，如羽毛之拂，明其热在表也，是寒邪犯高之高者也。（《内外伤辨惑论·辨寒热》）

"拂拂"用于描摹发烧症状时，最初出现在宋代，金元医籍抄录宋代文献。如宋杨士瀛《仁斋直指方论·辨寒热》："其热也，翕翕发热，又为之拂拂发热，发于皮毛之上，如羽毛之拂，明其热在表也，是寒邪犯高之高者也。"③ 明清医籍基本上抄录宋代。金元医籍虽可以提前书证的时代，但"拂拂"一词的出现最早可溯源到宋代。

与"拂拂"对言的是"翕翕"。《汉语大词典》所引例证为汉代张仲景《伤寒论》，不仅引用篇章错误，如《伤寒论·太阳病上》，而且引用文献不全。正确文献篇目及例文为《伤寒论·辨太阳病脉证并治法上第五》："太阳中风，阳浮而阴弱，阳浮者热自发，阴弱者汗自出，啬啬恶寒，淅淅恶风，翕翕发热，鼻鸣干呕者，桂枝汤主之。"④ "翕翕"释义为发烧时的症状。根据"拂拂"的语义特征，"翕翕"浑言发烧时的症

---

① ［北魏］崔鸿：《十六国春秋》，清乾隆四十年（1781）汪氏正本，第13页。
② ［宋］杨士瀛：《仁斋直指方论》，福建科学技术出版社，1989年版，第211页。
③ ［宋］杨士瀛：《仁斋直指方论》，福建科学技术出版社，1989年版，第207页。
④ ［汉］张仲景：《伤寒论校注》，朱佑武校注，湖南科学技术出版社，1982年版，第51页。

状不准确。《广韵·缉韵》："翕，动也。"① "翕翕"发热，应为颤动发烧，只是发烧时寒热并作，颤动的幅度没有"拂拂"大，比较浅，所以"翕翕"亦表示颤动的样子。如清吴谦等编《医宗金鉴·辨太阳病脉证并治上篇》："翕翕发热者，肌得热蒸，合欲扬也。啬啬、淅淅、翕翕字俱从皮毛上形容，较之伤寒之见证，自有浮、沉、浅、深之别。"②

24. 一概

一概：全部。

《汉语大词典》引用清代例证，时代稍晚。如《红楼梦》第五十回："琴儿和犟儿、云儿他们抢了许多，我们一概都别作，只他们三人做才是。"③ 金元医籍中有3例：

(1) 叔世不分五运六气之虚实，而一概言热为实，而虚为寒，彼但知心火阳热一气之虚实，而非脏腑六气之虚实也。(《儒门事亲·刘河间先生三消论》)

(2) 结燥而大便不行者，以麻子仁加大黄利之。如气涩而大便不通者，以郁李仁、枳实、皂角仁润之。大抵治病必究其源，不可一概用巴豆、牵牛之类下之，损其津液，燥结愈甚，复下复结，极则以至导引于下而不通，遂成不救。(《兰室秘藏·大便结燥门》)

(3) 若经络中及皮毛，分肉间但有疼痛，一概用牵牛、大黄下之，乖戾甚矣。(《医学发明·本草十剂》)

文献例证表明"一概"全部在金元时期初现，金元医籍可以提前书证。

25. 踢蹜

踢蹜：犹豫不决。

《汉语大词典》释"踢蹜"所引例证为清代程可则《送杨鄂州职方使安南》诗："呜呼！男儿万里远游志亦足，不尔蜗庐踢蹜虚吾生。"④

---

① [宋] 陈彭年、丘雍等：《广韵》，江苏凤凰教育出版社，2008年版，第156页。
② [清] 吴谦等：《医宗金鉴》，人民卫生出版社，1963年版，第12页。
③ [清] 曹雪芹：《红楼梦》，辽宁出版社，2005年版，第826页。
④ [清] 程可则：《海日堂集》(卷二)，上海古籍出版社，2010年版，第312页。

属于孤例，解释为"蜷缩"。考"踽踽"一词，在唐代已经出现，本义指"蜷缩"，引申义为"犹豫不决"。金元医籍中有1例：

仲景曰：大法秋宜泻。谓秋则阳气在下，人气与邪气亦在下，故宜下。此仲景言其大概耳！设若春夏有可下之疾，当不下乎；此世上之庸工踽踽迁延，误人大病者也。（《儒门事亲·凡在下者皆可下式》）

26. 昏冒

昏冒：昏沉不醒。

《汉语大词典》释"昏冒"引用的是清代例证，时代过晚。金元医籍中已经出现"昏冒"，有3例：

（1）或但自热结胸者，其胸高起，腹虽不满而但喘急闷结，谵妄昏冒，关脉沉数而紧者，用大承气汤（七）加甘遂一钱匕下之。（《伤寒标本心法类萃·结胸》）

（2）或失下热极，以致身冷，脉微而昏冒将死者，若急下之，残阴暴绝而死。（《伤寒标本心法类萃·结胸》）

（3）冒者，蒙冒，世谓之昏冒。皆阳虚也。（《丹溪手镜·头眩》）

"昏冒"最初出现在宋代，如杨士瀛《仁斋直指方论·诸风》："所以中风有瘫痪者，非谓肝木之风实，甚而卒中之也，亦非外中于风，良由将息失宜而心火暴甚，肾水虚衰，不能制之，则阴虚阳实，而热气怫郁，心神昏冒，筋骨不用而卒倒无知也。"[1]

与"昏冒"义近相通的词有"昏瞀"。《广韵·觉韵》："瞀，目不明也。"[2] "昏瞀"表昏沉；神志混乱。《汉语大词典》所用为清代例证，时代稍晚。金元医籍中有5例，可以提前书证。

---

[1] ［南宋］杨士瀛：《仁斋直指方论》，福建科学技术出版社，1989年版，第80页。
[2] ［北宋］陈彭年、丘雍等：《广韵》，江苏凤凰教育出版社，2008年版，第136页。

(1) 昔有人春月病瘟，三日之内，以驴车载百余里。比及下车，昏瞀不知人，数日而殂。(《儒门事亲·立诸时气解利禁忌式》)

(2) 如或用百祥丸、紫草饮子皆可服之。俗以酒醋熏之者，适足增其昏瞀耳！(《儒门事亲·疟非脾寒及鬼神辩》)

(3) 予尝见世医，用升麻、五积解利、伤寒、温疫等病，往往发狂谵语，衄血泄血，喘满昏瞀，懊闷乱，劳复。(《儒门事亲·立诸时气解利禁忌式》)

(4) 思气所至，为不眠，为嗜卧，为昏瞀，为中痞三焦闭塞，为咽嗌不利，为胆瘅呕苦，为筋痿，为白淫，为得后与气快然如衰，为不嗜食。(《儒门事亲·嗽分六气毋拘以寒述》)

(5) 思：为不眠好卧，昏瞀，三焦痞塞，咽喉不利，呕苦，筋痿目淫，不嗜饮食。(《丹溪手镜·五藏》)

"昏瞀"在明代也有用例，如李时珍《本草纲目·金石之三·石类上·石炭》："[气味]甘、辛，温，有毒。时珍曰：人有中煤气毒者，昏瞀至死，惟饮冷水即解。"[1]

"昏瞀"初见于东晋。如李善注《昭明文选》载谢灵运《游南亭》："'久痗昏垫苦，旅馆眺郊歧。'孔安国曰：'言天下民昏瞀垫溺，皆困水灾也。'"[2]

从文献用例来看，与"昏瞀"相比，"昏冒"使用较多，但两者在明代都相当普遍，金元数量不多，清代存用。

27. 语涩

语涩：说话艰难、不流利。

《汉语大词典》释"语涩"援引《太平广记》，间接引证唐代文献，且属孤证。金元医籍中有4例，可以补充书证。如：

---

[1] [明]李时珍：《本草纲目》，刘恒如、刘永山校注，华夏出版社，2013年版，第403页。

[2] [南朝梁]萧统：《昭明文选》，李善注，崇文书局，2018年版，第716页。

(1) 别无瘫痪、痿弱、卒中不省、僵仆㖞斜、挛缩、眩晕、语涩、不语之文。(《局方发挥》)

(2) 新旧所录，治风之方凡十道，且即至宝丹、灵宝丹论之，曰治中风不语，治中风语涩。(《局方发挥》)

(3) 有失音不语，有舌强不语，有神昏不语，有口禁不语；有舌纵语涩，有舌麻语涩。治大肠风秘，秘有风热，有风虚，曾谓一方可通治乎？(《局方发挥》)

(4) 治风之外，何为又历述神鬼恍惚、起便须人、手足不随、神志昏愦、瘫痪㖞曳、手足筋衰、眩晕倒仆、半身不遂、脚膝缓弱、四肢无力、颤掉拘挛、不语语涩、诸痿等证悉皆治之。(《局方发挥》)

第四节　他类词

1. 善

善：擅长；善于。

"善"的动作主体一般是人或有生命的客体，比如动物等。当"善"的主体是物，尤其是中草药时，其语义同步引申为表有能力的"能"，强调性能，助词。《汉语大词典》未收。金元医籍中有35个用例，其中《黄帝内经素问宣明论方》有7例，《新刊图解素问要旨论》有1例，《儒门事亲》有7例，《东垣先生试效方》有3例，《兰室秘藏》有3例，《内外伤辨惑论》有2例，《药类法象》有5例，《本草衍义补遗》有3例，《丹溪心法》有3例，《格致余论》有1例。如：

(1) 又如胃膈瘅热烦满，饥不欲食，或瘅成消中，善食而瘦，或燥热郁甚而成消渴，多饮而数小便。(《黄帝素问宣明论方·燥门·消渴总论》)

(2) **青橘皮丸** 又前胡木香散亦治胃热肠寒，善食而饥，便溺小腹而胀痛，大便而涩。(《黄帝素问宣明论方·胃热肠寒证》)

(3) 埃昏黄黑，化为白气，飘骤高深，击石飞空，洪水乃从，川流漫衍，田牧土驹，大水去，土石濡，群驹散，牧于田野，化气乃敷。善为时雨，物之始生，始长、始化、始成。(《新刊图解素问要旨论·抑沸郁发》)

(4) 故消瘅者，众消之总名；消中者，善饥之通称；消渴者，善饮之同谓。(《儒门事亲·三消之说当从火断》)

(5) 余闻世之方，多一方面而通治三消渴者，以其善消水谷而喜渴也。(《儒门事亲·刘河间先生三消论》)

(6) 妇人脾胃久虚，或形羸气血俱衰，而致经水断不行，或病中消胃热，善食渐瘦，津液不生。(《东垣先生试效方·妇人门·经闭不行有三》)

(7) 妇人脾胃久虚，或形羸，气血俱衰，而致经水断绝不行，或病中消胃热，善食渐瘦，津液不生。(《兰室秘藏·妇人门》)

(8) 升麻，葛根苦甘平，善解肌热，又以风胜湿也。(《内外伤辨惑论·暑伤胃气论》)

(9) 黄芪_{气温,味甘平}治虚劳自汗，补肺气，实皮毛，泻肺中火，如脉弦自汗。善治脾胃虚弱，疮疡血脉不行，内托阴证疮疡必用之。去芦用。(《药类法象》)

(10) 硝属阳金而有水与火土。善消化驱逐，而《经》言无毒，化七十二种石，不毒而能之乎？(《本草衍义补遗·硝》)

(11) 足阳明胃经见证：恶人与火，闻木声则惊狂，上登而歌，弃衣而走，颜黑，不能言，唇肿，呕，呵欠，消谷善饮，颈肿，膺、乳、冲股、伏兔、脐外廉、足跗皆痛，胸傍过乳痛，口㖞，腹大水肿，奔响腹胀，跗内廉脐痛，髀不可转，腘似结，腨似裂，膝膑肿痛，遗溺失气，善伸数欠，癫疾，湿淫心欲动，则闭户独处，惊，身前热，身后寒栗。(《丹溪心法·十二经见证》)

(12) 又周其姓者，形色俱实，患痢者善食而易饥，大嚼不择者五日矣。(《格致余论·大病不守禁忌论》)

"善"与"能"有时对举，也可知"善"为"能"义。如金刘完素《黄帝素问宣明论方·食㑊证》："大肠移热于胃，善食而瘦，或胃热移于胆，能食善饮，火胜土也，参苓丸主之，治食㑊，胃中结热，消谷善食，不生肌肉，此名食㑊。"

有时"善能"并用，属同义复词。如：

(1)（苧）属水而有土与金。大补肺金而行滞血，方药似未曾用，故表面出之。或恶其贱。其根善能安胎。（《本草衍义补遗·苧》）

(2) 凡此诸可下之言大柴胡、三承气诸下证，通宜三乙承气下之，善能开发峻效，而使之无表热入里而成结胸及痞之众病也。（《伤寒直格·主疗》）

对比"善食"用例，"能食"属同类语法结构，二者互文见义。如：

(1) **清凉饮子** 治消中，能食而瘦，口干舌干，自汗，大便结燥，小便频数。（《东垣先生试效方·消渴门·消渴论》）

(2) 予族叔，形色俱实，痎疟又患痢。自恃强健能食，绝无忌惮。（《格致余论·大病不守禁忌论》）

(3) 予曰："痎疟非汗出不能愈也。"可虑者正在健与能食耳，此非痢也。（《格致余论·大病不守禁忌论》）

2. 膨膨

膨膨：拟声词，气满膹胀声。

《汉语大词典》释"膨膨"引用的是明代文献，时代稍晚。金元医籍有1例，可提前例证。如：

子午岁，上征，热胜则怫热大至，火行其政，民病胸中烦热，嗌干，右胁满，皮肤痛，寒热，咳喘，唾血，血泄，鼽衄，嚏，呕，溺色变，甚则疮疡，胕肿，肩、背、臑、臂及缺盆中痛，心痛，肺䐜，腹大满，膨膨而喘咳，病本于肺，尺泽绝者死。（《新刊图解素问要旨论·六步气候变用》）

作为拟声词，"膨膨"可以形容身体不同部位的声响，早在东周战国时期就已出现，如《灵枢经·经脉第十》："是动则病肺胀满，膨膨而

163

喘咳，缺盆中痛甚，则交两手而瞀，此为臂厥。"[1] 此句中的"膨膨"形容肺胀的声音。又宋赵佶《圣济总录·针灸门·手太阴肺经》："治疟寒热，胸背拘急，胸满膨膨，喉痹掌中热，咳嗽上气数欠，热病汗不出，暴痹喘逆，心痛呕吐，针入二分，留三呼，禁不可灸，灸即伤人神。"[2] 同卷又有"引饮不下膨膨"。此二例中的"膨膨"形容胸满和留饮的声响。

小 结

  金元医籍中有着丰富的口语性语料，在中古汉语、近代汉语词汇研究，近代汉语辞书编纂，《汉语大词典》和《汉语大字典》等语文工具书的修订以及汉语史的研究方面都有重要的价值。研究金元医籍中的词汇有助于丰富近代汉语的词汇系统，探讨词汇发展的内在规律。金元医籍不仅是医学典籍，也是词汇发展与演变的重要载体。许敬生指出："浩如烟海的中医古代文献是古汉语研究中不可或缺的重要组成部分，他大大丰富了古汉语的内容，为古汉语的语法学、词汇学、修辞学等方面的研究，提供了生动形象的例证，并对以往的研究成果做出有益的补充。"[3] 本书对金元医籍中的语料进行了分类，动词有61组，名词有17组，形容词有27组，他类词有2组（其中情态助词1个、拟声词1个），具体情况见表2-1和表2-2。

---

[1]《灵枢经》，人民卫生出版社，1956年版，第30页。
[2]〔宋〕赵佶：《圣济总录》，人民卫生出版社，1962年版，第2185页。
[3] 许敬生：《简论中医古代文献在古汉语研究中的价值》，载于《中华中医药学会第十六届医古文学术会议论文集》，2006年，第12~22页。

表2-1 词语考释义项（一）

词类	词例
动词	折纳、纵挺、寻衣撮空、论治、濡渍、走易、结持、节择、差消、应、䏚曳、躁扰、结伏、一止、越/散越/泄越/飞越/发越/走越、冲墙倒壁、行、充越、匮和/和匮、施化、镇坠、流火、作化、合定、斡、提正、利/通利/疏利/宽利/快利、清利₁、和就/就和/和作、退落、通治、连折、收索、虚收虚撮、强力、薄批、镰、渐引、搜作、把却、错语、交反、修合、流利、任下、倒合、搜和、投/下/送/送下、消进/消克、操洗、推过、迎发、宣利/宣行、收持、走窜、飞窜、筑筑、滑泄/泄滑、不容、统共、作止
名词	向导、外境/内境、走马、环口、肥人/肥白人/瘦人、料例、懒语、食迷风、长流水、盖覆、通口、道路、留饮、鱼口、一忽、品件、眼子
形容词	素盛、绵脆、冲和、废懒、清和、轻扬、慓悍/气悍/健悍/暴悍、兀兀、眴眴、清利₂、默默、昏漫、浅薄、寒薄、神良、薄薄、清白、困弱、软快、昏倦、盲聩、壮厉、拂拂、一概、踟蹰、昏冒、语涩
它类词	善、膨膨
备注	考释的动词有61组，名词有17组，形容词有27组，他类词有2组

表2-2 词语考释义项（二）

词类	词语释义作用			
	义项新立	释义增补	书证补晚	提前书证
动词	纵挺、走易、结持、节择、差消、䏚曳、躁扰、结伏、一止、散越/泄越/飞越/发越/走越、冲墙倒壁、充越、匮和/和匮、作化、合定、提正、疏利/宽利/快利、清利₁、和就、虚收虚撮、强力、薄批、渐引、搜作、搜和、把却、错语、交反（交互）、修合、任下、倒合、消进/消克、操洗、推过、宣利/宣行/宣平/宣散（宣通）、收持（收引）、迎发、连折、寻衣撮空	折纳、论治、濡渍、应、越₁、越₂、行、流火/溜火、斡、利、清利₁、就和、退落、通治、收索₂、收索₃、镰、流利、投/下/送下/送、镇坠、施化	通利、收索₁、作止	走串、飞窜、筑筑、滑泄/泄泻、不容、统共

续表2-2

词类	词语释义作用			
	义项新立	释义增补	书证补晚	提前书证
名词	留饮、走马、环口、肥人/肥白人/瘦人（胖子）、料例、食迷风、长流水	向导、外境/内境、盖覆、通口、道路	品件、眼子	鱼口、一忽
形容词	素盛、绵脆、废懒、绵脆、眳眳、气悍/健悍/暴悍、昏漫、神良、困弱、软快	冲和、清和、轻扬、慓悍、兀兀、清利$_2$、默默、浅薄、寒薄、清白	语涩	薄薄（少少）、昏倦、盲聩、壮厉、拂拂、一概、踘踖、昏冒/昏瞀
他类词	善、膨膨			
备注	作止和品件既可以是补充书证，也可以是提前书证			

这些词语考释主要有三个方面的价值。

一、补充语文辞书未收的词语

研究金元医籍中的词语，可以发现其中有很多词语《汉语大词典》未收。从历时与共时的角度考释词语义项，有助于为辞书编纂增补义项。一是动词：纵挺、走易、结持、节择、差消、嚊曳、躁扰、结伏、一止、散越/泄越/飞越/发越/走越、冲墙倒壁、充越、匮和/和匮、作化、合定、提正、疏利/宽利/快利、清利$_1$、和就、虚收虚撮、强力、薄批、渐引、搜作、搜和、把却、错语、交反（交互）、修合、任下、倒合、消进/消克、操洗、推过、宣利/宣行/宣平/宣散（宣通）、收持（收引）、迎发、连折、寻衣撮空。二是名词：留饮、走马、环口、肥人/肥白人/瘦人（胖子）、料例、食迷风、长流水。三是形容词：素盛、绵脆、废懒、绵脆、眳眳、气悍/健悍/暴悍、昏漫、神良、困弱、软快。四是他类词：助词"善"和拟声词"膨膨"。这些字典、词典和辞书等工具书未收的词语，除了金元医籍里的义项，大部分还有引申义，比如"作化"，金元医籍中表示服药后的反应，在南北朝时期，"作化"引申为"变化"。又如"收持"，金元医籍中表示收敛，在唐代则引申为

"收拾；收藏，持有"。

二、补充语文辞书未收的义项

本书所考释的金元医籍中的词语，有的字典、辞书等工具书已经收录，但存在义项失收。如动词：折纳、论治、濡渍、应、越$_1$、越$_2$、行、流火/溜火、斡、利、清利$_1$、就和、退落、通治、收索$_2$、收索$_3$、镰、流利、投/下/送下/送、镇坠、施化；名词：向导、外境/内境、盖覆、通口、道路；形容词：冲和、清和、轻扬、慓悍、兀兀、清利$_2$、默默、浅薄、寒薄、清白。这些词语语文辞书已收录，但存在义项失收现象，比如"清利$_2$"，《汉语大词典》释"清利"有 5 个义项，其中义项 3 表示"清澈有神"，用来形容眼睛。根据医籍文献用例，并列复合词"清利"不仅指眼睛，还可以指头脑、精神，表示头脑清爽，眼神清澈。又如"寒薄"的本义表衣服轻薄，不保暖，其他义项由此引申，《汉语大词典》失收本义。

三、补充书证和提前书证

金元医籍词语考释可以补充语文辞书中的孤证，提前书证。比如"通利""收索$_1$""品件""眼子""语涩""作止"等可以补充书证。另外，动词如走串、飞窜、筑筑、滑泄/泄泻、不容、统共，名词如鱼口、一忽，形容词如薄薄（少少）、昏倦、盲聩、壮厉、拂拂、一概、踢蹭、昏冒/昏瞀等，可以提前书证，其中"作止"和"品件"既可以书证补充，也可以提前书证。

词汇是语言的建筑材料，具有历史传承性。随着时代的演进，词汇出现新义与旧义并存的阶段。金元医籍中出现不少新词新义，丰富了旧词旧义，其中一些有时代特征的词如"折纳""差消"等，可以起判定语料时代的作用。

金元医籍中的词汇还呈现出词语类聚的关系，以某个词的义素为核心，辐射周边，构成内聚合的关系，强化了词义的系统性。例如：以"利"的核心义素"通畅"义为中心，向周边辐射，形成"利"义词族义场，组成"通利""疏利""宽利""快利""清利$_1$"等词语，它们共同构成内聚合语义关系。还有"越"义词族义场，如"散越""泄越"

"飞越""发越""走越";"宣"义词族义场,如"宣利""宣行""宣平""宣散";"悍"义词族义场,如"剽悍""气悍""健悍""暴悍"等。这些类聚语义词汇的形成,推动了汉语史系统性的构建,也丰富了汉语词汇的材料。

金元医籍中的词汇还呈现出词汇化的演变特征。如"消进",从词汇化角度考证,唐代是"消进"词汇化的萌芽阶段,词语结构比较松散,宋代开始词汇化,金元时期完成词汇化。"消进"的宾语比较单一,基本上是饮食、酒食、奶食。明代存用,清代基本不用。又如"不容",初见于先秦时期,但没有凝固成词,是否定义语素"不"与允许义语素"容"组成的松散结构。金元时期偶尔出现"不容更述",其中的"不容"义为无须、不必,词汇化程度较高,已经凝固成词。

词汇的发展是动态多元的,金元医籍中的词汇亦有其理据性,呈现出医籍语言的独特性。徐时仪指出多角度地考察分析词汇,"不仅对揭示汉语词汇演变发展的规律具有重要的学术价值,而且对探讨普通语言学有关词义词汇演变发展的规律也无疑具有重大的学术意义"[1]。研究金元医籍词语不仅是考释语义,还可以从词义演变的过程中探寻其规律。

---

[1] 徐时仪:《〈朱子语类〉词汇研究》,上海辞书出版社,2011年版,第625页。

第三章 金元医籍量词研究

医籍文献可以充分反映量词系统的新质要素与旧质要素，对汉语量词系统有查缺补漏的作用。本书在前人研究的基础上，探讨了金元医籍中量词的使用情况。

第一节 医籍量词语料

本书所用的金元医籍量词文献主要是金代李杲的《丹溪脉诀指掌》《东垣试效方》《活发机要》《兰室秘藏》《内外伤辨惑论》《脾胃论》《药类法象》《用药心法》及《医学发明》（残本）、《医学发明》（节本），金代刘完素的《保童秘要》《伤寒标本心法类萃》《伤寒心要》《伤寒直格论方》《新刊图解素问要旨论》《黄帝素问宣明论方》《刘河间伤寒医鉴》《素问病机气宣保命集》《素问玄机原病式》，金代张从正的《儒门事亲》《张子和心境别集》，元代朱丹溪的《本草衍义补遗》《丹溪手镜》《丹溪心法》《格致余论》《金匮钩玄》《局方发挥》《脉因证治》等。这些医籍不仅对中医药学有重要的意义，在语言学和文字学方面也有重要的学术价值。

金元医籍中的量词相当丰富，同一量词常常在药方中重复出现。由于药用量词是单纯列举，药方中单列的下标量词一般不作为统计数据使用。本书对金元医籍量词的考察注重口语材料的使用和自然语句的语用，而不是量词的单纯列举。例如：

三棱消积丸 治伤生冷硬物，不能消化，心腹满闷不快。京三棱炮 广茂炮,各七钱 青皮五两 陈皮五钱 丁皮 益智各三钱 炒曲七钱 巴豆和皮,米炒黑焦,去米,

_{三钱}上件为末，醋糊丸，每服十五至二十<u>丸</u>，温姜汤食前下，量虚实加减。如大便利，止后服。《内外伤辨》用茴香五<u>钱</u>。(《东垣先生试效方·饮食劳倦门·劳倦所伤论》)

上例以出现在自然语句中的量词"丸"和"钱"作为统计对象，根据古籍的现代排版方式，"广茂_{炮,各七钱}"的量词"钱"具有普遍性，只单纯列举，不作为统计对象。其他量词的统计也依此处理。但考虑到量词系统的封闭性与异质性，下标量词酌情统计，如量词"具"等：

羊肝丸 白乳羊肝_{一具,竹刀刮去膜} 连_{一两} 甘菊 防风 薄荷_{去梗} 荆芥 羌活 归 芎_{各三钱} 右为末，羊肝捣丸，浆水下。(《脉因证治·目》)

第二节　医籍量词类型

根据金元医籍中量词的分布及其语义特征，可将其分为名量词、动量词、度量衡量词、种类量词与约量词。

一、名量词

名量词即表示人和事物的计量单位，包括专用名量词和借用名量词，具体词例类型与词频次见表3-1。

表 3-1 名量词的类型、词频

名量词				
专用量词		借用名量词	
个体量词（37 个）	集合量词（11 个）	借自名词（31 个）	借自动词（7）
味（238）、盏（1431）、粒（65）、丸（884）、料（18）、片（203）、张（3）、件（5）、个（62）、枚（102）、朵（3）、服（711）、重（14）、根（5）、篇（8）、滴（2）、贴（74）、剂（15）、块（12）、点（6）、文（1）、层（2）、部（4）、帙（1）、道（7）、卷（1）、条（7）、茎（11）、瓣（1）、担（2）、灶（3）、指（2）、锭（2）、颗（2）、纸（1）、只（1）、停（7）	对（1）、双（2）、副（1）、套（1）、行（166）、撮（7）、束（1）、倍（10）、具（5）、团（1）、茶脚（1）	牒（1）、碗（107）、匙（27）、口（28）、秤（1）、处（3）、边（1）、钟（11）、叶（5）、匣子（1）、盏（15）、杯（7）、斛（4）、桶（5）、甲（1）、盆（14）、炉（1）、池（1）、缶（7）、盂（4）、锅（1）、字（42）、晕（2）、钱匕/匕/字匕（36）、酒盅（1）、方寸匕（2）、刀子（1）、铤（1）、饼（4）	握（4）、沸（64）、捻（2）、裹（1）、搦（3）、挺（1）、抄（2）
备注	括号内的数字表示该量词的词频			

（一）专用名量词

专用名量词包括个体量词和集体量词。

1. 个体量词

个体量词发展到金元时期，数量依然庞大，在汉语量词系统中占核心地位。与其他量词相比，个体量词的语法化程度最高。李建平认为："个体量词系统的产生和成熟标志着汉语量词系统的真正建立和完善，其语法化程度也代表了量词系统的语法化程度。"[①] 个体量词在先秦以后大量出现，分工越来越明确，隋唐时期更加稳定。个体量词的产生反映了汉语的语言特点与认知特性。李先银认为个体量词产生的动因主要

---

① 李建平：《隋唐五代量词研究》，山东人民出版社，2016 年版，第 10 页。

是"语言范畴化、汉语的类型特点和汉民族认知视点综合作用的结果"①。金元医籍作为汉语史的重要语料,其个体量词既有继承性,也有创新性。金元医籍中共有个体量词有37个,其中"盏""丸""味"是高频词。

个体量词主要用来描摹事物的形态、重量、宽度、类属、倍数等。根据表现形态,金元医籍中的量词可分为以下几类:

1)状圆形类

这类量词聚焦于药物的外在形态,静态与动态兼具,如粒、丸、朵、滴、点、炷、颗等。

(1)粒

《说文·米部》:"粒,糂也。从米立声。古文粒。""糂"在《说文·米部》中义为"以米和羹也"。"粒"的本义为"米粒",用来计量"小而圆的东西"。与量词"粒"组合的数词一般是具体的数量词,而且一般是较大的量,最大者可以达到五十。金元医籍中有65例,如:

①如咳嗽,加五味子一十<u>粒</u>;腹中气不转运者,更加陈皮三分,木香二分;身体沉重,虽小便数多,加茯苓二钱、苍术一钱、泽泻半钱、黄檗三分,是从权而去湿也,不可常用。(《东垣试效方·饮食劳倦门·调中益气汤》)

②从子六七岁时患痘疮,发热微渴自利。一小方脉视之,用木香散,每帖又增丁香十<u>粒</u>。(《格致余论·痘疮陈氏方论》)

③又蒋氏妇,年五十余。形瘦而黑,六月喜热恶寒,两手脉沉而涩,重取似数。以三黄丸下以姜汁,每三十<u>粒</u>,三十帖微汗而安。(《局方发挥》)

④蜀椒五合 盐二两 右以清酒五升,煎取二升,数数蘸之,每一<u>粒</u>药可使得五六日,不可便弃之。(《保童秘要·痈疽》)

⑤天水散 益元 六一 滑石六两甘草一两 右为末,每服三钱,温蜜水调,暑月冷水亦可,和解伤寒、伤风发汗,葱白五寸,豆豉五十

---

① 李先银:《汉语个体量词的产生及其原因探讨》,载于《保定师范专科学校学报》,2002年第1期。

172

粒，煎一盏，调四五钱，一并三服，解利为度，加薄荷尤妙。(《伤寒心要》)

(2) 丸

《说文·丸部》："丸，圆也，倾侧而转者。从反仄。凡丸之属皆从丸。""丸"的本义是圆形之物，用作量词时主要用来计量丸形之物。与量词"丸"组合的数词一般是概数词，而且量大，最大者可以达到七八十。量词"丸"的称量对象一般是丸药，从出土的汉代简帛到《金匮要略》等传世文献，量词"丸"字形固定，称量对象均是丸药。[1] 金元医籍中有 884 例，如：

①医疑有热，治以疏风丸，大便行病不减。又疑药力小，复加七八十丸，下两行，前证仍不减，复添吐逆。(《脾胃论·调理脾胃治验》)

②雄黄解毒丸，雄黄一钱，飞郁金巴豆十四个，去油，右醋糊丸，绿豆大，热茶请下丸子一丸，取吐即止。(《丹溪手镜·喉痹》)

③**胡黄连丸** 胡黄连半钱,去果积 阿魏一钱半,醋煮,去肉积 麝香四粒 神曲二钱半,去食积 黄连二钱半,炒,去热积 右为末，猪胆汁丸，如黍米大，每服二十丸，白术汤下。(《金匮钩玄·疳病》)

④枳实炒,去穣,五钱 黄芩、黄连去须,各五钱 茯苓去皮、泽泻各二钱 白术、炒曲各五钱,大黄一两 上件为末，汤浸炊饼为丸，如梧子大，每服五十丸至七八十丸，食远，温水送下，量虚实加减，更衣止后服。(《东垣先生试效方·饮食劳倦门·劳倦所伤论》)

⑤**橘皮枳术丸** 治老幼元气虚弱，饮食不消，脏腑不调，心下痞满不快。陈皮二两 枳实麸炒,一两 白术一两 上件为末，荷叶烧饭为丸，每服五十丸，食后温水下。(《东垣先生试效方·饮食劳倦门·劳倦所伤论》)

---

[1] 李建平：《先秦两汉量词研究》，中国社会科学出版社，2017年版，第67页。

(3) 朵

《说文·木部》:"树木垂朵朵也。""朵"主要用来计量花朵或花朵状的东西。与量词"朵"组合的数词一般以基数为多。金元医籍中有3例:

①一方桃仁三个,葵花七<u>朵</u>。(《东垣先生试效方·眼门·鼻不闻香臭论》)

②如有白脓,加白葵五<u>朵</u>,去萼,青皮半钱,不去白,入正药中同煎,又用木香三分,为细末,同槟榔等三味再上火同煎,依上法服饵。古人治此疾,多以岁月除之,此药一服而愈,若病大者,再服而愈。(《东垣先生试效方·痔漏门·痔漏论》)

③**秦艽苍术汤** 如有白脓,加白葵花头五<u>朵</u>,去萼心,青皮半钱,不去白,入正药中同煎。木香三分,为细末,同槟榔等三味依前煎服饵。古人治此疾多以岁月除之,此药一服则愈。(《兰室秘藏·痔漏门》)

(4) 滴

《说文·水部》:"滴,水注也。从水啇声。""滴"指"水滴",作为量词用于计量滴下的液体。与量词"滴"组合的数词一般具有不确定性,是概数词。金元医籍中有2例:

①肝之积,便言风也,吐出数升,后必有血一二<u>滴</u>,勿疑,病当然也。(《儒门事亲·五积六聚治同郁断》)

②桂心﹣株通草﹣分麻黄半分,去节豉七粒右以水二大合,煎取半合已来,数数<u>滴</u>口中。(《保童秘要·初生》)

(5) 点

《说文·黑部》:"点,小黑也。从黑,占声。""点"的本义是小黑点,在魏晋南北朝时已经开始用作量词,取其形状义。因为"点"是用来指称量小而圆的物类,后来发展成为表示量少的量词。与量词"点"组合的数词一般是概数词,表示量小。金元医籍中有6例,如:

①青皮 五加皮 海桐皮 桑白皮 陈皮 地骨皮 丁香皮 牡丹皮 棕榈皮_{诸药全烧为灰,用十大钱,秤} 当归_{一两} 木香 红芍药_{各半两} 上为细末，每服一钱，水一盏，入小油二<u>点</u>，钱一文，同煎至七分，温服。(《黄帝素问宣明论方·药证方·当归木香汤》)

②治斑疮倒压方 又方 小猪尾尖，取血三五<u>点</u>，研入脑子少许，新水调下，食后与服之。(《儒门事亲·小儿病症》)

③肝主谋虑，甚则乘脾，久思则脾湿下流。乃上涌痰半盆，末后有血数<u>点</u>，肝藏血故也。(《儒门事亲·洞泄》)

④如有虫者，加狗油五七<u>点</u>，雄黄末一钱，甚者加芫花末半钱，立吐其虫。(《素问病机气宜保命集·中风论·独圣散》)

(6) 炷

"炷"，指艾炷，是用艾绒捏成的圆形或圆锥形小团。"柱"借用作量词，与数词组合，一般用于针灸语境中。金元医籍中有1例，共3处：

①太乙神针 羌活、独活、黄连各四两，为末 麝香二钱 乳香二钱 上用三月三日艾，四月八日亦可，晒干打茸，入前药末和匀，用好白纸卷包前药如著大。治风痹，或在腿，或在腰，在肱，灸七<u>炷</u>、二七<u>炷</u>、三七<u>炷</u>甚妙。(《伤寒标本心法类萃·太乙神针》)

(7) 颗

《说文·页部》："颗，小头也。""颗"的本义是"小头"，多用于计量颗粒状的东西。"颗"在医籍文献中多写作"果"("果""颗"为古今字)，用于小且圆的事物，相当于"粒""枚"。元代医籍中有2例：

①(红蓝花) 破留血、养血。多用则破血，少用则养血。《本草》云："产后血晕口噤，腹内恶血，胎死腹中，并酒煮服。"又其子吞数<u>颗</u>，主天行疮不出。(《本草衍义补遗·红蓝花》)

②急、慢惊风 辰砂一<u>颗</u>、蝎一枚，生犬血，快研，服。(《脉

175

因证治·小儿证》）

例句①中的"数颗"修饰的名词是"红蓝花"，量词"颗"的语义得到扩展，与修饰花朵的量词"朵"衔接度高，"朵"与"颗"的语义具有关联性，体现了人类对事物认知的延伸。

2）状块状类

描摹块状类的量词主要是"块""瓣"等。

（1）块

用于块状或某些片状的东西。与量词"块"组合的数词表量小义。金元医籍中有12例，如：

①升麻三两 茯神去皮 人参 防风 犀角镑 羚羊角镑 羌活各一两 官桂半两 上为末，每服四钱，水二盏，生姜二块碎、竹沥少许，同煎至一盏，温服，不计时候。（《黄帝素问宣明论方·热痹证》）

②黄连散 原有痔漏，又于肛门边生一块，皮厚肿痛作脓，就在痔孔出，作食积注下治。（《丹溪心法·漏疮》）

③或在颈、在项、在身、在臂；如肿毒者，多痰注作核不散。治耳后顶门各一块：僵蚕炒 青黛 胆星 酒大黄 上为末，蜜丸，噙化之。（《金匮钩玄·结核》）

④失笑散 又方醋一盏，加生白矾一小块，如皂子大，同煎至七分，温服立愈。（《儒门事亲·心气疼痛》）

⑤济生竹茹汤 葛根三两 半夏泡七次，二两 甘草炙，一两 右㕮咀，每四钱，水一盏，入竹茹一小块，姜五片。（《丹溪心法·呕吐》）

（2）瓣

《说文·瓜部》："瓣，瓜中实。"用于花瓣、叶片或种子、果实、球茎分开的小块，或表示物体自然地分成或破碎后分成的部分。金元医籍中有1例：

新寨妇人，年四十余，有瘿三瓣。戴人令以咸吐之。三涌三汗三下，瘿已半消；次服化瘿之药，遂大消去。（《儒门事亲·瘿》）

3）状细长条类

描摹事物细长条状类的量词主要是根、道、条、茎等。

（1）根

《说文·木部》："根，木株也。从木艮声。""根"的最常见的用法是计量一般的植物，在医籍文献里用来计量细长的药材，现多用于计量细长的事物。金元医籍主要用"根"来计量"葱白""葱须头"。与量词"根"组合的数词可大可小，表大量时一般是约数词。金元医籍中有 5 例，如：

①代刘河间先生自制辛凉之剂，以通圣散、益元散相合，各五七钱，水一中碗，入生姜十余片，葱须头二十余根，豆豉一撮，同煎至五七沸，去滓，分作二服，先以多半服之，顷以钗股于喉中探引，尽吐前药。（《儒门事亲·立诸时气解利禁忌式》）

②荆芥、白芷、陈皮、麻黄、苍术、甘草等分，右剉。用姜三片，葱白三根，水煎服。（《丹溪心法·中寒》）

③温肺汤 治鼻不闻香臭，眼多眵泪。丁香二分 防风 炙甘草 葛根 羌活各一钱 升麻 黄芪各二钱 麻黄不去节,四钱 右为粗末，水二盏，葱白三根，煎至一盏，去粗，食后服。（《兰室秘藏·眼耳鼻门》）

（2）道

《说文·辵部》："道，所行道也。""道"可用于江、河和某些长条形的东西，相当于"条"。金元医籍中有 7 例，如：

①先生归世之后，恐庸医不知枢要，于《宣明论》内，又集紧切药方六十道，分为六门，亦名《直格》，通计八万余言，可谓勤矣。（《刘河间伤寒医鉴》）

②人末之信，漫进小帖数服，未解而止。旬余值大风拔术，疮上起一道红如线，绕至背胛，直抵右胁。（《格致余论·痈疽当分经络论》）

③经络共二十道，上下流走，相贯周环，昼夜不息，与天同度。（《儒门事亲·证妇人带下赤白错分寒热解》）

(3) 条

《说文·木部》:"条,小枝也。""条"的本义是细长的树枝,但用作量词不以称量"树枝"为限,凡是细长的东西均可用其计量。金元医籍中有7例,如:

①戴人曰:"宜涌。"乃吐虫一条,赤黄色,长六七寸,口目鼻皆全,两目膜瞒,状如蛇类,以盐淹干示人。(《儒门事亲·心痛》)

②**半硫丸** 透明硫黄研 半夏洗七次,等分 右为末,生姜糊丸梧子大。服二十九,姜汤下,或用葱白一条,姜三片煎,入阿胶二片溶开,食前空心送下。(《丹溪心法·燥结》)

③有恶心,吐虫数条后,乃频作。服杀虫药,则吐虫愈多。(《脉因证治·呕吐哕》)

(4) 茎

《说文·艸部》:"茎,枝柱也。""茎"的本义是植物的一部分,后用于计量长条形的东西。金元医籍中有11例,如:

①人参半两 茯苓二两半 牛犀二钱半 甘草半两 干葛半两 桔梗二钱半 上为末,每服二钱,水一大盏,入灯心五茎,同煎至六分,放温,不计时候。烦渴者,以新竹汤下,量年纪加减。(《黄帝素问宣明论方·药证方·人参散》)

②解利四时伤寒,内外所伤,每一两内加益元散一两、葱白十茎、盐豉一合、生姜半两、水一碗,同煎至五七沸,或煎一小碗,温冷服一半,以箸投之即吐,罢后服一半,稍热服,汗出立解。(《素问病机气宜保命集·中风论·防风通圣散》)

③如饮酒中风,身热头痛如破者,加黄连须二钱,葱白十茎,依法立愈,慎勿用桂枝,麻黄汤解之。(《素问病机气宜保命集·中风论·防风通圣散》)

④不问多少,直至疮痂觉痛痒,是疮活也。然后口含浆水洗渍,用鸡翎一十二茎,缚作刷子,于疮上洗刷净。以此洗刷,不致肌肉损伤也。以软帛拭干,次用木香槟榔散傅之。如夏月医之更

妙。(《儒门事亲·寒门》)

4) 状类属类

这类量词主要用来指称药物的种类,相当于"种",如味、料、件等。

(1) 味

《说文·口部》:"味,滋味也。从口,未声。"作量词时用于指称中药,表种类。与"味"组合的数词一般不会太大,多在一至二十之间。医生开具药方的中药数量不宜太多,除了药引、主药,辅药数量有限,这样修饰的数词也就有所限制,语义也比较具体。金元医籍中有238例,如:

①先生之汤剂,虽用此一味,亦必有旁药助之。(《儒门事亲·三消之说当从火断》)

②若恶寒腹疼,只少加肉桂一钱、白芍药三钱、炙甘草一钱半,此三味为治寒腹疼,此仲景神品药也。(《东垣先生试效方·药象门·药象气味主治法度》)

③气实能食,用荆沥;气虚少食,用竹沥。此二味用开经络,行气血。入四物汤中,必用姜汁助之。(《金匮钩玄·中风》)

④**酒煮当归丸** 归一两 茴香半两 黑附炮 良姜各七钱 右四味剉细,以酒一升半,煮至酒尽,焙干炒黄。盐 丁香 苦楝生 甘草炙,各半两 全蝎三钱 柴胡二钱 升麻一钱 木香一钱 玄胡四钱 右九味,同前酒煮四味,俱末,酒煮面糊丸,空心淡醋汤送下。(《脉因证治·小胸丸》)

⑤详胁下痛多少,加之上十八味,除桃仁另研如泥外,为极细末,同研,汤浸蒸饼为丸,如桐子大,每服二十丸,热白汤送下,旋斟酌多少服之。(《东垣先生试效方·心胃及腹中诸痛门·心胃及腹中诸痛门论》)

(2) 料

《说文·斗部》:"料,量也。从斗,米在其中。读若辽。""料"作量词,《汉语大词典》释为"用于中医配制丸药,处方规定剂量的全份为一料"。与"料"组合的数词一般较小，比较具体。金元医籍中有 18 例，如：

①若强风痫，于一<u>料</u>中加人参、茯神、菖蒲各三钱，黄连只依春夏用七钱，虽秋冬不减，淡醋汤送下，空心。(《东垣先生试效方·五积门·五积论》)

②桔梗 白术_{各一两半} 半夏曲_{二两}陈皮_{去白}白茯苓 枳实_{麸炒}厚朴_{姜制,炒香,各一两}上哎咀，水煎取清，调木香散二钱，隔夜，空腹服之；后气渐下，吐渐止，然后去木香散，加芍药二两、黄芪一两半，每一<u>料</u>中扣算加之。(《活发机要·吐证》)

③另攒半<u>料</u>作极细末，炼蜜为丸，如绿豆大，每服一百丸或一百五十丸，用此汤一口送下，食后服之，药多少量病人虚实，应服药皆汝此例。(《东垣先生试效方·疮疡门·疮疡治验》)

④初觉风气，便能服此药，及新方中天麻丸一<u>料</u>，相为表里，治未药之圣药也。(《医学发明·中风有三》)

⑤中风无汗，身热不恶寒，白虎续命主之，石膏、知母一<u>料</u>中各加二两，甘草依本方加一倍。(《素问病机气宜保命集·中风论·小续命汤》)

(3) 件

《说文·人部》："分也。从人，从牛。牛大物，故可分。""件"的本义是把物分成几块，用作量词，主要是计量某些或某类事物等。与量词"件"组合的数词可大可小。李宗江认为量词"件"产生于汉代，成熟于唐宋，宋元明清发展出名词义，体现了汉语量词语法化的逆过程。[①] 金元医籍中有 5 例：

①**破毒散** 治瘰毒横疮已成、未成，随即消散，应效如神。滑石末_{三钱}斑蝥_{炒,去头、足、翅,三个,为末}上二<u>件</u>和匀，分作三服，空心食前，

[①] 李宗江：《语法化的逆过程：汉语量词的实义化》，载于《古汉语研究》，2004 年第 4 期。

一日服毕，少用茶汤调下，毒气俱从小便中出。如小便疼痛，浓煎车前子、木通、灯芯、泽泻汤，顿服即已。(《东垣先生试效方·疮疡门·疮疡治验》)

②青橘叶，地锦草，右二<u>件</u>，杵成膏。先净疮口，用杜牛膝根内入疮冲，以膏敷之，缚定。(《脉因证治·疮疡》)

③通三十九<u>件</u>药味，调理伤寒，曲尽其妙，百发百中。(《伤寒心要》)

④又方 加斑蝥_{二十个，去足翅用}巴豆_{二十个，去皮用}右将三<u>件</u>为末，研令匀，次入轻粉、粉霜研匀，又入斑蝥、巴豆，以水调糊为锭子_{如作散是为针头散}。(《儒门事亲·疮疡痈肿》)

⑤善应膏药 黄丹_{二斤}南乳香_{另研}没药_{另研}当归 木鳖子_{生用}白蔹_{生用}白矾_{生用}官桂_{三寸}杏仁_生白芷_{各一两}新柳枝_{各长一片}右除黄丹、乳没等外，八件用芝麻油五斤，浸一宿，用铁锅内煎，令黄色。药不用，次入黄丹锅内，柳条搅令黄色，方可掇下。(《儒门事亲·疮疡痈肿》)

根据金元医籍中用量词"件"称量药物的名词特征来看，这一时期"件"处于量词与名词义共存的阶段。如"三十九件药味"中的"件"是量词，而"上二件""右二件""右三件"中的"件"具有名词特征。"右"与"上"同义，因为古书竖行排版，以"右"称之，与"左"相对，转写成横行排版，就改成"上"。

5) 状平面类

描摹事物形态平面的量词，主要是片、张、纸等。

(1) 片

《说文·片部》："片，判木也。从半木。凡片之属皆从片。"《说文》释"片"为"已分剖的木"。"片"作量词用于计量成片的东西，产生于两汉时期。[1] 与量词"片"组合的数词量不大，一般不超过十。金元医籍中有203例，如：

①**丽泽通气汤** 治鼻不闻香臭。羌活 独活 防风 升麻 葛根_{各三钱}

---

[1] 孟繁杰、李如龙：《量词"片"的语法化》，载于《语言研究》，2011年第3期。

麻黄_{不去节,一钱,冬月加之}川椒_{一钱}苍术_{三钱}炙甘草_{二钱}黄芪_{四钱}香白芷_{一钱}上件咬咀，每服五钱，水二大盏，生姜三片，枣二枚，葱白三寸，同煎至一盏，去滓，稍热服，食远。忌一切冷物及风寒凉处坐卧行立。（《东垣先生试效方·眼门·鼻不闻香臭论》）

②半夏_{生,一两}大皂角_{去子皮,半两}雄黄_{加之大治痰}右同入绢袋中，水三升，姜八片，煎至半，以手操洗之，取清汁服。（《脉因证治·逆痰嗽》）

③**半夏橘皮汤**（三十七）半夏 陈皮 甘草 人参 茯苓 厚朴_{各三钱半}葛根_{半两}上五钱，姜五片，水煎。（《伤寒标本心法类萃·半夏橘皮汤》）

④**白术汤** 炒神曲_{二钱}陈皮 天麻_{各三钱}白术 白茯苓 麦蘖面_{炒黄色}半夏_{各五钱}右咬咀，每服五钱，水二盏，入生姜五片，同煎至一盏，去柤，稍热服之。（《兰室秘藏·呕吐门》）

（2）张

《说文·弓部》："张，施弓弦也。从弓，长声。""张"的本义是把弓张开，取其可张开之义，金元医籍用来计量纸张数量。与量词"张"组合的数词一般是"一"，构成"名词＋数词＋量词"，"一"不能省略。金代医籍中有3例：

①鼻衄不止，或素有热而暴作，诸药无验，以白纸一张，作八牒或十牒，于极冷水内，湿纸置顶中，热熨斗熨至一重或二重纸干，立止。（《东垣先生试效方·衄吐呕唾血门·治鼻衄不止法》）

②黄连、白矾_{各一两}谷精草_{半两}石榴_{一个,用刀子割下盖子,里面取子三停,一停次将黄连,白矾碎,内入石榴,用元盖子合用}上以湿纸一张裹了，后用胶泥拍作饼子，裹石榴，以炭火烧通赤为度，取出，去泥纸，次将谷精草于铫子内炒焦黄为度，与石榴研细，后入麝香一钱、乳香二钱、没药一钱，研细拌匀，每服一钱，热酒小半盏调下，日三服。（《黄帝素问宣明论方·药证方·乳香没药散》）

③**止衄血法** 治鼻血久不止，素有热而暴作者，诸药无验。神法以大纸一张，作八折或十折，于水内湿，置顶中，以热熨斗熨至一重或二重，纸干立止。（《兰室秘藏·衄血吐血门》）

(3) 纸

《说文·系部》:"纸,絮一苫也。""纸"的本义是在平底板上摊晒压平形成的纤维浆液硬结层,作量词时可以指纸张、书信、文件的张数。元代医籍中有1例:

汤散用则屑之为末,取屑一<u>纸</u>裹于杯中,良久合诸色药物绝为易捣。(《本草衍义补遗·犀角》)

6) 状宽度类

描摹宽度类的量词在医籍中的使用非常受限,医家习惯用手指的宽度估算深浅,如量词"指"。

《说文·手部》:"指,手指也。""指"作量词,一个手指的宽度叫"一指",用来计算深、浅、宽、窄等。金元医籍中有2例:

①又方 枣一斗,锅内入水,上有四<u>指</u>,用大戟并根苗盖之遍,盆合之,煮熟为度,去大戟不用,旋煮旋吃,无时,尽枣决愈,神效。(《素问病机气宜保命集·肿胀论·取穴法》)

②上更用椹汁、药上高三<u>指</u>,用纱绵帛覆护之。昼取太阳,夜取太阴。使干再捣,罗为细末。(《儒门事亲·诸风疾证》)

7) 状重量类

描摹事物重量类的量词,或用器具指称容器内的重量,或专门指称金属或钱币单位,如担、锭、文等。

(1) 担

"担"作量词用于成担的东西,用担子前后挑的东西的数量也可称为一担。金代医籍中有2例:

①**出靥方** 右用荞麦秸一<u>担</u>,不烂者烧灰存性。入石灰半斤,同灰一齐过,令火灭。然后以热水淋灰窝。淋下灰水,用铁器内煮,以撩起搅成膏子,于靥上点自出。或先以草茎刺破亦可。(《儒门事亲·疮疡痈肿》)

②**天真丸** 补虚损。佛袈裟,男用女,女用男,以新水四担,洗尽血水,以酒煮烂为泥。(《儒门事亲·诸杂方药》)

(2) 锭

《说文·金部》:"锭,镫也。""锭"作量词用于计量铸成块状的金银、其他金属或成锭状的东西。元代医籍中有2例:

①凡经半月余,且时以慰瑜之言劳之。又曰:"我与钞十锭作路费,我不望报,但欲救汝之死命尔。"(《格致余论·张子和攻击注论》)

②广大重明汤 龙胆草 防风 生甘草 细辛_{各一钱}右剉如咀,内甘草不剉,只作一锭,先以水一大碗半,煎龙胆一味,至一半再入余三味,煎至少半碗,滤去柤,用清带热洗,以重汤坐令热,日用五七次,但洗毕合眼一时,去胬肉泛长及痒亦验。(《兰室秘藏·眼耳鼻门》)

(3) 文

《说文·文部》:"文,错画也。象交文。""文"是"钱"的专用量词,用于旧时的铜钱(铜钱的一面铸有文字)。金代医籍中有1例:

①青皮 五加皮 海桐皮 桑白皮 陈皮 地骨皮 丁香皮 牡丹皮 棕桐皮_{诸药全烧为灰,用十大钱,秤} 当归_{一两} 木香 红芍药_{各半两}上为细末,每服一钱,水一盏,入小油二点,钱一文,同煎至七分,温服。(《黄帝素问宣明论方·劳门·当归木香汤》)

8) 状剂量类

医籍中描摹药物剂量的量词比较少,主要是服(fù)、剂等。以"服"为例。

《说文·舟部》:"服,用也。""服"用于中药,相当于"剂"。与量词"服"组合的可以是具体的数词,也可以是概数词,一般量比较小。金元医籍有711例,如:

①舶上茴香_(川盐炒)、枳壳_(各二两)，没药_(半两)，上为末，每服一钱，温热酒下，不计时候，并二三服。(《黄帝素问宣明论方·药证方·香壳散》)

②地黄_(生、熟各半两)牡丹皮_(半钱)芍_(一钱半)归_(二钱)甘草_(生半钱,熟一钱)耆_(一钱)升麻_(七钱)苍术 秦艽 肉桂_(各三钱)橘皮_(二钱)作一服。(《脉因证治·下利》)

③醉仙散 胡麻仁 牛蒡子 蔓荆子 枸杞子_(各半两,为粗末,同炒紫色)白蒺藜 苦参 瓜蒌根 防风_(各半两)右八味为细末，每一两半入轻粉三钱，拌匀，大人一钱，空心，日午、临睡各一服，淡茶调下。五七日间，必于齿缝中出臭涎水，浑身觉痛，昏闷如醉，利下恶臭屎为度，量大小虚实加减与之。(《金匮钩玄·中风》)

④若痛方止便吃还痛，必须三五服药后，方可吃物。(《金匮钩玄·心痛》)

9) 状层状类

描摹事物层状的量词主要有重、层等。

(1) 重

《说文·重部》："重，厚也。从壬东声。凡重之属皆从重。""重"作量词由重叠义转来，义为"层"。与量词"重"组合的一般是表量小的具体数词，或是不确定量的约数词。金元医籍中有14例，如：

①小儿出腹，口角边有黄色，如鹅燕之喙，或如米屑，或迫鼻边一重皮膜。(《保童秘要·出生》)

②又方 珊瑚_(一分)龙脑_(一红豆大)右极细研，以两重绢罗过，每日二度点之，每度点一米粒大。(《保童秘要·眼》)

③治腰痛虚。杜仲_(炒去丝,三钱)。右一味，末之。以猪肾一枚，薄批五七片，以盐椒淹去腥水，掺药在内，包以荷叶，用湿纸数重煨熟，酒下。(《脉因证治·腰痛》)

④止衄血法 治鼻血久不止，素有热而暴作者，诸药无验。神法以大纸一张，作八折或十折，于水内湿，置顶中，以热熨斗熨至一重或二重，纸干立止。(《兰室秘藏·衄血吐血门》)

⑤浴讫，以布单重覆之，凡三五重。(《儒门事亲·小儿风水》)

(2) 层

《说文·尸部》："层，重屋也。""层"可以用于计量重叠、积累的东西，也可用于能从物体表面揭开或抹去的东西。金元医籍中有2例：

①何首乌半斤 肉苁蓉六两 牛膝四两 上将何首乌半斤，用枣一<u>层</u>，何首乌甑内蒸枣软用，切，焙，同为末，枣肉和丸，如桐子大，每服五七丸，嚼马莲子服，温酒送，食前，一服加一丸，日三服，至四十九即止，却减至数，效如神妙。（《黄帝素问宣明论方·药证方·何首乌丸》）

②凡背疮初发，便可用藏用丸、玉烛散，大作剂料，下脏腑一二十行。次用铦针于肿焮处，循红晕周匝内，密刺三<u>层</u>，出血尽，以温软帛拭去血。（《儒门事亲·风门》）

10) 状作品类

根据编排册数、厚度、字数多寡与编纂方式等计量作品、文章类的量词，如篇、部、帙、卷等。

(1) 篇

《说文·竹部》："篇，书也。""篇"的本义是"编写"，作量词用来称量作品，与之组合的量词可大可小。金元医籍中有8例，如：

①往者不可追，来者犹可及，辄以平生已试之效，著《内外伤辨论》一<u>篇</u>，推明前哲之余论，历举近世之变故，庶几同志者，审其或中，触类而长之，免后人之横夭耳！僭易之罪，将何所逃乎？（《内外伤辨惑论·辨阴证阳证》）

②盖人读十二经，多不读《灵枢经》中经别第十一<u>篇</u>，具载十二经之正。（《儒门事亲·喉舌缓急砭药不同解》）

③《素问》三<u>篇</u>，刺热、评热、兼杂病，论热不说其寒，非谓无者也。（《刘河间伤寒医鉴》）

④《至真要大论》等数<u>篇</u>，言运气所生诸病，各断以酸、苦、甘、辛、咸、淡，以总括之。（《儒门事亲·汗下吐三法该尽治痊》）

(2) 部

《说文·邑部》:"部,天水狄部。""部"主要用来计量书籍。金元医籍中有4例:

①一者明天地之造化,论运化之盛衰,目之曰《要旨论》一部,计三万六千七百五十三字……(《刘河间伤寒医鉴》)
②一者又注伤寒六经传受《直格》一部,计一万七千零九字……(《刘河间伤寒医鉴》)
③一者分君臣之佐使,定奇偶之逆从,又作《宣明论》一部,计八千九百零三字……(《刘河间伤寒医鉴》)
④昔有病此者,数十年不愈。予诊之,左手脉三部皆微而小,右手脉三部皆滑而大。(《儒门事亲·饮当去水温补转剧论》)

(3) 帙

《说文·巾部》:"帙,书衣也。""帙"由此成了"书"的专用量词。"帙"和"本"都可以计量书。刘世儒认为,"本"所计量的书是一册,"帙"所计量的书是多册,主要用于计量装套的线装书。金元医籍中有1例:

①又取《至真要论》一篇病机气宜之说,著《玄机原病式》一帙,计二万余言。(《刘河间伤寒医鉴》)

(4) 卷

《说文·卩部》:"卷,厀曲也。""卷"作量词用于称量成卷的东西,古代用于书籍。金元医籍中有1例:

如精选《圣惠方》二十三卷,论妇人赤白带下云:"妇人带下者,由劳神过度,损动经血,致令身虚,受于风冷,风冷入于脐络,传其血之所成也。"又有巢氏内篇四十四卷,论任脉为经之海。(《儒门事亲·证妇人带下赤白错分寒热解》)

11）状容器类

医籍中用得最多的容器类专用量词主要是"盏"。《说文·酉部》："醆，爵也。一曰酒浊而微清也。从酉，戋声。""盏"是称量液体的容器。现代汉语中，"盏"作为量词的用法发生了变化，主要用于"灯"。与量词"盏"组合的数词一般都比较小、具体，如"半""一""三"等，不超过"五"。金元医籍中有1431例，如：

①羌活、独活_{以上各一钱}，本、防风、甘草_炙、川芎_{以上各五分}，蔓荆子三分，右㕮咀，都作一服，水二盏，煎至一盏，去粗，大温服，空心食前。（《内外伤辨惑论·四时用药加减法》）

②予又曰："汝去腊食何物为多？"曰："我每日必早饮点剁酒两三盏逼寒气。"（《格致余论·治病必求其本论》）

③治阳明受湿热，传入大肠，恶寒发热，小腹连毛际，结核闷痛不可忍；山栀_炒枳壳_炒桃仁_炒山楂_{等分}右研细，砂钵内入生姜汁，用水一盏煎令沸，热服之。（《金匮钩玄·疝》）

④瓜蒂散 瓜蒂三钱，赤小豆三钱，上为末，每服一钱匕，温水半小盏调下，以吐为度。如食伤之太重者，备急丸主之，皆急剂也。（《东垣先生试效方·饮食劳倦门·劳倦所伤论》）

⑤瓜蒂 赤小豆_{等分}上为末，豆豉半合，水一盏半，煮取汁半盏，调下一钱匕，未吐再服。（《伤寒心要》）

12）状成数类

医籍中状成数类量词的专用词是"停"。《说文·人部》："停，止也。"作量词，总数分成几等份，其中一份叫一停。金元医籍中有7例，如：

①凡小儿水泄不止，可用五苓散与益元散各停，用新汲水调下三二钱，频服不拘时候。（《儒门事亲·火类》）

②假令所伤前后不同，以分为率，伤热物二分，伤生冷硬物一分，用寒药三黄丸二停，热药巴豆三棱丸一停，合而服之。（《兰室秘藏·胃脘痛门》）

③又如伤生冷物二分，伤热物一分，用热药木香见睍丸二<u>停</u>，用寒药三黄丸一<u>停</u>，合而服之。(《内外伤辨惑论·随时用药》)

13）兼用量词

这一部分量词兼有多种量词语义，可以用作计量时间、动物脏器等的数量，如个、枚、只等。

(1) 个（箇）

《说文·竹部》："箇，竹枚也。从竹，固声。""箇"是"个"的异体字。"个"为量词单位，可用于计量没有专用量词的名词。另外，有些名词除了用专用量词，也能用"个"。量词"个"可以称量药物，也可以称量时间，还可以称量动物脏器。金元医籍中有62例，如：

①戊申六月，徐总管患眼疾，于上眼皮下出黑白翳二<u>个</u>，隐涩难开，两目紧缩，无疼痛，两手寸脉细紧，按之洪大无力。(《东垣先生试效方·眼门·诸脉者皆属于目论》)

②每夜饭后，细嚼杏仁十五<u>个</u>。(《脉因证治·逆痰嗽》)

③山栀子大者用七<u>个</u>或九<u>个</u>。大概胃口有热而作痛，非山栀子不可。(《金匮钩玄·心痛》)

④每用一丸，热汤半盏，浸一二<u>个</u>时辰，洗至觉微涩为度，合半时辰许，临卧洗之，瞑目便睡。(《兰室秘藏·眼耳鼻门》)

⑤**惊疳褐丸子方** 走石 金线重楼 郁金各等分 右为末 用猪胆一<u>个</u>，倾出一半，留一半，盛药在胆内，煮令熟，放冷，于乳钵内细研，入牛黄、麝少许，用醋煮面糊为丸，如麻子大，每服三丸，陈米饮下。(《保童秘要·诸疳》)

⑥**升麻汤** 升麻 苍术各一两 荷叶全一<u>个</u> 上为细末，每服半两，水煎；或烧荷叶一<u>个</u>，研细，用前药调服亦可。(《活发机要·雷头风证》)

(2) 枚

《说文·木部》："枚，干也。可为杖。"刘世儒认为："'枚'字由名词'树干'义引申为计数的工具。"[1] "枚"一般用作颗粒状或块状物的计量单位,相当于"颗""粒"等。金元时期,量词"枚"的语义范畴进一步扩大,兼职其他量词的语义功能,可以用来计量条状植物、花朵、小型动物与动物脏器等,相当于量词"条""朵""个"等的语义功能。"枚"的语义功能泛化是金元时期量词发展的必然结果。李先银认为"枚"的语义泛化也是语言范畴化结果的证据。[2] 金元医籍中有102例,如:

①治鼻不闻香臭。羌活、独活、防风、升麻、葛根各三钱,麻黄不去节,一钱,冬月加之、川椒一钱,苍术三钱,炙甘草二钱,黄芪四钱,香白芷一钱,上件哎咀,每服五钱,水二大盏、生姜三片、枣二<u>枚</u>,葱白三寸,同煎至一盏,去滓,稍热服,食远。忌一切冷物及风寒凉处坐卧行立。(《东垣先生试效方·眼门·鼻不闻香臭论》)

②干丝瓜一<u>枚</u>,连皮子烧,存性,为末,酒下二钱。(《脉因证治·痔漏》)

③**煨肾丸** 治腰痛虚。杜仲炒去丝,三钱。右一味,末之。以猪肾一<u>枚</u>,薄批五七片,以盐椒淹去腥水,掺药在内,包以荷叶,用湿纸数重煨熟,酒下。(《脉因证治·腰痛》)

④有伤西瓜、冷水、羊乳寒湿之物,宜白术二钱、川乌五分、防风一钱、丁香一<u>枚</u>、甘草炙一钱。(《脉因证治·宿食留饮》)

⑤急、慢惊风 辰砂一颗、蝎一<u>枚</u>,生犬血,快研,服。(《脉因证治·小儿证》)

⑥又方 取蟹五<u>枚</u>生者烂捣,以水二合内,绞取汁涂之。(《保童秘要·痈疽》)

(3) 只(zhī)

《说文·隹部》:"只,鸟一枚也。""只"的本义是一枚鸟,作量词

---

[1] 刘世儒:《魏晋南北朝量词研究》,中华书局,1965年版,第76页。
[2] 李先银:《汉语个体量词的产生及其原因探讨》,载于《保定师范专科学校学报》,2002年第1期。

时用于计量动物（多指飞禽、走兽）。元代医籍文献中有 1 例：

胡荽丹 乌鸡一<u>只</u>，令净，胡荽子入鸡，缝之，煮熟食之，渐尽。不得，再一<u>只</u>鸡妙也。（《脉因证治·噎膈》）

金元医籍中的个体量词基本上是承袭前代。量词与名词的组合结构主要是"名/代＋数＋量"，体现了一定的选择关系，量词与名词的搭配有其"内在理据和外部原由"[①]，而且是名词的语义决定了量词的选择，量词可以明确名词的语义，两者相辅相成。在医籍文献中，"数量因素、事物自身的形状、事物的不同类型"[②]都影响了量词的选择。

2. 集体量词

金元医籍中的集体量词在量词范畴的指称上表现为定量量词和不定量量词。定量量词有对、双、副、具、倍、束等，不定量量词有套、行、撮、团等。

（1）对

"对"的本义是"应答"。"应答"一定是针对相应的问题，所以"对"含有［＋相配］的语义特征。金代医籍中有 1 例：

木香 大戟 白牵牛各等分 上为细末，每用三钱，猪腰子一<u>对</u>，劈开掺药在内，烧熟，空心服之。如左则塌左，右则塌右，如水肿不能全去，于腹上涂甘遂末，在绕脐满腹，少饮甘草水，其肿便去也。（《素问病机气宜保命集·肿胀论·取穴法》）

（2）双

《说文·雔部》："双，隹二枚也。""双"的本义是两只鸟，后泛指成双成对，作量词用于称量成对的东西。金元医籍中有 2 例：

[①] 沈林：《试论量词与名词的搭配》，载于《广东外语外贸大学学报》，2002 年第 3 期。

[②] 周芍：《名词量词组合的双向选择研究及其认知解释》，暨南大学博士学位论文，2006 年，第 38~112 页。

①**木香散** 治肿。木香 大戟 白牵牛各等分 为末，三钱，以猪腰一<u>双</u>批片掺末，煨熟，空服。更涂甘遂末于脐，饮甘草水。(《丹溪手镜·肿胀》)

②**木香散** 治肿。木香 大戟 白牵牛各一两右为末三钱，猪肾子一<u>双</u>，批作片子，掺末在内，煨熟，空心服。更涂甘遂末于肚上，少饮甘草水。(《脉因证治·肿胀》)

(3) 副

《说文·刀部》："副，判也。""副"的本义是"分判"。刘世儒认为当"副"用来计量相同的事物时，也是定量量词。金代医籍中有1例：

猪蹄膏 洗面上黟药。右用猪蹄一<u>副</u>，刮去黑皮，切作细片，用慢火熬如膏粘。(《儒门事亲·头面风疾》)

以上诸例中的集合量词"对""双""副"与数量名词组合成"名＋数＋量"结构时，事物名词的范畴属性一致，内部同质，可以互换，如"猪肾子一对""猪腰子一双""猪腰子一副"。一般来说，量词"对"与"副"指称具体事物在内部同质与内部异质方面对立①，这也是二者彼此区分的属性，但在医籍文献中，"对"与"副"与事物名词形成一对多的语义选择关系，指称NP范畴属动物脏器部位时可以互换，不存在同质与异质的区别。

(4) 套

"套"作量词用于计量搭配成组的事物。元代医籍中有1例：

往来寒热者，日至四五<u>套</u>或十<u>套</u>也，皆正邪分争也。(《丹溪手镜·寒热往来》)

---

① 宗守云：《集合量词的认知研究》，上海师范大学博士学位论文，2008年，第139页。

（5）行（háng）

"行"作为量词由"行列"义而来，凡物体排成行的，都可以用"行"来计量，是专表行列义的集体量词。金元医籍中的"行"可以指称成排的文字，也可以用作指称成数成排的"小便""排泄物"等，有166例，如：

①**花蕊石散** 治一切金疮，猫狗咬伤，妇人败血恶血，奔心血运，胎死，胎衣不下者。以童便调下一钱。取下恶物，神效。硫黄_{明净者,四两}花蕊石_{一斤}上二味拌匀，用纸筋和胶泥固济，瓦罐子一个，入药内，密泥封口焙干，安在四方砖上，砖上书八卦，五行字，用炭一秤围烧，自巳午时从下生火，直至经宿火尽，又经宿罐冷，取研极细，磁盒内盛用。(《活发机要·疮疡证》)

②疑其有热，服疏风丸，大便行，其病不减。恐其药少，再服七八十丸，大便复见两行，元证不瘥，增以吐逆，食不能停，痰唾稠粘，涌出水止，眼黑头旋，恶心烦闷，气短促上喘，无力以言，心神颠倒，目不敢开，如在风云中，头苦痛如裂，身重如山，四肢厥冷，不得安卧。(《兰室秘藏·头痛门》)

③又以调胃承气汤去芒硝加黄连，以治其本，服之下三两行，其痛良愈，遂不复作。(《东垣先生试效方·牙齿门·牙齿论》)

④**升麻补胃汤** 治因内伤，服牵牛、大黄，食药致泻痢五七行，腹中大痛。升麻_{半钱}柴胡_{半钱}当归身_{一分}半夏_{三分}干姜_{二分}甘草_{七分}黄芪_{半钱}草豆蔻_{半钱}红花_{少许}上件都作一服，水二盏，煎至一盏，去滓，早饭后，稍热服。(《东垣先生试效方·泻痢肠澼门·泻痢肠澼论》)

（6）撮

《说文·手部》："撮，四圭也。一曰二指撮也。""撮"作量词指食指与拇指间能撮起的量，中医里用来表示手指所撮起的药物的量。金元医籍中有7例，如：

①今代刘河间先生自制辛凉之剂，以通圣散、益元散相合，各五七钱，水一中碗，入生姜十余片，葱须头二十余根，豆豉一撮，

同煎至五七沸，去滓，分作二服，先以多半服之，顷以钗股于喉中探引，尽吐前药。(《儒门事亲·立诸时气解利禁忌式》)

②赤痢发热者，以败毒散加陈仓米一撮煎。(《丹溪心法·痢》)

③女劳疸，因房事后为水湿所搏，故额黑身黄，小腹满急，小便不利。以大麦一撮，同滑石、石膏末各一钱煎服。(《丹溪心法·疸》)

(7) 束

《说文·束部》："束，缚也。""束"作为量词由"束缚"义转来，用于计量捆在一起的东西。"束"的量词用法在秦汉时期就产生了，用来计数"可捆绑的长条状事物"[1]，金元医籍沿用，指称"蒲草"，有1例：

一日，舟师偶见败蒲一束，沿流而下，渐迫舟次，似闻啼声而微。(《儒门事亲·疟非脾寒及鬼神辩》)

(8) 倍

《说文·人部》："倍，反也。""倍"作量词，跟原数相等的数，某数的几倍就是用几乘某数。金元医籍中有10例。如：

①或通毒散加麻黄与苍术等分，去节，《济众》云青龙散。或青龙散更加滑石末与苍术二倍，是为发汗之妙药，名曰大逼毒散。(《伤寒直格论方·诸证药石分剂·益元散》)

②中风无汗，身热不恶寒，白虎续命主之，石膏、知母一料中各加二两，甘草依本方加一倍。(《素问病机气宜保命集·中风论·小续命汤》)

(9) 具

《说文·廾部》："具，共置也。""具"作量词一般用于计量棺材、

---

[1] 刘培培、李新良：《量词"束"的发展及其对名词性成分的选择》，载于《湖州师范学院学报》，2019年第11期。

尸体和某些器物。金元时期"具"的语义范畴进一步扩大，可以计量食物与动物脏器，相当于集合量词"对"。金元医籍中有5例，如：

①**调鼎方** 治传尸劳，有神效。混沌皮_一具，醋煮一宿，焙干_ 鳖甲炙 黄连 桔梗 芍药 大黄 甘草 豉心 苦参 贝母 秋石_另研_ 知母 草龙胆 黄柏_蜜炙_ 芒硝_飞_ 蓬术_一个_ 犀角 右炼蜜为丸，温酒下二十九。肠热食前，膈热食后，一月平安。(《脉因证治·劳》)

②**羊肝丸** 白乳羊肝_一具，竹刀刮去膜_ 连_一两_ 甘菊 防风 薄荷_去梗_ 荆芥 羌活 归 芎_各三钱_ 右为末，羊肝捣丸，浆水下。(《脉因证治·目》)

③**润肺膏** 羊肺_一具_ 杏仁_一两，净研_ 柿霜 真酥 蛤粉_各一两_ 白蜜_二两_ 右先将羊肺洗净，次将五味入水搅粘，灌入肺中，白水煮熟。(《丹溪心法·劳瘵》)

(10) 团
《说文·口部》："团，圆也。""团"作量词用于称量成团的东西或抽象的事物，可重叠成"团团"。元代医籍中有1例：

忽然泻下成痂淀，却又浓漾一<u>团</u>团。(《本草衍义补遗·青黛》)

(11) 茶脚
"茶脚"指茶盏，是借用名词来计量水量，形容水量较少。金元医籍有1例：

芦荟 天竺黄 牛黄 麝香 胡黄连_各一钱_ 熊胆 龙脑_各半钱_ 蟾酥_半字_ 右件细罗为末，数内胡黄连别捣罗，用水两茶脚许，煎成膏后，方入诸药末，研匀，丸如黄米大，每服五丸至七丸，葱白煎汤下。(《保童秘要·诸疳》)

(二) 借用名量词
1. 借用名词
金元医籍中借用名词作量词的有三十一个，其中"碗""匙""口"

"字"是高频词。量词以单音节词为主,亦有少量多音节量词,如"钱匕""字匕""方寸匕""刀子""匣子""铤子""茶脚"。借作量词的名词主要是器皿用具类、文字书札类、人体或动物部位类、地点方位类、植物部位类、饮食类及自然现象类,其中借用最多的是器皿用具类名词。

1) 借用器具(器皿和用具)类名词

这类名词主要是碗、杯、盆、桶、炉、缶、锅、盂、钟、盅、匙、钱匕/匕/字匕/方寸匕、酒盅、刀子、铤子、秤、匣子等。例如:

(1) 碗(盌)

《说文·皿部》:"盌,小盂也。从皿,夗声。""碗"的本义为盛饮食的器具,借用作量词,一般用来计量碗中的事物。金元医籍中有107例,如:

①入足厥阴、太阴、少阴,能治肺痿之脓血而作吐剂,能消五发之疮疽。每用水三<u>碗</u>,慢火熬至半<u>碗</u>。去粗服之,消疮与黄芪同功。(《用药心法·甘草》)

②不效时,春脉伏,渐以淡盐汤斋汁每早一<u>碗</u>,吐五日,仍以白术、陈皮、茯苓、甘草、厚朴、菖蒲,日二帖。(《丹溪心法·中风》)

③吐法:先以布搭脾勒腰,于不通风处行此方。萝卜子半升擂和,以浆水一<u>碗</u>,滤去粗,入少油与蜜,旋至半温。服后,以鹅翎探吐,须以桐油浸,却以皂角水洗去肥,晒干用之。(《金匮钩玄·痰》)

④大黄_{锦纹者} 芒硝_{朴硝有头者亦得} 厚朴 枳实_{各半两} 上剉,如麻豆大,分一半,用水一<u>碗</u>半、生姜三片,煎至六分,纳硝煎一二沸,绞去滓,热服。(《伤寒心要》)

(2) 杯(桮)

《集韵·灰韵》:"桮,盖今饮器。或作杯。""杯"的本义是一种酒器,借用为称量液体的容器。刘世儒认为:"'桮'常量'酒',但不就是酒器。"金元医籍中有7例,如:

①彼庸工治此二证，草草补泻，如一<u>杯</u>水，救一车薪之火也。（《儒门事亲·五虚五实攻补悬绝法》）

②（人尿）又产后即温饮一<u>杯</u>，厌下敢血恶物不致他病也。（《本草衍义补遗·人尿》）

③酒官杨仲臣，病心气痛。此人常好饮酒，初饮三二<u>杯</u>必奔走，跛懒两足，三五十次，其酒稍散，方能复席。（《儒门事亲·心痛》）

（3）盆

《说文·皿部》："盆，盎也。""盆"的本义是盛东西或洗东西用的器具，口大，底小，多为圆形。借用为量词，用于计量盆所盛的事物。金代医籍中有14例：

①昔有消渴者，日饮数升。先生以生姜自然汁一<u>盆</u>，置于密室中，具罂勺于其间，使其人入室，从而锁其门。病人渴甚，不得已而饮汁尽，渴减。（《儒门事亲·三消之说当从火断》）

②《由经》曰："蜂虿之毒，皆属于火。"可用新水一<u>盆</u>浸之，如浸不得处，速以手帛蘸水搭之，则痛止也。用法之人，大忌五厌肉。（《儒门事亲·禁蝎》）

③及煎成，使稍热咽之，从少至多，累至三日，天且晚，脏腑下泄四五行，约半<u>盆</u>。（《儒门事亲·腰胯痛》）

（4）桶

《说文·木部》："桶，木方受六升。""桶"的本义是盛东西的器具，借用作量词。金元医籍中有5例，如：

①地浆者，可于净地掘一井子，用新汲水一<u>桶</u>，并于井子搅令浑，候澄清，连饮三五盏立愈。大忌白术汤、姜、桂、乌、附种种燥热之剂，若服之则必死矣。（《儒门事亲·霍乱吐泻》）

②戴人曰："凡治火，莫如冰水，天地之至阴也。"约饮水一二<u>桶</u>，犹觉微痛。戴人乃刺其阳陵穴以伸其滞，足少阳胆经之穴也。

自是方宁。(《儒门事亲·腰胯痛》)

③经水断绝，诸法无措。戴人令一月内，涌四次、下六次，所去痰约一二桶。(《儒门事亲·积块》)

(5) 炉

"炉"是形声字，从火，卢声。本义是贮火的器具，借用为量词，用来计量火。金元医籍中有1例：

又尝治息贲，用瓜蒂散，不计四时，置之煤室中，更以火一炉，以助其汗，吐汗二法齐行。此病不可逗留，久则伤人。(《儒门事亲·五积六聚治同郁断》)

(6) 缶

《说文·缶部》："缶，瓦器。所以盛酒浆。""缶"的本义是一种大肚子小口的器皿，借用为量词，用来计量缶所盛的事物。金元医籍中有7例，如：

①戴人大怒曰："驴鬼也！"复令调胃承气汤二两，加牵牛头末一两，同煎服之。大过数十行，约一二缶，方舍其杖策。但发渴，戴人恣其饮水、西瓜、梨、柿等。(《儒门事亲·腰胯痛》)

②戴人先以三圣散，吐青苍惊涎约半大缶；次以利膈丸百余粒，下臭恶燥粪又一大缶；复煎通圣散数钱热服之，更以酸辣葱醋汤发其汗。斯须汗吐交出，其人活矣，此法可以救冤。(《儒门事亲·杖疮》)

③仲明曰："向闻人言，泻五六缶，人岂脂任？"及闻张承应，渠云诚然。乃知养生与攻疴本自不同，今人以补剂疗病，宜乎不效。(《儒门事亲·腹胀水气》)

(7) 锅

《广韵》："锅，温器。""锅"本是一种炊事用具，借用为量词，以一锅为一单位。金元医籍中有1例：

从朝至暮,仍用柳棒阁瓶,防倾侧。用文武火另添一锅,豆水滚下,旋于另锅中取水添之,熬成,用重绵滤净却入瓶中,用井水浸三两日,埋在雪中更妙。频点为上。(《儒门事亲·目疾证》)

(8) 盂

《说文·皿部》:"盂,饮器也。""盂"的本义是盛液体的敞口器具,借用为量词,用于计量液体。容器量词"盂"与形容词"大"连用,如"饮一大盂",其中的"盂"具有功能游移特征。首先预设"饮"是一次性行为,动作"饮"与"盂"发生关系,形容词"大"修饰"盂","饮一大盂"是"喝一大盂"的量;再次预设"一大盂"是多次连续的行为,通过多次反复喝,才够"一大盂"的量,这样容器量词"盂"就具有功能游移特征,体现在它"既可以作为事物的初始性单位,又可以作为事物的累加性单位"[①]。容器量词"盂"借用作名量词,具有双重特性,这是句法环境所赋予的功能。金代医籍中有4例,如:

①自是五六日必以泻,凡四五次,其血方止,但时咳一二声,潮热未退。以凉膈散加桔梗、当归各秤二两,水一大盂,加老竹叶,入蜜少许,同煎去滓,时时呷之。间与人参白虎汤,不一月复故。(《儒门事亲·吐血》)

②戴人以茶调散吐之,涌涎一盂。临晚又以舟车丸七八十粒,通经散三钱,下四五行。待六七日,又以舟车丸、浚川散下四五行。盐与焦物见而恶之,面色变红。后再以茶调散涌之,出痰二升,方能愈矣。(《儒门事亲·黄疸》)

③一男子脏毒下血,当六月间,热不可堪,自甘于死。忽思冰蜜水,猛舍性命,饮一大盂,痛止血住。(《儒门事亲·误中寒凉·下血》)

[①] 孙竞:《容器量词的功能游移与事件分析》,载于《世界汉语教学》,2021年第2期。

(9) 斛

《说文·斗部》："斛，十斗也。""斛"是量器，容量本为十斗，后改为五斗。金元医籍中有4例：

①又如许胤宗治许太后感风不能言，作防风汤数<u>斛</u>，置于床下，气如烟雾。如其言，遂愈能言。(《儒门事亲·凡在表者皆可汗式》)

②戴人令先服人参柴胡饮子，连进数服，下烂鱼肠之类，臭气异常。渴欲饮水，听其所欲。冰雪凉水连进数杯，节次又下三四十行，大热方去。又与牛黄通膈丸，复下十余行，儿方大痊。前后约五十余行，略无所困，冰雪水饮至一<u>斛</u>。(《儒门事亲·因药燥热》)

③南乡张子明之母极肥，偶得水肿，四肢不举。戴人令上涌汗而下泄之，去水三四<u>斛</u>。(《儒门事亲·水肿》)

④**复煎散** 地骨皮，四君子汤，桂、川、归、芍药、黄芩、防风二两、黄芪、防己一两。热加黄瘴。右以苍术一<u>斛</u>，水五升，煎至半，去滓入药煎服。便秘加大黄。(《丹溪手镜·疮疡》)

(10) 匙

《说文·匕部》："匙，匕也。从匕，是声。""匙"的本义为匙子，也就是小勺，借用作量词，用来计量匙所称量的事物。金元医籍中有27例，如：

①羌活一钱 柴胡一钱 升麻四分 防风五分 当归身六分 生甘草半钱 炙甘草一钱 石膏一钱半 酒知母一钱 汉防己半钱 草龙胆酒制,一钱半 黄檗一钱半 红花少许 桃仁五个 杏仁十个 生地黄酒制,半钱 黄芪一钱 黄芩酒制,一钱 上件㕮咀，麻豆大，都作一服，水二盏，酒一<u>匙</u>，煎至一盏，去粗，稍热服，食后。(《东垣先生试效方·消渴门·消渴论》)

②多食湿面，加附子、竹沥、姜汁、酒一<u>匙</u>行经。(《丹溪心法·入方》)

③治结核前后耳有之，或耳下、颔下有之，皆瘰疬也。桑椹二斗，极熟黑色者，以布裂取自然汁，不犯铜铁，以文武火慢熬，作

200

薄膏子，每日白沸汤点一匙，食后，日三服。(《活发机要·瘰疬证》)

(11) 秤

《说文·禾部》："称，铨也。""秤"的本义是测定物体重量的器具，专指杆秤。借用为量词，用来计量秤所称量的事物，一秤为十五斤。金代医籍文献有1例。如：

硫黄明净者，四两，花蕊石一斤，上二味拌匀，用纸筋和胶泥固济，瓦罐子一个，入药内，密泥封口焙干，安在四方砖上，砖上书八卦，五行字，用炭一秤围烧，自巳午时从下生火，直至经宿火尽，又经宿罐冷，取研极细，磁盒内盛用。(《活发机要·疮疡证》)

(12) 钟

《说文·金部》："钟，酒器也。""钟"在医籍文献中同"盅"。"盅"的本义是饮酒或喝茶用的没有把的杯子，借用为量词。金元医籍中有11例，如：

①**麻黄汤**（一）麻黄六钱 桂枝四钱 甘草二钱 杏仁七枚 上作两贴，水二钟，煎八分，取汁。(《伤寒标本心法类萃·方》)
②**枳梗汤** 治胸满不利。桔梗 枳壳 水二钟，煎八分服。(《丹溪手镜·手足汗》)
③**追风托里散**（六十七）甘草 黄芪 当归 芍药 白芷 防风 川芎 官桂 瓜蒌仁 金银花 桔梗 每服水酒共二钟，煎至一钟，空心服。(《伤寒标本心法类萃·追风托里散》)

(13) 匣子

"匣子"指装东西的较小的方形器具，有盖儿。借用为量词，满一匣子为一单位。金元医籍中有1例：

如有大人阳毒伤寒，加轻粉二匣子、龙脑少许，水化下一丸，

杏核大。小儿看年纪大小加减服，立效。(《黄帝素问宣明论方·药证方·龙脑地黄膏》)

(14) 盅（鍾/钟）

《说文·金部》曰："鍾，酒器也。""盅"的本义是饮酒或喝茶用的没有把儿的杯子。借用为量词，满一盅为一单位。金元医籍中有15例，如：

①**双解散** 通圣散与益元散相合中停，水一盅，生姜、豆豉、葱白同煎。(《儒门事·汗剂》)

②**星香汤** 南星八钱 木香一钱 分二服，水一盅，姜十片，煎服。(《丹溪心法·中风·星香汤》)

③又治疟，寒热头痛如破，渴饮冰水，外出汗多。人参 白术 黄芪 黄芩 黄连 山栀 川芎 苍术 半夏 天花粉 右哎咀，水二盅、姜三片，煎服。(《丹溪心法·疟》)

(15) 钱匕/匕/字匕

古代量取药末的器具。"匕"单独作容量词，在医籍文献中较常见，也常与"钱""字"连用。"一钱匕"为1.5～1.8克。"二字匕"1克左右。金元医籍中有36例，如：

①瓜蒂三钱 赤小豆三钱 上为末，每服一钱匕，温水半小盏调下，以吐为度。(《东垣先生试效方·饮食劳倦门·劳倦所伤论》)

②**黄柏蜜炙** 右捣为末，煎麦门冬汤，调二钱匕。立瘥。(《丹溪心法·呕血》)

③**瓜蒂散** 瓜蒂 赤小豆各等分 右二味为极细末，每服二钱匕，温浆水调下，取吐为度。(《兰室秘藏·胃脘痛门》)

④牛黄 天竹黄 胡黄连各一分 龙胆一两 右件药为末，熟水下一匕至三匕。(《保童秘要·惊痫》)

⑤**大枣汤**（三十一）芫花 大戟 甘遂等分 上为末，水一盏，枣十枚劈开，煮汁半盏，调药末半钱匕，实者一钱匕。(《伤寒标本心法

类萃·大枣汤》)

⑥**大陷胸丸** 大黄_{半两} 葶苈_{三钱,微炒} 芒硝_{一分} 杏仁_{十二枚,去皮尖,草灰炒变色} 上大黄为末，下葶苈杵罗，研杏仁、硝如泥，丸如弹子大，每服一丸，入甘遂末三字匕、蜜水半匙、水一盏，煎半盏，温服，一宿乃下，未利再与。(《伤寒心要》)

（16）酒盏

"酒盏"指用于饮酒的器皿，借用为量词，用于计量酒盏所盛的液体。金元医籍中有1例：

热甚者，加童便三酒盏。(《丹溪心法·瘟疫》)

（17）方寸匕

"方寸匕"是古量具名，多用来量药，借用为量词。金元医籍中有2例：

①又方 治肠痔，每大便常有血。右以蒲黄末方寸匕，米饮调下，日三顿。瘥。(《丹溪心法·痔疮》)

②**茵陈五苓散** 右用五苓散五分，茵陈蒿末十分，和匀。先食饮服方寸匕。日三服。(《丹溪心法·疸》)

（18）刀子

"刀"是切割用的工具名词，借用为量词，计量用刀子切割的次数。金元医籍中有1例：

因风而得者其色白，因热而得者其色赤，皆肿而壮热。但不于心上而发者，并可取一刀子锋头，于所患处散镰之，令恶血出。(《保童秘要·丹毒》)

（19）铤子

"铤子"是古量具名，借用作量词。金元医籍中有1例：

秋冬修合用清油作一两五钱,同煎煮熟作汁和匮药末成剂,分一小<u>铤</u>子,以油单纸裹之,旋丸服耳。(《脾胃论·论饮酒过伤》)

2) 借用文字书札类名词
借用文字书札类名词的量词较少,有两个,即"牒"与"字"。
(1) 牒
《说文·片部》:"牒,札也。从片,枽声。""牒"作为量词由"折叠"义转来。金元医籍中有1例:

鼻衄不止,或素有热而暴作,诸药无验,以白纸一张,作八<u>牒</u>或十<u>牒</u>,于极冷水内,湿纸置顶中,热熨斗熨至一重或二重纸干,立止。(《东垣先生试效方·衄吐呕唾血门·治鼻衄不止法》)

(2) 字
《说文·子部》:"字,乳也。""字"的本义是"文字",借用为量词,中医古药方中的称量单位名,"一字"为一钱的四分之一。金元医籍中有42例,如:

①**天南星**_{大者三个,杵末,以水于铫子内煎出花味,以匙挑于纸上,摊干用} **天麻 鬼箭**_{洗去尘土,不用茎} **黑附子**_{轻炮,去皮脐} **麻黄**_{去节} **麝香 牛黄**_{并研} **干蝎梢**_{以上各一分} 右为末,更一处细研如粉,临发时,用槐皮煎酒,并取母两边乳汁,同调下一<u>字</u>,汗出神验。(《保童秘要·惊痫》)

②**稀涎散** 猪牙皂角四条去黑皮 白矾一两 右为末。每服三<u>字</u>,温水灌下,但吐出涎便醒。虚人不可大吐。(《丹溪心法·中风·稀涎散》)

③**大陷胸丸**(十七)大黄_{半两} 芒硝_{二钱半} 葶苈_{三钱,炒,另研} 杏仁_{十二枚,炒} 上大黄末,下葶苈杵罗,研杏仁、芒硝如泥,丸如弹子大,每服一丸,入甘遂末三<u>字</u>、白蜜半匙,水一钟,煎至半钟,温服。当一宿,未利再服。(《伤寒标本心法类萃·大陷胸汤》)

3）借用人体或动物部位类名词

这类名词主要是"口"与"甲"。"口"作为借用名量词，使用频率较高。

（1）口

《说文·口部》："口，人所以言食也。象形。凡口之属皆从口。""口"的本义是人或动物的饮食器官，有的也是发声器官的一部分，通称嘴。麻爱民考证"口"萌芽于汉代，活跃于中古，在近代汉语中量词的语义逐渐萎缩。[①] "口"由名词借用作量词，一般用于口腔所称量的液体事物，是语义转指现象。金元医籍中有28例，如：

①大便秘涩，加当归一钱，大黄酒洗煨，五分或一钱。如有不大便者，煎成正药，先用清者一<u>口</u>，调玄明粉五分或一钱，如大便行则止，此病不宜大下之，必变凶证也。(《内外伤辨惑论·四时用药加减法》)

②瓜蒂散 瓜蒂_{二钱} 母丁香_{一钱} 黍米_{四十九粒} 赤小豆_{半钱} 右为末，每夜于鼻内嗡之，取下黄水。凡用，先令病人含水一<u>口</u>。(《丹溪心法·疸》)

③连翘散坚散 柴胡_{一两二钱} 连翘_{半两} 当归尾_{半两,酒制} 芍药_{三钱} 土瓜根_{一两,酒炒} 炙甘草_{三钱} 草龙胆_{酒制四次,一两} 生黄芩_{半两} 苍术_{二钱} 黄芩酒_{炒二次,七两} 黄连_{二钱,酒炒二次} 广茂_{半两} 京三棱_{细剉,半两,同广茂酒制一次,微炒干} 上件秤一半为细末，炼蜜为丸，如绿豆大，每服一百丸或一百五十丸，另一半㕮咀，每服半两，水一盏八分，浸多半日，煎至一盏，去柤，卧时热服，头下脚高，去枕而卧，每口作十次咽，留一<u>口</u>送十丸子药，服毕，卧如常，亦缓治之。(《东垣先生试效方·疮疡门·疮疡治验》)

（2）甲

《说文·甲部》："甲，东方之孟阳气萌动。""甲"作名词，意为"爬行动物和节肢动物身上的硬壳"，借用为量词，可用于计量有坚硬外

[①] 麻爱民：《从认知角度看汉语个体量词"口"的产生与发展》，载于《湖北社会科学》，2011年第5期。

壳的动物。金元医籍中有1例：

又坐药 黑鲤鱼鳞二三**甲**，以薄编窑裹如枣核样。纳之，痛即止。(《儒门事亲·肠风下血》)

4) 借用地点方位类名词

医籍中常用的借用地点方位类的名词主要是"处""边""池"等。

(1) 处

"处"作为量词由"处所"义转来，意为"地方"。金元医籍中有3例：

① 川芎_{细末}蔓荆子_{各三分}华细辛_{二分}预一日，用新水半大盏，分作二**处**浸此三味，并黄蘗等煎正药，作一大盏，不去粗，入此浸者药，再上火煎至一大盏，去粗，稍热服，空心。(《内外伤辨惑论·肾之脾胃虚方》)

② 枳壳_{五分}黄蘗_{酒浸}黄连_{酒洗,二分}生地黄_{汤洗,二分}以上四味，预一日另用新水浸，又以川芎细末 蔓荆子_{各三分}华细辛_{二分}预一日，用新水半大盏，分作二**处**浸此三味，并黄蘗等煎正药，作一大盏，不去粗，入此浸者药，再上火煎至一大盏，去粗，稍热服，空心。(《内外伤辨惑论·肾之脾胃虚方》)

③ **衄血方** 治出于肺经。如不止，用寒水纸于胸、脑、大椎三**处**贴之。(《脉因证治·吐衄下血》)

(2) 边

《说文·辵部》："边，行垂崖也。"金元医籍中有1例：

天南星_{大者三个,杵末,以水于铫子内煎出花味,以匙挑于纸上,摊干}用天麻鬼箭_{洗去尘土,不用茎}黑附子_{轻炮,去皮脐}麻黄_{去节}麝香 牛黄并研 干蝎_{梢以上各一分}右为末，更一处细研如粉，临发时，用槐皮煎酒，并取母两**边**乳汁，同调下一字，汗出神验。(《保童秘要·诸痫》)

(3) 池

"池"有池塘的意思，借用为量词，用来计量所容纳的事物。金代医籍中有 1 例：

　　咒曰："吾从东南来，路逢一<u>池</u>水，水里一条龙，九头十八尾，问伊食甚的，只吃疟病鬼。"右念一遍，吹在果子上，念七遍，吹七遍在上。令病人于五更鸡犬不闻时，面东而立，食讫，干净室中安睡。忌食瓜果荤肉热物。此十治八九，无药处可救人。（《儒门事亲·疟疾不愈》）

5）借用植物部位类名词

此类名词主要有"叶"。

《说文·艸部》："叶，草木之叶也。""叶"借用为量词，用于计量片状的东西，如动物脏器，相当于"片"或"个"。也可以计量食用调味植物，如"青葱"，相当于量词"根"。当计量药性植物时，如"苏（紫苏）"，是用部分代整体，指称植物的叶子，相当于量词"片"。金元医籍有 5 例，如：

　　①白药子_{一两}甘草_{半两}上为末，猪肝一<u>叶</u>，劈开掺药五钱，水一大盏，煮熟，食后服。（《黄帝素问宣明论方·白药子散》）
　　②干木瓜_{一两}吴茱萸_{半两}茴香 炙甘草_{各二钱}右咀。每服四钱，姜五片，苏十<u>叶</u>，煎。（《元丹溪心法·霍乱》）
　　③**束胎散即达生散** 人参_{半钱}陈皮_{半钱}白术 白芍 归身尾_{各一钱}甘草_{二钱,炙}大腹皮_{三钱}紫苏_{半钱}或加枳壳、砂仁作一贴，入青葱五<u>叶</u>，黄杨木叶梢十个，煎。待于八九个月，服十数贴，甚得力。或夏加黄芩，冬不必加，春加川芎。或有别证，以意消息。（《金匮钩玄·束胎》）

6）借用饮食类名词

此类名词主要有"饼"。

《说文·食部》："饼，面餈也。"金元医籍中有 1 例，共 4 处：

雄黄圣饼子 治一切酒食所伤。心腹满不快。雄黄_五钱_ 巴豆_一百个, 去油心膜_ 白面_十两,重罗过_ 右件三味内除白面八九两，余药同为细末，共面和匀，用新水和作饼子如手大，以浆水煮，煮至浮于水上，漉出，控，旋看硬软搋作剂，丸如梧桐子大，捻作饼子，每服五七饼子，加至十饼，十五饼，嚼破一饼利一行，二饼利二行，茶酒任下，食前。（《脾胃论·论饮酒过伤》）

7）借用自然现象类名词

此类名词主要有晕（yùn）。

《说文·日部》（徐铉新增）："晕，日月气也。""晕"借用作量词，表示受伤部位呈现的圆圈状。金元医籍中有2例：

①忽自言块消一<u>晕</u>，便令莫服。又半月经行痛甚，下黑血半升，内有如椒核数十粒，乃块消一半。（《格致余论·病邪虽实胃气伤者勿使攻击论》）

②次月经行下少黑血块，又消一<u>晕</u>，又来问药。余曰："但守禁忌，至次月必消尽。"已而果然。（《格致余论·病邪虽实胃气伤者勿使攻击论》）

2. 借用动词

金元医籍中动词借用作量词的有七个，即"沸""握""捻""裹""掬""梃""抄"，其中"沸"的使用频率最高。借用动词为量词的主要从手部动作借用，其次是事物自身的状态。

1）借用手部动作

（1）握

《说文·手部》曰："握，搤持也。从手，屋声。""握"本是动词，引申为量词，表示五指拳曲聚拢所能够包含的数量。金元医籍中有4例：

①**温肺汤** 治鼻不闻香臭。眼有眵泪。升麻_二钱_ 葛根_一钱_ 黄芪_二钱_ 炙甘草_一钱_ 麻黄_四钱_ 丁香_二分_ 羌活 防风_各一钱_ 上件为粗末，分作二服，水二

盏，葱白二握，同煎一盏，去滓，稍热，食后服。(《东垣先生试效方·眼门·鼻不闻香臭论》)

②**生地黄膏** 露蜂房炙 五倍子 木香三钱 乳香一钱 轻粉一字 右为末，用生地黄一握，捣细和为膏，摊生绢上贴。(《丹溪心法·漏疮》)

③**乌鱼骨**一两,五月五日前先准备下 莴苣菜一握 韭菜一握 青蓟草一握,约一虎口,人手取用圆是也 石灰四两 以上五月五日，日未出，本人不语，将取三味，同杵烂，次后下余药味，杵得所，搏作饼子，晒干，用时旋刮敷之。(《黄帝素问宣明论方·药证方·信效散》)

④**失笑散** 又方 以新嫩槐枝一握，切去两头，水二盏，煎至一盏，去滓，分作二服，热服之。(《儒门事亲·心气疼痛》)

(2) 捻

"捻"的本义是"捏"，后引申为用手指搓，借用作量词，用于计量手指捻起的事物。金元医籍中有2例：

①**加减平胃散** 甘草剉炒,二两 厚朴去粗皮,姜制炒香 陈皮去白,各三两二钱 苍术去粗皮,米泔浸,五两 右为细末，每服二钱，水一盏，入生姜三片，干枣二枚，同煎至七分，去柤温服，或去姜、枣，带热服，空心食前，入盐一捻，沸汤点服亦得，常服调气暖胃，化宿食，消痰饮。辟风寒冷湿四时非节之气。(《脾胃论·脾胃损在调饮食适寒温》)

②**羌活附子汤** 木香 附子炮 羌活 茴香炒,各半两 干姜一两 右为末，每服二钱，水一盏半，盐一捻，煎二十沸，和柤热服，一服止。三因加丁香。(《丹溪心法·咳逆》)

(3) 掬（匊）

《说文·勹部》："匊，在手曰匊。""掬"的本义是两手捧水、泥等流性物质的动作，引申为量词，两手捧起的容量为一单位。金元医籍中有3例：

①良久，风涎涌出一两掬，三五日一涌，涌三五次。渐以通圣散稍热服之，汗渫渫然，病日已矣。(《儒门事亲·凡在表者皆可汗式》)

②须臾，以钗股探引咽中，吐出宿酒，酒之香味尚然，约一两<u>掬</u>，头上汗出如洗。次服少半，立愈。(《儒门事亲·凡在表者皆可汗式》)

③又小渠袁三，因强盗入家，伤其两胁外廉，作疮数年不已，脓血常涓涓然，但饮冷则疮间冷水浸淫而出，延为湿疮，来求治于戴人。曰："尔中焦当有绿水二三升、涎数<u>掬</u>。"袁曰："何也？"戴人曰："当被盗时，感惊气入腹。惊则胆伤，足少阳经也，兼两外廉皆少阳之部，此胆之甲木受邪，甲木色青，当有绿水。"(《儒门事亲·杖疮入水》)

(4) 抄

"抄"有"抓取、拿"义，借用为量词，用来计量用手抓取或拿的事物。元代医籍中有2例：

①莲心散 川芎一两 川归 黄芪 前胡 柴胡 鳖甲醋炒 甘草 独活 羌活 防风 麻黄去节 防己 赤芍 桂 杏仁去皮尖 莲肉去心 阿胶 南星 陈皮 芫花醋炒黑干 枳壳麸炒 半夏 茯苓 黄芩 右除芫花，每服二钱半，水小二盏半，姜三片，枣一个，芫花一<u>抄</u>，煎至八分服。须吐有异物，渐减芫花。盖反甘草，杀虫少之。(《丹溪手镜·痨瘵痛》)

②莲心散 当归 黄芪 甘草炙 鳖甲醋炙 前胡 柴胡 独活 羌活 防风 防己 茯苓 半夏 芩 陈皮 官桂 阿胶 赤芍 麻黄去节 杏仁 莲心 天南星 川芎 芫花醋炒黑 枳壳除芫花，每服二钱半，水二盏半，姜三片，枣一枚，入芫花一<u>抄</u>，煎至八分服。须吐有异物，渐减芫花及甘草，杀虫少之。(《脉因证治·劳》)

(5) 裹

《说文·衣部》："裹，缠也。""裹"的本义为"用纸、布或其他片状物缠绕"，借用为量词，可把缠绕好的东西看作一裹。金元医籍中有1例：

又方 蜀椒半合 盐一合 右以水拌温，炒令热，分作两<u>裹</u>，时熨脐

中，日三两度。(《保童秘要·脐病》)

2) 借用事物自身的状态
(1) 沸
《说文·水部》:"沸,泽沸,滥泉。从水,弗声。""沸"的本义为"沸腾",借用作量词,用于计量汤药沸腾的次数。金元医籍中有 64 例,如:

①再上火煎一二<u>沸</u>,去渣,稍热,早饭后、午饭前服,忌酒温面、生冷硬物。(《东垣先生试效方·杂方门·脉风成厉》)

②青蒿一斗五升,童便三斗,文武火熬。约童便减二斗,去蒿。熬至一斗,入猪胆汁七个,再熬数<u>沸</u>,甘草末收之。(《金匮钩玄·劳瘵》)

③**柴胡聪耳汤** 治耳中干结,耳鸣耳聋。连翘_{四钱} 柴胡_{三钱} 炙甘草 当归身 人参_{各一钱} 水蛭_{五分,炒,另研} 麝香_{少许,另研} 虻虫_{三个,去翅足,炒,另研} 右除三味别研外,生姜三片,水二大盏,煎至一盏,去粗,再下三味,上火煎一二<u>沸</u>,稍热服,食远。(《兰室秘藏·眼耳鼻门》)

(2) 挺(梃)
"挺",医籍中也作"梃"。《说文》:"梃,一枚也。""挺"的本义是植物的"干",借用为量词,用来计量挺直物。元代医籍中有 1 例:

利腰化痰丸 南星 蛤粉_{研细,一两} 半夏 瓜蒌仁 贝母_{去心,治胸膈痰气最妙} 香附_{半两,童便浸} 右为末,用猪牙皂角十四<u>挺</u>敲碎,水一碗半,煮杏仁去皮尖一两,煮水将干,去皂角,擂杏仁如泥,入前药搜和,再入姜汁泡蒸饼,丸和绿豆大,青黛为衣。每服五十丸,姜汤下。(《丹溪心法·痰》)

二、动量词

根据量词的分布及语义特征,金元医籍中的动量词可分为专用动量词与借用动量词。前者根据量词的语义特征，分为专表动作次数的量词与专表动作时间的量词。后者根据借用动量词的词义类型，分为借自名词类的量词与借自动词类的量词。动量词的分布、词频见表3-4。

表3-4 动量词的分布、词频

动量词			
专用动量词		借用动量词	
动作次数（10个）	动作时间（3个）	借自名词（7个）	借自动词（5个）
度（63）、顿（12）、次（100）、遍（30）、壮（26）、匝（帀）（1）、下（10）、番₁（2）、转（1）、遭₁（2）	宿（20）、刻（5）、炊久（2）	拳（1）、声（5）、针（3）、刺（2）、杵（5）、载（1）、宵（1）	涌（5）、数（7）、拜（1）、折（1）、呷（1）、遭₂（2）
备注	括号内的数字表示该量词的词频。番₁：表示动作次数量词，番₂：表示种类量词。遭₁：表示动作次数量词；遭₂：借用动词作量词。		

（一）专用动量词

1. 动作次数

（1）度

《说文·又部》："度，法制也。""度"最初是名词。刘世儒认为"度"作为动量词，是由"度过"（度过一次就叫一度，或说是起源于天文中的经纬度数，如《汉书·律历志》："金水皆日行一度。"）引申而来的[①]。"度"作为动量词，与"次"语义对等。金元医籍中有63例，如：

①夫神寤则出于心而见于目，故脉昼行阳二十五度；寐则神栖于肾而息于精，故脉夜行阴亦二十五度，其动静栖息，皆与天地昼夜四时相合。（《丹溪脉诀指掌·辨男女左右脉法及脏腑所属》）

②神验法 治口疮无问久新。夜间将二丸勒紧，以左右交手探

---

① 刘世儒：《魏晋南北朝量词研究》，中华书局，1965年版，第268页。

三五十次，但遇睡觉行之，如此三五度。因湿而生者，一夜愈，久病诸般口疮，三二夜愈，如鼻流清涕者，勒之二九，揉之数夜可愈。(《兰室秘藏·口齿咽喉门》)

③外感风寒，皆有余之证，是从前客邪来也，其病必见于左手，左手主表，乃行阳二十五度。(《内外伤辨惑论·辨脉》)

(2) 顿

《说文·页部》："顿，头也。""顿"的本义是头。"顿"作为量词是从"停顿"义引申而来的，出现于南北朝时期，把吃饭一次叫作一顿。"顿"作量词用于计量饮食的次数等。金元医籍中有12例，如：

①泻讫，须忌热物，止可吃新汲水一二顿。泻止立愈。(《儒门事亲·凡在下者皆可下式》)

②夫误吞铜铁，以至羸瘦者，宜用肥猪脂与葵菜羹同飧数顿，则铜铁自然下也。神验。如不食荤腥者，宜以调胃承气汤，大作其剂下之亦可也。(《儒门事亲·误吞铜铁》)

③第一顿，一月不饥；第二顿，四十日不饥；第三顿，一千日不饥；第四顿，永不饥。(《儒门事亲·辟谷绝食》)

(3) 次

《说文·欠部》："次，不前不精也。"段玉裁认为"次"是"不前不精皆居次之意也"①。由"次"的本义引申为"位次"。而刘世儒认为"次"作为动量词由"位次"义引申而来，在南北朝时期已用来泛表一般动作次数。② 金元医籍中有100例，如：

①**广大重明汤** 龙胆草 防风 生甘草 细辛各一钱 右剉如咀，内甘草不剉，只作一锭，先以水一大碗半，煎龙胆一味，至一半再入余三味，煎至少半碗，滤去粗，用清带热洗，以重汤坐令热，日用

---

① 段玉裁：《说文解字注》，浙江古籍出版社，2007年版，第413页。
② 刘世儒：《魏晋南北朝量词研究》，中华书局，1965年版，第262页。

五七次，但洗毕合眼一时，去胬肉泛长及痒亦验。(《兰室秘藏·眼耳鼻门》)

②治风蛀牙 北枣一个去核，入巴豆一粒，合成，文武火上炙焦成灰样，放地上良久，研细，以纸捻入蛀孔十次。(《丹溪手镜·齿》)

③戊申岁正月，段库，病厉风，满面连须极痒，眉毛已脱落，须用热之稍缓，每昼夜须数次，或砭刺亦缓。(《东垣先生试效方·杂方门·脉风成厉》)

(4) 遍（徧）

《说文·彳部》："徧，帀也。""帀，周也。""徧"为"遍"的异体。"遍"作为动量词由"周遍"义引申而来，一个动作从开始到结束的整个过程为一遍。金元医籍中有30例，如：

①碧天丸 枯白矾二分 铜绿七分，研 瓦粉炒黑一两右先研白矾、铜绿令细，旋旋入粉同研匀，熟水和之，共为一百丸。每用一丸，热汤半盏，浸一二个时辰，洗至觉微涩为度，合半时辰许，临卧洗之，瞑目便睡。一丸可洗十遍，再用汤内坐令热，此药治其标，若里实者不宜用。(《兰室秘藏·眼耳鼻门》)

②麻黄白术汤 治大便不通，五日一遍，小便黄赤，浑身肿，面上及腹尤甚，其色黄麻木，身重如山，沉困无力，四肢痿软，不能举动，喘促，唾清水，吐哕，痰唾白沫如胶。(《兰室秘藏·大便结燥门》)

③甘草一分，生用 当归 黄丹各半分右为散，扑脐中，日可三遍。(《保童秘要·脐病》)

(5) 壮

《说文·士部》："壮，大也。""壮"作动量词，指艾灸一灼为一壮，多见于中医文献，出现于秦汉时期。金元医籍中有26例，如：

①先桦皮散从少至多，服五七日，灸承浆穴七壮，灸疮愈再

灸，再愈三灸，之后服二圣散，泄热祛血中之风邪。(《活发机要·疠风证》)

②甘遂和蒜捣饼，安脐孔，合实，着艾灸三十<u>壮</u>，治小便不通。或加葵子。(《丹溪手镜·小便淋闭》)

③午后以大文炷如两核许者攻之，至百<u>壮</u>，乃痛觉，次为处方。(《东垣先生试效方·疮疡门·明疮疡之本末》)

④**救卒死张口反折方** 灸手足两爪后十四<u>壮</u>，饮以五毒诸膏散。(《脉因证治·卒尸》)

(6) 匝（帀）

《说文·帀部》："帀，周也。""匝"是"帀"的俗字，意思是周、圈，环绕一周为一匝，出现于秦汉时期。金元医籍中有1例：

戴人以车轮埋之地中，约高二丈许，上安之中等车轮，其辋上凿一穴，如作盆之状，缚狂病人于其上，使之伏卧，以软裀衬之，令一大人于下，坐机一枚，以棒搅之，转千百遭，病人吐出青黄涎沫一二斗许。绕车轮数<u>匝</u>，其病人曰："我不能任，可解我下。"从其言而解之，索凉水，与之冰水，饮数升，狂方罢矣。(《儒门事亲·落马发狂》)

(7) 下

《说文解字》："丁，底部。""下"的本义是下面、下边，即位置处于低处。作为动量由"从高处到低处"词义虚化而来，用于计量动作的次数[1]，出现于两汉时期。金元医籍中有10例，如：

①**备急丸** 治心腹百病卒痛如锥刺，及胀满不快气急，并治之。锦纹川大黄_{为末} 干姜_{炮末} 巴豆_{洗去皮膜心，研如泥霜，出油，用霜} 右件三味等分，同一处研匀，炼蜜成剂。白内杵千百<u>下</u>，丸如大豌豆大，夜卧温水下一丸，如气实者加一丸。(《脾胃论·论饮酒过伤》)

---

[1] 李建平：《先秦两汉量词研究》，中国社会科学出版社，2017年版，第336页。

②**感应丸** 肉豆蔻 川芎 百草霜各二钱 木香一两 荜澄茄 三棱 油各一两 巴豆百粒去皮 蜡四两 杏仁百粒去皮 右除巴豆、杏仁外,为末,次下别研,巴、杏和匀,先将油煎蜡溶化,倾在药内和成剂,入舂内杵千余下,旋丸如绿豆大,每服三五丸,温汤送下。(《丹溪手镜·嗳气吞酸嘈杂》)

(8) 番₁

《说文·采部》:"番,兽足谓之番。""番"引申作量词,表次数。"番"所表示的次数往往指多次重复或反复出现,出现于魏晋时期。金元医籍中有2例:

①**妙功十一丸** 治痫。服时水浸一宿,化一丸,大便出,随病各有形状,取出为验。或作化一<u>番</u>,不可再服。曾经火灸者不治。远年愈效。(《儒门事亲·诸风疾证》)

②一法治翻胃吐食,用橘皮一个,浸少时,去白,裹生姜一块,面裹纸封,烧令熟,去面,外生姜为三<u>番</u>,并橘皮煎汤,下紫沉丸一百丸,一日二服,得大便通,至不吐则止。(《素问病机气宜保命集·吐论·紫沉丸》)

(9) 转 (zhuàn)

《说文·车部》:"转,运也。"绕一圈叫绕一转。金元医籍中有1例:

丹砂研 菵草各二分 雄黄研 苦参粉 蔄茹七头者,各四分 白矾三分,枯过 大黄 黄连各五分 右除别研外,余并细剉,绵裹,以成炼了猪脂,详酌多少,同药慢火三上三下,煎药紫色,即滤取,候凝,下别研者药一处,以木槌研一二千<u>转</u>即成。每用以少许,于疮瘘处涂之。(《保童秘要·痫疽》)

(10) 遭₁

《说文·辵部》:"遭,遇也。""一曰,迊行。""遭"作量词相当于

"回、次"。"遭₁"有"遇到"的动词义，借用作量词表示动作的次数。金元医籍有2例：

①又方：用李实根皮一片噙口内，更用李实根碾水敷项上，一<u>遭</u>立效。新采园中者。(《金匮钩玄·喉痹》)

②戴人以车轮埋之地中，约高二丈许，上安之中等车轮，其辋上凿一穴，如作盆之状，缚狂病人于其上，使之伏卧，以软裀衬之，令一大人于下，坐机一枚，以棒搅之，转千百<u>遭</u>，病人吐出青黄涎沫一二斗许。(《儒门事亲·落马发狂》)

2. 动作时间
(1) 宿 (xiǔ)

《说文·宀部》："宿，止也。""宿"用来计算夜。金元医籍中有20例，如：

①驴粪三枚,不用打破 淡豉一匙 右以清水四合，渍之一<u>宿</u>，平旦后，澄取上面清者，一岁儿每眼一合。(《保童秘要·诸痫》)

②**截疟常山饮** 穿山甲炮 草果 知母 槟榔 乌梅 甘草炙 常山 右咬咀，水酒一大碗，煎半碗，露一<u>宿</u>，临发日早服，得吐为顺。(《丹溪心法·疟》)

③**大陷胸丸**（十七）大黄半两 芒硝二钱半 葶苈三钱,炒,另研 杏仁十二枚,炒 上大黄末，下葶苈杵罗，研杏仁、芒硝如泥，丸如弹子大，每服一丸，入甘遂末三字、白蜜半匙，水一钟，煎至半钟，温服。当一<u>宿</u>，未利再服。(《伤寒标本心法类萃·大陷胸汤》)

(2) 刻

《说文·刀部》："刻，镂也。""刻"作量词，古代用漏壶计时，一昼夜共一百刻。金元代医籍中有2例，共5处：

①**千金硝石丸** 硝石六两 大黄半斤 甘草 人参三两 右为细末，以三年苦酒三升，置竹筒中，以竹片三<u>刻</u>，先纳大黄，搅使微沸尽一<u>刻</u>，

乃下余药。又尽一刻，微火熬膏，丸桐子大，每三十丸。可消块，不令人困。(《丹溪手镜·积聚》)

②**千金硝石丸** 硝石六两 大黄半斤 甘草 参各二两 右为末，以三年苦酒即好醋也三升，置筒中，以竹片作三片刻，先纳大黄搅，使微沸尽一刻，乃下余药。又尽一刻，微火熬膏。丸梧子大，每服三十丸。(《脉因证治·积聚》)

(3) 炊久

"炊久"是动补结构，表示做饭的时间，借用作量词，计量时间的长短，往往与数词"一"组合使用。金元医籍中有2例：

①白矾一两,烧令汁尽 干地龙炙 朱砂各一分 麝香少许 右细为末，面糊为丸，大者如麻子，小者如粟米。如瘾蜎重者七丸，轻者五丸，每日平明时先用。□者一粒，于盏中以熟水浸一炊久，用筋头研成□，将衽子点药于鼻中，候嚏喷三五遍，然后用□丸者，以熟水化破，空心服之。(《保童秘要·诸瘾》)

②郁金子二个,为末 牙硝二两 右同研，于青竹筒内盛，用柳条作束塞竹筒口，蒸一炊饭久，成挺子，却研为末，入熟香少许，更研，每服薄荷汤下半钱匕，热水亦得。(《保童秘要·惊痫》)

(二) 借用动量词

1. 借自名词

金元医籍中借用名词表示动作的次数与动作时间。表示动作次数的量词有拳、声、针、刺、杵等，表示动作时间的量词有载、宵、茶脚等，其中表示动作时间的量词如"年""月""日"等作普通时间名词时不计算在内。

(1) 拳

《说文·手部》："拳，手也。""拳"的本义是拳头，借用为动量词，用于计量拳头击打的次数。金元医籍有1例：

常仲明之子，自四岁得风痰疾，至十五岁转甚，每月发一两

次。发必头痛，痛则击数百拳，出黄绿涎一两盏方已。（《儒门事亲·风痰》）

(2) 声

《说文·耳部》："声，音也。""声"的本义是敲击悬磬发出的声音，后泛指各种声音。借用为动量词，用来计量人或动物发出声音的次数。金元医籍有5例：

①常仲明病寒热往来，时咳一二声，面黄无力，懒思饮食，夜多寝汗，日渐瘦削，诸医作虚报治之。（《儒门事亲·二阳病》）

②凡人咳嗽一声，或作悲笑啼泣，抬舁重物，忽然腰痛气刺，不能转侧，或不能出气者，可用不卧散嚏之，汗出痛止。（《儒门事亲·内伤》）

③自是五六日必以泻，凡四五次，其血方止，但时咳一二声，潮热未退。以凉膈散加桔梗、当归各秤二两，水一大盂，加老竹叶，入蜜少许，同煎去滓，时时呷之。间与人参白虎汤，不一月复故。（《儒门事亲·吐血》）

④一妇月事不行，寒热往来，口干，颊赤，喜饮，旦暮闻咳一二声。（《儒门事亲·妇人二阳病》）

⑤一妇年三十四岁，经水不行，寒热往来，面色萎黄，唇焦颊赤，时咳三两声。（《儒门事亲·月闭寒热》）

(3) 针

"针"的本义是缝衣物用的工具，细小而长，一头尖锐，一头有针或钩，可以引线，多用金属制成，后引申为中医刺穴位用的特制的金属针。"针"借用为动量词，用于计量针扎的次数，秦汉时期已经出现。金元医籍中有3例：

①黄氏小儿，面赤肿，两目不开。戴人以锯针刺轻砭之。除两目尖外，乱刺数十针，出血三次乃愈。此法人多不肯从，必欲治病，不可谨护。（《儒门事亲·小儿面上赤肿》）

②戴人以锯针磨令尖快，当以痒时，于癣上各刺百余针。其

血出尽，煎盐汤洗之。如此四次，大病方除。（《儒门事亲·湿癣》）

③戴人以鈚针绕疽晕，刺三百针，去血一斗。如此三次，渐渐痛减肿消，微出脓而敛，将作痂时，使服十补内托散乃痊。（《儒门事亲·背疽》）

(4) 刺

《说文·刀部》："刺，直伤也。""刺"的本义是用尖锐的东西插入。借用为量词，计量刺的次数，相当于"下"。金元医籍中有2例：

①余尝病目赤，或肿或翳，作止无时，偶至亲息帅府间，病目百余日，羞明隐涩，肿痛不已。忽眼科姜仲安云：宜上星至百会，速以鈚针刺四五十刺，攒竹穴、丝竹穴上兼眉际一十刺，反鼻两孔内，以草茎弹之出血。（《儒门事亲·目疾头风出血最急说》）

②风寒暑湿之气，入于皮肤之间而未深，欲速去之，莫如发汗。圣人之刺热五十九刺，为无药而设也。（《儒门事亲·凡在表者皆可汗式》）

(5) 杵

《说文·木部》："杵，舂杵也。从木，午声。""杵"用作动词，义为"用细长的东西戳或捅"。借用作量词，相当于"下"，即"一杵"为"用杵捣一下"。金元医籍中有5例，如：

①疗心腹诸卒暴百病。大黄 巴豆去皮 干姜各一两 右须要精新好药，捣罗蜜和，更捣一千杵，丸如小豆大，每服三丸，老少量之。（《内外伤辨惑论·辨内伤饮食用药所宜所禁》）

②治肾虚腰痛，或风寒中之，血气相搏为痛。杜仲姜汁浸炒,十二两 破故纸水淘,十二两，芝麻同炒变色,去麻,瓦上焙干为末 沉香六两 胡桃去皮膈,另研,六两 没药另研 乳香另研,各六两 右为末，用肉苁蓉十二两，酒浸成膏，和剂捣千余杵，丸如梧桐子大，每服三十丸，空心温酒或盐汤任下。（《兰室秘藏·腰痛门》）

③葶苈半两,轻熬,捣如泥 右以干枣穰半两相和，捣千余杵，丸如麻子

大，每岁儿一服七丸，日再服，米饮下。(《保童秘要·诸痫》)

④龙齿三分,细研如粉 升麻 防风各二分 苦参 赤石脂 黄连各一分 远志半分 金薄十片,以水银熬 右为末，以蜜溲时入金薄泥，又入白中捣三五百杵，丸如梧子大，每服七丸，温水化破下。(《保童秘要·杂病》)

(6) 载（zǎi）
《说文·车部》："载，乘者，覆也。""载"的本义，段玉裁认为"其义相成引申之谓所载之物"。"载"又假借为"始"，是"才"的假借字，既表草木之始，也表四时之终始，相当于"年"，表动作时间。金元医籍中有1例：

沈丘王宰妻，病胸膈不利，口流涎沫，自言咽下胃中常雷声，心间作微痛，又复发昏，胸乳之间灸瘢如棋，化痰利膈等药，服之三<u>载</u>，病亦依然。(《儒门事亲·胸膈不利》)

(7) 宵
《说文·宀部》："宵，夜也。""宵"的本义为夜，作量词时指一晚上。金元医籍中有1例：

外弟发一日醉饱后，乱言、妄语、妄见。询之系伊亡兄附体，言生前事甚的，乃叔在边叱之。曰非邪，食腥与酒太过，痰所为耳。灌盐汤一大碗，吐痰一二升，汗因大作，困睡一<u>宵</u>而安。(《格致余论·虚病痰病有似邪祟论》)

2. 借自动词
金元医籍中借用动词作动量词的主要有涌、数、拜、折、呷等。
(1) 涌
《说文·水部》："涌，滕也。""滕，水超涌也。""涌"的本义是指水由下向上冒出来，借用为动量词。金元医籍中有5例，如：

①末至三<u>涌</u>，病去如灌。病后但觉极寒。戴人曰："当以食补

之，久则自退。"(《儒门事亲·因惊风搐》)

②安喜赵君玉，目暴赤肿，点洗不退。偶思戴人语曰："凡病在上者皆宜吐。"乃以茶调散涌之。一涌赤肿消散。(《儒门事亲·赤目》)

③待五日再一涌，出痰三四升，如鸡黄成块，状如汤热。(《儒门事亲·因惊风搐》)

(2) 数

《说文·攴部》："数，计也。""数"的本义是计数，借用作动量词，表计量次数。金元医籍有7例，如：

①昔人以梦泄遗漏，或下元虚冷，乃于日落之后，静坐幽室，以手兜外肾，以手搓脐下八十一数，九遍为度，但左右换手而已。(《新刊图解素问要旨论·守正防危篇·其药食者之法》)

②向前叩首，几至于地。如此连点一百二十数。急以葱醋粥辛辣汤投之，汗出立解。(《儒门事亲·解利伤寒》)

③搐，先右臂并右足，约搐六七十数。良久，左臂并左足亦搐六七十数，不瘥，两目直视，昏愦不识人。(《儒门事亲·指风痹痿厥近世差玄说》)

(3) 拜

"拜"的本义是行礼，借用为动量词。金元医籍中有1例，如：

双解丸 又一法 无药处可用两手指相交，紧扣脑后风府穴，向前礼百余拜，汗出自解。(《儒门事亲·解利伤寒》)

(4) 折（摺）

"折"的动词义为"折叠"，借用为量词，指折叠的次数。金元医籍中有1例：

止衄血法 治鼻血久不止，素有热而暴作者，诸药无验。神法

以大纸一张，作八折或十折，于水内湿，置顶中，以热熨斗熨至一重或二重，纸干立止。(《兰室秘藏·衄血吐血门》)

(5) 呷

《说文·口部》:"呷，吸呷也。""呷"的本义是动词"喝，小口饮"，借用为动量词，一小口为一呷。元代医籍中有1例:

前人确论，乃阳不升，阴不降，乘隔而成。切莫与谷食，虽米饮一呷，入口即死。必待吐泻过二三时，直至饥甚，方可与稀粥食之。(《丹溪心法·霍乱》)

(6) 遭$_2$

《说文·辵部》:"遭，一曰迊行。俗云周，遭是也。""遭$_2$"借用作名量词，相当于量词"圈"或"周"，表示环绕圆周。金元医籍中有2例，如:

①如疼，入好乳香少许，和药如菜褐色为度。用布条子约缠一遭，先推小黄米粥匀，上撒药末匀，缠定折处，上又用软帛三五重，上又竹算子缠，勒得紧慢得中。(《儒门事亲·疮疡痈肿》)

②水银_{四钱} 锡_{二钱,用水银研成砂子} 牡蛎_{一两} 密陀僧_{一两} 紫花苦参_{一两} 贝母_{一两} 黄丹_{半两} 瓜蒌根_{半斤} 右为细末，男子用不生儿猪肚一个，内药，妇人用猳猪肚一个，麻线缝之，新瓦一合，绳系一两遭，米一升，更用瓜蒌根末半斤，却于新水煮熟，取出放冷，用砂盆内研烂，就和为丸，如猪肚丸法用之。(《儒门事亲·刘河间先生三消论》)

三、度量衡量词

度量衡量词主要是用来计量重量、容量、长度等的单位量词。金元医籍中的度量衡单位量词，与前代的量词相比没有太大变化，主要是继承前代，如长度单位词"步"等。金元医籍中度量衡量词可分为重量单位、容量单位、长度单位三类(见表3-5)。

表 3-5　度量衡量词分布、词频

度量衡量词		
重量单位（5个）	容量单位（4个）	长度单位（5个）
铢（2）、钱（1096）、分（354）、两（504）、斤（51）	升（196）、斗（27）、合（296）、升斗（1）	寸（28）、尺（6）、丈（2）、里（2）、步（1）
备注	括号内的数字表示该量词的词频	

（一）重量单位

（1）铢

《说文·金部》："铢，权十分黍之重也。""铢"是古代重量单位，1 两的 1/24。金代医籍文献中有 1 例，两处：

> 云一升者，即今之大白盏也。云铢者，六铢为一分，即二钱半也；二十四铢为一两也。云三两者，即今之一两；云二两，即今之六钱半也。料例大者，只合三分之一足矣。（《用药心法·升合分两》）

（2）钱

"钱"是重量单位，10 分等于 1 钱，10 钱等于 1 两。1 市钱约合 5 克。金元医籍中有 1096 例，如：

> ①若恶寒腹疼，只少加肉桂一钱、白芍药三钱、炙甘草一钱半，此三味为治寒腹疼，此仲景神品药也。如深秋腹疼，更加桂二钱。如冬月大寒腹中冷痛，加桂作二钱半，水二盏煎服。（《东垣先生试效方·药象门·药象气味主治法度》）
>
> ②人手太阴而能补阴火。与梨芦相反，若服一两参入芦一钱，其一两参虚费矣，戒之！（《本草衍义补遗·人参》）
>
> ③黄连汤 治大便后下血，腹中不痛者，谓之湿毒下血。黄连 当归各半两 炙甘草二钱半 上咬咀，每服五钱，水煎。（《活发机要·泄痢证》）

(3) 分

《说文·八部》："分，别也。"作量词时，可用作质量或重量单位，10厘等于1分，10分等于1钱。金元医籍中有354例，如：

①如咳嗽，加五味子一十粒；腹中气不转运者，更加陈皮三<u>分</u>，木香二<u>分</u>；身体沉重，虽小便数多，加茯苓二钱、苍术一钱、泽泻半钱、黄檗三<u>分</u>，是从权而去湿也，不可常用。兼足太阴已病，其脉亦终于心中，故湿热相合而生烦乱也。(《东垣先生试效方·饮食劳倦门·劳倦所伤论》)

②加麻黄二<u>分</u>、石膏三钱，治寒热往来，脉微弱，不可汗，名桂枝二越婢一汤。(《丹溪手镜·伤寒方论》)

③假令所伤前后不同，以分为率，伤热物二<u>分</u>，伤生冷硬物一<u>分</u>，用寒药三黄丸二停，热药巴豆三棱丸一停，合而服之。(《兰室秘藏·胃脘痛门》)

(4) 两

《说文·网部》："两，二十四铢为一两。""两"为质量或重量单位，10钱等于1两，旧制16两等于1斤，1两合31.25克；后改为10市两等于1市斤，1两合50克。金元医籍中有504例，如：

①**肝之积肥气丸** 在后积药，依此法服。此春夏药，秋冬另有加减法，在各条下。秋冬加厚朴半<u>两</u>，通前一<u>两</u>，减黄连一钱半。若强风痫，于一料中加人参、茯神、菖蒲各三钱，黄连只依春夏用七钱，虽秋冬不减，淡醋汤送下，空心。(《东垣先生试效方·五积门·五积论》)

②**羌活汤** 治一切伤寒及两感。出刘。羌活 防风 川芎 甘草 地黄 黄芩各一两 白术二两 细辛二钱五分。如身热加石膏四钱，腹满加芍药三钱，寒热加柴胡一<u>两</u>、半夏五钱，心下痞加枳实一钱，里证加大黄三钱，邪尽止之。(《丹溪手镜·伤寒方论》)

③**麦门冬饮子** 治衄血不止。麦门冬 生地黄各等分上剉，每服一<u>两</u>，水煎。(《活发机要·胎产证》)

(5) 斤

《说文·斤部》:"斤,斫木也。""斤"是质量或重量单位,旧制 1 斤等于 16 两,市制 1 斤后改 10 两,合 500 克。金元医籍中有 51 例,如:

①右候市合时于市中贾羊肉一斤已来,以绳继令人着地拖至家,以净水洗,炒炙,依常料与儿吃,如不与食,即煮汁喂之。(《保童秘要·诸疳》)

②一道名流不言名,授其方曰:"皂角刺一二斤,为九蒸九晒,研为末,食上浓煎大黄汤,调一钱匕服一旬,须发再生而愈。"又铁礁以煅金银,虽百十年不坏。以槌皂角,则一夕破碎。(《本草衍义补遗·皂角刺》)

③二圣散 治大风疠疫。将皂角刺一二斤,烧灰研细,煎大黄半两,调下二钱。(《活发机要·疠风证》)

(二) 容量单位

(1) 升

《说文·斗部》:"升,十合也。""升"是容量单位,10 合等于 1 升,10 升等于 1 斗。1 市升合 1 升。金元医籍共 196 例,如:

①猪胆一枚,右以水七升,煎取四升,澄清浴之,永无疮痔。又隔三日,宜用后方:黄连一两,拍碎 麝香二杏仁大 牛黄二杏仁大 桃奴一枚,经霜不落者是也 右以清水六升,煎取三升,去滓以浴之,大去不祥。(《保童秘要·初生》)

②救卒死身热者验方 矾石半斤,以水一斗五升煮消,浸脚令没踝。盖取矾性收涩,而敛其厥逆之气。(《脉因证治·卒尸》)

③回疮金银花散 治疮疡痛,甚则色变紫黑者。金银花连枝叶,剉,二两 黄芪四两 甘草一两 上㕮咀,且酒一升,同入壶瓶内,闭口,重汤内煮三两时辰,取出去滓,顿服之。(《活发机要·疮疡证》)

(2) 斗/升斗

《说文·斗部》："斗，十升也。""斗"是容量单位，10 升等于 1 斗，10 斗等于 1 石。金元医籍中有 27 例，如：

①**淋渫脚气除湿汤** 威灵仙 防风_{去芦} 荆芥穗 当归_{去芦} 地骨皮 蒴藋叶 升麻_{去腐} 白芍药_{去皮，各一两} 右件各剉细末，水二<u>斗</u>，煮至一<u>斗</u>五升。去滓，热渫洗，无时。(《医学发明·脚气论》)

②去瘰疬毒，皂角子五两、大黑豆一升、甘草一两、青叶汁一斤，煮汁，可常食，不过二<u>斗</u>。(《丹溪手镜·瘰疬》)

③又方，枣一<u>斗</u>，锅内入水，上有四指深，用大戟并根苗盖之遍盆，合之煮熟为度，去大戟不用，旋旋吃，无时。尽枣决愈，神效。(《活发机要·肿胀证》)

有时出现复合量词"升斗"，有 1 例：

十灰散 大蓟 小蓟 柏叶 荷叶 茅根 茜根 大黄 山栀 牡丹皮 棕榈灰 右等分、烧灰存性，研细用纸包，碗盖地上一夕，出火毒。用时先以白藕捣碎绞汁，或萝卜捣绞汁亦可，磨真京墨半碗，调灰五钱，食后服。病轻用此立止，病重血出<u>升斗</u>者，如神之效。(《丹溪心法·劳瘵》)

(3) 合（gě）

"合"为容量单位，10 勺等于 1 合，10 合等于 1 升。金元医籍中有 296 例，如：

①又方 桂心 独活 麻黄_{去节} 芍药 大黄 防风 细辛_{已上各一铢} 右以酒二<u>合</u>，水二<u>合</u>半，煎取二<u>合</u>，去滓，每度可滴一粟壳许入口中。(《保童秘要·初生》)

②**四逆汤** 治阴寒脉沉。甘草_{君也，六钱} 干姜_{臣也，半两} 逐寒附_{使也，一钱}，温经水二升，取四<u>合</u>，去滓，分二服。(《丹溪手镜·伤寒方论》)

③又方 黄芩 甘草_炙 防风 升麻 大黄_{各一分} 竹叶_{二七叶} 右以水五大<u>合</u>，

227

煎取二大合，去滓，一岁儿一日服一大合。（《保童秘要·眼》）

（三）长度单位
（1）寸
《说文·寸部》："寸，十分也。""寸"为长度单位，10 分等于 1 寸，10 寸等于 1 尺，1 市寸合 1/30 米。金元医籍中有 28 例，如：

①**火郁汤** 升麻 柴胡 葛根 白芍药_{各一两} 防风 甘草_{各五钱}上哎咀，每服五钱，水二大盏，入连须葱白三寸，煎至一盏，去滓，稍热，不拘时服。（《东垣先生试效方·烦躁发热门·烦躁发热论》）

②（射干）属金而有木与火。行太阴厥阴之积痰，使结核自消甚捷。又治便毒，此足厥阴温气因疲劳而发。取射干三寸与生姜同煎，食前服。利三两行，效。又治喉痛，切一片含之，效。（《本草衍义补遗·射干》）

③**通圣合益元** 上七两和匀，每服三钱，水一盏半，葱白五寸、豆豉五十粒、姜三片，煎一盏，温服。第二小柴胡、凉膈、天水合服。（《伤寒心要》）

有时出现复合量词"寸匕"，有 2 例：

①**又方** 治肠痔，每大便常有血。右以蒲黄末方寸匕，米饮调下，日三顿。瘥。（《丹溪心法·痔疮》）

②**茵陈五苓散** 右用五苓散五分，茵陈蒿末十分，和匀。先食饮服方寸匕。日三服。（《丹溪心法·疸》）

（2）尺
《说文·尺部》："尺，十寸也。""尺"是长度单位，10 寸等于 1 尺，10 尺等于 1 丈，1 市尺合 1/3 米。金元医籍中有 6 例，如：

①丁未季春二十二日，蒲度主老年七十，因寒湿地气，得附骨痛，于左腿外侧，足少阳胆经之分，微侵足阳明分，阔六七寸，长

一小尺，坚硬浸肿，不变肉色，皮泽深，但行步作痛，以指按至骨大痛，与药一服，立止，再日坚硬而肿消。(《东垣先生试效方·疮疡门·疮疡治验》)

②**绝产方** 蚕种纸一尺，烧灰，醋汤调服，永不孕产。(《脉因证治·妇人产胎》)

③其人惊见长虫，两袖裹其手，按虫头极力而出之，且二尺许，重几斤。(《儒门事亲·偶有所遇厥疾获瘳记》)

(3) 丈

《说文·十部》："丈，十尺也。""丈"是长度单位，10尺为1丈，10丈等于1引，1市尺合3又1/3米。金代医籍文献中有2例：

①予之法，先令饥甚，次以槟榔、雷丸为引，予别下虫药，大下十数行，可以搐而空。濉上张子政用此法，下虫数百，相口卸长丈余。(《儒门事亲·虫䘌之生湿热为主诀》)

②戴人以车轮埋之地中，约高二丈许，上安之中等车轮，其辋上凿一穴，如作盆之状，缚狂病人于其上，使之伏卧，以软裀衬之，令一大人于下，坐机一枚，以棒搅之，转千百遭，病人吐出青黄涎沫一二斗许。(《儒门事亲·落马发狂》)

(4) 里

"里"作长度单位，古时1里等于300步，现代1市里等于150丈，合500米。金元医籍中有5例，如：

①升麻 前胡 各一两半 玄参 地骨皮 各一两 羚羊角 葛根 各二两 酸枣仁 一钱 上为末，每服三钱，水一盏半，煎至八分，去滓，再煎三五沸，食后，温服，如行五六里，更进一服。(《黄帝素问宣明论方·诸痹证》)

②枳壳散 枳壳 麸炒,去穰 槐子 微炒黄 荆芥穗 各五钱 右为末，每服三钱，薄粟米粥调下。如人行一二里，再用粥压下，日进二三服。(《丹溪心法·肠风脏毒》)

③沿蔡河来，其流缓，必不远。持儿一鞋，逆流而上，遍河之人，皆曰无此儿。行且二十里，至一村落，舟师高唱曰："有儿年状如许，不知谁是疮疤病死，弃之河中，今复活矣！"（《儒门事亲·疟非脾寒及鬼神辩》）

④曾不及三时，往返百二十里。（《儒门事亲·霍乱吐泻死生如反掌说》）

(5) 步

《说文·步部》："步，行也。""步"的本义是行走，后引申为行走时两脚之间的距离。"步"在古代是一种长度单位，1步等于5尺。金元医籍中有1例：

向晚使人伺之，已起而缉床，前后约三四十步。以胃风汤调之，半月而能行，一月而安健。（《儒门事亲·洞泄》）

四、种属量词

金元医籍中还有少量种属量词，用于指称人或事物的种类，有种、般、番$_2$、汀等。

(1) 种（zhǒng）

《说文·禾部》："种，先种后熟也。""种"作量词由"种类"义转来，指称人或事物。金元医籍中有5例，如：

①润体丸等三十余方，皆曰治诸风，治一切风，治一应风，治男子三十六种风。其为主治，甚为浩博，且寒热虚实判然迥别，一方通治，果合《经》意乎？果能去病乎？（《局方发挥》）

②会兴定岁大饥，遂采百草而食，于水濒采一种草，状若葱属，泡蒸而食之。（《儒门事亲·偶有所遇厥疾获瘳记》）

③宣德候经历之家人，病崩漏，医莫能效，切脉。且以纸疏其证，至四十余种，为药疗之，明日而二十四证减，前后五六日，良愈。候厚谢而去。（《东垣先生试效方·妇人门·崩漏治验》）

④硝属阳金而有水与火土。善消化驱逐，而《经》言无毒，化七十二种石，不毒而能之乎？（《本草衍义补遗·硝》）

（2）般

"般"的本义指旋转制盘。"般"作量词，指"种、样"。金代医籍中有1例：

麝香雄黄散 治十七般恶虫咬伤人，及疮肿者。（《黄帝素问宣明论方·药证方·麝香雄黄散》）

（3）番₂

《说文·采部》："番，兽足谓之番。""番"读二声，本义是兽足。引申为量词，读一声，相当于"种""样"。金元医籍中有1例，两处：

僵蚕，然蚕有两三番，惟头番蚕白色而条直者为佳。其蚕蛾则第二番者，以其敏于生育，四月取自死者，勿令中湿，中湿有毒不可用。（《本草衍义补遗·白僵蚕》）

（4）门

《说文·门部》："门，闻也。从二户，象形。""门"用作量词，指称药方和疾病的门类。金元医籍中有2例：

①又先生归世之后，恐庸医不知枢要，于《宣明论》内，又集紧切药方六十道，分为六门，亦名《直格》，通计八万余言，可谓勤矣。（《刘河间伤寒医鉴》）

②今列病之目，仅十有余，而分极热、痼冷两门，何不思之甚也。（《局方发挥》）

以上种属量词多与疾病类名词、植物类名词、矿石类名词、动物类名词、药方类名词等搭配，比较客观地反映了名词与量词的种属关系。

五、约量词

金元医籍中的不定量词①表示约量,一般放在名词后,修饰名词的量范畴,常见的有"少许""些少"等。据统计,作量词时,金元医籍中"少许"有113例,"些少"有4例。其中"少许"还可作名词,在句法结构中作主语、宾语,表量少,如"更<u>少许</u>涂之""再上<u>少许</u>""食<u>少许</u>""以<u>少许</u>鼻嗡内之"。金元医籍中的约量词使用情况如下。

(1) 少许

①**木香利膈丸** 治寒在膈上,噎塞咽膈不通。吴茱萸一钱二分草豆蔻一钱二分益智八分橘皮八分白僵蚕四分人参八分黄芪八分升麻八分麦蘖一钱半当归六分炙甘草六分半夏一钱木香二分泽泻四分姜黄四分柴胡四分青皮二分上件为细末,汤浸蒸饼为丸,如绿豆大,每服二十丸,温水<u>少许</u>送下,勿多饮汤,恐速走下,细嚼亦得。(《东垣先生试效方·呕吐哕门·呕吐哕论》)

②**黄蒿穗**不计多少右浓煎取汤,入盐<u>少许</u>,于无风处洗之。(《保童秘要·痈疽》)

③**凉膈散**一名连翘饮子连翘一两山栀子大黄薄荷叶去毛黄芩各半两甘草一两半朴硝一分上为粗末,每服二三钱,水一盏,蜜<u>少许</u>,或无蜜亦可,旧用竹叶,或亦不须,煎至七分,滤去滓,温服。(《伤寒直格论方·诸证药石分剂·凉膈散》)

(2) 些少

①**翻花痔** 荆芥、防风、朴硝煎汤洗之,次用木鳖子、郁金研末,入龙脑<u>些少</u>,水调傅。又方:熊胆、片脑和匀,贴之。(《丹溪

---

① 朱德熙:《语法讲义》,商务印书馆,1982年版,第49页。朱德熙认为:"常用的不定量词只有'点儿'和'些'两个。"刘月华在《实用现代汉语语法·词类》中对不定量词的范畴也持相同意见。其实,汉语史中也有不定量词是约量词的情况,如"少许""些许""许些"等,用在名词后面,表量少。

心法·痔疮》）

②予教以参、术为君，当归、川芎、芍药为臣，黄连、陈皮、茯苓、厚朴为佐，生甘草<u>些少</u>，作浓汤饮之。（《格致余论·臌胀论》）

③诊其脉弦而似缓，予以江茶入姜汁、香油<u>些少</u>，吐痰一升许，减绵大半，周甚喜。（《格致余论·恶寒非寒病 恶热非热病论》）

④进士周本道，年近四十，得恶寒证，服附子数日而病甚。求余治，诊其脉弦而似缓，遂以江茶入姜汁、香油<u>些少</u>，吐痰一升许，减绵大半。又以通圣散去麻黄、大黄、芒硝，加当归、地黄百余帖而安。（《局方发挥》）

第三节 量词系统历时比较

汉语量词最早在甲骨文时代就已经产生，从先秦两汉至魏晋南北朝时期，量词不断丰富发展，隋唐五代日趋成熟，金元时期量词系统进一步调整、更新，旧质要素消亡，新质要素产生，原有的量词系统大部分延续到明清时期及现代汉语中。本书对比了先秦两汉时期、魏晋南北朝时期与隋唐五代时期量词的发展变化，构建了金元医籍量词系统。

一、新质个体量词比较

李建平在《先秦两汉量词研究》中指出先秦两汉时期的个体量词有104个之多，有些量词使用频次较低，有些量词在魏晋南北朝时期已经消亡。[1] 程文文对出土的先秦两汉简帛医籍文献量词进行了调查研究，指出出土医籍文献中有44个名量词，没有动量词，其中个体量词有6个，如"枚""颗（果）""丸（完、垸）""挺（廷）""节""本"等。[2] 这些量词一直沿用到魏晋南北朝时期。

---

[1] 李建平：《先秦两汉量词研究》，西南大学博士学位论文，2010年。
[2] 程文文：《出土医籍文献量词研究》，载于《长江师范学院学报》，2018年第1期。

刘世儒在《魏晋南北朝量词研究》①一书中指出，魏晋南北朝时期产生了大量的新兴个体量词，如"门""阵""尊""员""剂"等，这些量词一直延续到隋唐时期。

在金元医籍中，专用名量词中的个体量词有 37 个，借用名量词中借自名词的有 31 个，借自动词的有 7 个，这些借用名量词可以用作个体量词。这样，金元医籍中作个体量词的名量词就有 75 个。金元医籍中动量词有 25 个，其中专用动量词 13 个，借用动量词 12 个，它们都可以用作个体量词。统言之、金元各时期医籍中的个体量词共计有 100 个。对比先秦两汉、魏晋南北朝、隋唐五代，金元医籍，可以发现新兴的个体量词有贴、担、匣子、甲、缶、锅、晕、酒盅、针、杵、宵、涌、数、折、呷，共计 15 个。其他量词从先秦时期沿用到金元时期并在现代汉语中使用。

各时期个体量词新质要素的对比见表 3－6。

表 3－6 个体量词比较

时期	新兴个体量词	合计
先秦两汉	个、枚、条、梃、枝、茎、树、颗、丸、片、块、窗、封、编、合、通、张、头、指、蹄、角、口、本、器、味、处、所、领、区、重、层、成、袭、段、节、分、人、辈、匹、简、卷、部、篇、首、章、句、等、级、两、乘、艘、环、件、只	54
魏晋南北朝	根、株、支、道、管、股、点、粒、面、方、饼、番、顿、阵、架、转、腔、端、钮、床、颜、腰、纸、迭、员、位、朵、科、册、曲、帙、轴、滴、柄、间、房、叶、尊、躯、身、门、幅、堵	43
隋唐五代	带、竿、丝、线、炷、星、沾、锭、缄、驮、顶、脚、椽、派、盏、座、蒂、场、帖、截、停、苞、韵、帧、流、阶、轮、钩、眼、瓣、拳、梁、扇、座、事、期、炬、连、肩	39
金元	贴、担、匣子、甲、缶、锅、晕、酒盅、刺、杵、宵、涌、数、折、呷	15

从表 3－6 中可以看出，金元时期，新兴个体量词主要以借用名词

---

① 刘世儒：《魏晋南北朝量词研究》，中华书局，1965 年版。

为主，专用个体量词基本上沿用前代量词。量词系统通过借用名量词或借用动量词来增加新成员。

从新兴个体量词的数量来看，先秦两汉以降，新兴量词不断减少，金元时期大幅度下降，表明从先秦两汉至隋唐五代，量词系统不断丰富、完善，大部分个体量词都沿用了前代量词，有的量词在金元时期就很少使用或不用，比如"事""流"等。随着时代的更迭，量词系统内新质成员不断调整、补充，新兴个体量词的介入越来越受限制。

从新兴个体量词的来源看，先秦两汉时期基本是名量词，动量词罕见。魏晋南北朝时期，名量词构成了个体量词的主体部分，动量词零星出现，如"迭""转"等。隋唐五代时期，新兴个体量词仍然以名量词为主，动量词还是比较少见，如"流"等。金元时期，新兴个体量词的增加途径除了沿用前代借用名词，还出现了借用动词的现象，动量词数量增多，如"涌""数""折""呷"等。

从新兴个体量词的音节来看，先秦两汉以降，个体量词始终以单音节为主流，复音节个体量词不多，只有"钱匕""方寸匕""字匕""刀子""铤子""匣子"等。隋唐以后新兴复音节个体量词更为少见，金元医籍中偶见，如"酒盏"等。

二、新质集体量词比较

集体量词表示集体概念范畴，由于分类标准不一，统计成员归属出现分歧。比如种属量词的分类问题，有"种""般""番$_2$""门"等；名量词中借用动词的量词归属问题，有"握""裹""掬""抄""捻"等。对比先秦两汉、魏晋南北朝、隋唐五代时期集合量词系统成员的变化，金元医籍中的集合量词基本没有增加新质成员，都是沿用先秦至五代的集合量词，如对、双、副、套、行、撮、束、倍、具、团、茶脚等，并延续到现代汉语中。

李建平在《先秦两汉量词研究》一书中指出先秦两汉时期产生的集体量词有60个，其中部分量词沿用到隋唐时期，具有较强的生命力，成为新兴的集合量词，如把、撮、抔、包、裹、束、行、队、双、两、驷、具、剂、袭、户、家、群、会、积、列、称、服、种、类、品、般等。

刘世儒在《魏晋南北朝量词研究》一书中指出，魏晋南北朝时期的集体量词系统相当成熟、完备，隋唐五代时期沿用，如掬、围、聚、握、抄、丛、副、团、门、房、帐、夹、番、印、宗、顿、床、辈等。

李建平在《隋唐五代量词研究》一书中指出隋唐五代时期集体量词系统继续发展，在沿用魏晋时期量词的同时，也产生了极具生命力的新兴集体量词，如缕、抱、捻、堆、簇、串、泓、抹、滩、对、汪、餐、些等。

对比前代集体量词系统的发展，隋唐五代时期，集体量词系统已经十分完备，金元医籍中的集体量词基本承袭前代。虽然分类标准不一，但从集体量词系统的成员来看，无论归属哪类量词范畴，金元医籍中的集体量词除了"茶脚"借用作集体量词，基本没有新质要素产生。有的沿用自先秦两汉时期，如"撮""双""行""具"；有的沿用自魏晋南北朝时期，如"掬""握""团""抄""番"；有的沿用自隋唐五代时期，如"捻""对"等。这些集体量词有的沿用至现代汉语和方言中。现将先秦两汉、魏晋南北朝、隋唐五代时期集体量词中的新质量词进行归类统计，见表3-7。

表3-7　集体量词比较

时期	新兴集体量词	合计
先秦两汉	把、撮、抔、包、裹、束、行、队、双、两、驷、具、剂、袭、户、家、群、会、积、列、称、服、种、类、品、般	26
魏晋南北朝	掬、围、聚、握、抄、丛、副、团、门、房、帐、夹、番、印、宗、顿、床、辈	18
隋唐五代	缕、抱、捻、堆、簇、串、泓、抹、滩、对、汪、餐、些	13
金元	茶脚	1

从表3-7中以看出：从集体量词成员来看，隋唐五代时期是集体量词的成熟与完备期，隋唐五代以后新质集体量词难以产生，都是在前代量词系统基础上的调整与淘汰。

从集体量词的音节来看，从先秦两汉时期开始，单音节集体量词始终是主流，复音节集体量词相当罕见，金元医籍中出现的复音节集体量词"茶脚"也是个案。

三、新质度量衡量词比较

金元医籍中的度量衡量词（也称制度量词）分为重量单位、容量单位和长度单位，共14个。其他医籍中也有度量衡量词，但基本上没有产生新质单位量词。这些量词有铢、钱、分、两、斤、升、斗、合、升斗、寸、尺、长、里、步等，其中"钱""两""分""合""升""斤""寸"是医籍文献中的高频词。这些度量衡量词都沿用了先秦两汉以来的量词系统。

李建平在《先秦两汉量词研究》一书中统计了先秦两汉的制度量词，有85个之多。秦始皇统一度量衡后，汉代制度量词趋于稳定，量词系统中的很大一部分沿用到隋唐五代。先秦两汉时期的制度量词主要有分、寸、尺、寻、仞、丈、步、里、围、扶、石、斗、斛、升、合、撮、圭、勺、庾、斤、镒、两、铢、钧、参、顷、亩、畦、畹、匹、端、金、锾、贯、钱、度等。

刘世儒在《魏晋南北朝量词研究》一书中指出魏晋南北朝时期的度量衡量词基本上沿用了汉代以来的量词系统，新兴的单位量词比较少见，只有缗、文、肘等。

李建平在《隋唐五代量词研究》一书中认为隋唐时期制度单位量词基本上承袭了先秦两汉以来的量词系统，新兴的制度单位量词比较少见，而且使用频率较低，如秅（托）、虎口、由旬、突、段、屯、绚、缞等，其中"屯"在隋唐五代的词频较高。

度量衡量词产生于先秦两汉时期，魏晋南北朝和隋唐五代时期沿用，新兴制度量词的能产性有限，金元时期基本上没有产生新的制度量词。这表明度量衡量词在汉语史的发展中比较稳定，难以产生新质要素，而且产生的量词使用频率较低，生命力不强。李建平在《隋唐五代量词》一书中认为语言接触对新质量词的产生有影响，如"由旬"来自梵文yojana，面积单位"突"来自吐蕃语dor。[①] 金元时期，民族融合对汉语造成了极大的影响，但度量衡量词基本没受到影响，这也是汉语本身制度量词极其稳定的反映。现将先秦两汉以降新兴单位量词列表如

---

① 李建平：《隋唐五代量词研究》，山东人民出版社，2016年版，第203页。

下（见表 3－8）。

表 3－8　度量衡量词比较

时期	新兴度量衡量词	合计
先秦两汉	分、寸、尺、寻、仞、丈、步、里、围、扶、石、斗、斛、升、合、撮、圭、勺、庾、斤、镒、两、铢、钧、参、顷、亩、畦、畹、匹、端、金、锾、贯、钱、度	36
魏晋南北朝	缙、文、肘	3
隋唐五代	扡（托）、虎口、由旬、窣、段、屯、绚、緵	8
金元	（ ）	0
备注	金元时期的医籍文献中没有新兴单位量词，以括号代表空缺	

　　从表 3－8 中度量衡量词的出现频次与词例来看，度量衡量词在先秦两汉时期大量涌现，发展趋于完备。魏晋南北朝时期，因日常生产生活需要，在保持量词系统平衡的同时，新质量词零星出现。隋唐五代时期，丝绸之路的繁荣与各民族的文化交流，促使少量新质量词产生，主要用于计量，因使用范围较窄，活跃度较低，最终失去生命力，退出历史舞台。发展到金元时期，度量衡量词基本定型。金元医籍中的度量衡量词基本承袭前代，未出现新质量词。

小　结

　　从共时分析与历时考察来看，金元医籍中的量词有五类，即名量词、动量词、度量衡量词、种属量词与约量词，具体使用情况如下。

一、名量词

　　名量词中最突出的是个体量词与借用名量词。金元医籍中个体量词有 37 个，其中比较活跃的是盏、丸、服、片、枚、个等。量词与数词、名词组成数量名结构，常见的是"名（代）＋数＋量"①。因本书选用的语料基本已排除列举性的药方量词，所以"名（代）＋数＋量"结构是金元医籍中自然语句的主要结构形式。这一结构中与量词组合的数词对量词的选择体现了一定的特点。比如用得最多的量词"盏"，与之组合的数词比较具体，一般不超过"五"。与量词"丸"组合的数词一般都是概数词，而且量大，最大的数词可达七八十。与量词"服"组合的数词可以是具体数词，也可以是概数词，而且一般量比较小。与量词"片"组合的数词一般量小比较，不超过"十"。与量词"枚"组合的数词量也比较小，不超过"十"。与量词"个"组合的数词一般是不定数。除此之外，与量词"味"组合的数词语义比较具体，但数目不太大，毕竟辅药数量有限；与量词"粒"组合的数词语义具体且量大。数词与量词的组合，说明医籍文献中医者用药量的多寡与量词指称的药物有密切关系，不同的药量既反映了病症的轻重，也反映了量词语义选择的差异。

从个体量词的语义范畴化来看，个体量词在金元医籍中的使用基本稳定，如固定指称人或物等。个别量词的语义进一步泛化，如量词"枚"除了计量颗粒状或块状事物，还可以计量小型动物与动物脏器部位及条状植物，如"猪肾一枚""蝎一枚""丝瓜一枚"等，"枚"承担了"对/个""只""条"等语义角色。又如"茎"，从先秦两汉至魏晋南北朝时期，称量"菁""枣树""金芝""草""茅""稚毛/毛"等，金元时期可以称量"灯芯""葱白""鸡翎"等，"茎"的语义范畴进一步扩大。

从借用名量词来看，金元医籍中借自名词的有 31 个，借自动词的有 7 个，构成了名量词的主要部分，占比 44%。借用名量词主要是医用器具名词，如碗、匙、秤、钟、匣子、盅、杯、斛、桶、盆、炉、缶、盂、锅、钱匕/匕/字匕、酒盅、方寸匕、刀子、铤等。这些名词是医师制药、用药时的常用器具，借用名量词符合语言的省力原则与经济

---

① 殷商时期，数词与名词组合成的结构主要是"数＋名"和"名＋数"，表达事物概念。通过语言自身的调整与人们的表达需要，在汉代产生了"名＋数＋量"和"数＋量＋名"结构。"名＋数＋量"结构在特定的历史时期占主流，延续到今，在现代汉语普通话与方言中处于弱势，让位于"数＋量＋名"结构。

原则。容器量词借用作名量词,在句法环境中容易发生功能游移,如"盂"。借用动词作量词的,如"沸""握""捻""裹""掬""挺""抄"等,体现了量词的语法化,量词的动作性语义弱化,指称动作的数量义增强,语义进一步虚化。与数词和名词组合构成"名+数+动",动词语义虚化,动词语法化为量词语义。

从集合量词来看,金元医籍中的集合量词在数量指称上表现为定量与不定量的对称关系。集合量词与名词呈现出同类语义事物与量词组合构成一对多的关系。比如在动物脏器名词"猪腰子""猪肾子""猪蹄"与集合量词"对""双""副"的组合上,"猪腰子/猪腰"可以与量词"对""双"搭配使用,形成一对多的语义选择关系。量词与名词的选择关系体现了主观性与时代性的特征。"猪蹄—副"用量词"副"修饰脏器部位,出现在金元时期。魏晋南北朝时期,根据刘世儒所举的例子,没有用"副"修饰动物身体部位的名词。不定量集合量词如"套""行""撮""束"等,具有表量的模糊性。

从名量词中个体量词与集合量词的历时比较来看,金元时期,新兴个体量词主要通过借用名词的方式产生,如"匣子""甲""缶""酒盅"等,专用个体量词基本承袭先秦两汉、魏晋南北朝与隋唐时期的量词系统。从新兴个体量词的音节来看,先秦两汉以降,个体量词或集合量词以单音节词为主,复音节词较少,金元医籍中偶见复音节量词,如"酒盅""炊久"等。金元医籍中的集体量词基本承袭前代,偶尔出现复音节量词,如"茶脚",但生命力不强,明清医籍中偶见,使用频率极低。

二、动量词

金元医籍中有13个专用动量词,12个借用动量词,其中专用动量词中表动作次数用得最频繁的是"次",其次是"度",其他如"遍""顿""壮"等;表动作时间的量词如"宿"用得较为普遍。与前代相比,借用的动量词有的是新兴个体量词,如"涌""数""拜""折""呷"等。根据认知语言学的基本观点,空间体验是动量词形成过程中的重要认知因素。金元医籍中的动量词如"次""遍""顿"等,由动作行为义虚化为量词,"其中伴随动词语义对动量词语义的存留与限制,是词汇意义对语法意义影响的结果"[①]。动量词的产生动因受到语义迁移与语义泛化的影响，如借自动词的"涌""数""拜""折"等，以及借自名词的表示动作时间与次数的"载""宵""杵""拳"等。

三、度量衡量词

金元医籍中的度量衡量词有三类：重量单位量词，如"铢""钱""分""两""斤"；容量单位量词，如"升""斗""合""升斗"；长度单位量词，如"寸""尺""丈""里""步"等。度量衡量词产生于先秦两汉时期，魏晋南北朝和隋唐时期基本承袭。在整个汉语史的发展中，度量衡量词最为稳定，先秦两汉以后，一批不常用的量词被淘汰，如"由""旬""突"等。金元时期，度量衡量词的成员数量急剧下降，但也是日常生活中最稳定的量词，一直延续到现代汉语当中。

四、种属量词与约量词

金元医籍中出现了少量的种属量词，表"种类"，用于指称人或事物，比如"种""般""番""门"等。这些种属量词主要用于疾病类名词、植物类名词、矿石类名词、动物类名词、药方类名词等。限于金元医籍的语体特点，种属量词很少与人名词配对。种属量词比较客观地反映了名词与量词的种属关系。金元医籍中还有少量约量词，表示不定量，放在名词后，修饰名词的量范畴，如"少许""些少"等。

量词产生于殷商甲骨文，隋唐时期趋于完备，金元时期不断补充、更新。量词的发展经历了长期而复杂的语法化过程。金福芬、陈国华[②]，步连增[③]，李建平、张显成[④]等人就指出，汉语量词从名词、动词等实词演化为语法范畴的过程就是一种语法化的过程。从殷商时期双音

[①] 刘永静：《汉语动量词认知研究——个案分析》，山东大学博士学位论文，2016年。

[②] 金福芬、陈国华：《汉语量词的语法化》，载于《清华大学学报（哲学社会科学版）》，2002年第1期。

[③] 步连增：《语言类型学视野下的汉语量词》，山东大学博士学位论文，2011年。

[④] 李建平、张显成：《汉语量词语法化动因研究》，载于《西南大学学报（社会科学版）》，2016年第5期。

词的萌芽,到魏晋南北朝时期双音词逐渐占据绝对优势地位来看,双音化是汉语量词系统的发展趋势,量词的语法化与词汇的双音化保持了高度一致。在金元医籍中的"名+数+量"和"数+量+名"结构中,双音节名词占绝对优势。金元医籍中的个别量词也会发生语法化的逆过程现象,如"件"。金元时期新兴量词和量词的新用法可以为辞书编撰与修订提供资料。

参考文献

一、著作

《黄帝内经素问》，人民卫生出版社，2012年版。

《灵枢经》，人民卫生出版社，1956年版。

《素问》，穆俊霞、王平校注，中国医药科技出版社，2011年版。

白云道人：《中国古代珍稀小说：赛花铃》，段扬华校点，春风文艺出版社，1994年版。

扁鹊：《八十一难经》，天津科学技术出版社，1984年版。

不题撰人：《善恶图全传》，中州古籍出版社，1994年版。

曹存心：《评选继志堂医案》，清光绪三十年（1904）。

曹庭栋：《养生随笔》，上海书店出版社，1981年版。

曹雪芹：《红楼梦》，辽宁出版社，2005年版。

曾世荣：《活幼心书》，翁宁榕校注，中国中医药出版社，2016年版。

巢元方：《诸病源候论》，人民卫生出版社，1955年版。

陈登科：《活人塘》，人民文学出版社，1952年版。

陈会：《神应经》，湖南科学技术出版社，2014年版。

陈嘉谟：《本草蒙筌》，中医古籍出版社，2008年版。

陈彭年、丘雍等：《广韵》，江苏凤凰教育出版社，2008年版。

陈奇猷：《韩非子集释》，中华书局，1958年版。

陈言：《三因极一病症方论》，人民卫生出版社，2011年版。

陈直：《养老奉亲书》，上海科学技术出版社，1988年版。

成无己：《伤寒明理论》，上海科学技术出版社，1959年版。

程颢、程颐：《二程遗书》，上海古籍出版社，2020年版。

程颢、程颐：《二程语录》，上海古籍出版社，2020年版。

程可则：《海日堂集》，上海古籍出版社，2010年版。

程文囿：《程杏轩医案》，中国医药科技出版社，2018年版。

褚人获：《隋唐演义》，中华书局，1963年版。

崔鸿：《十六国春秋》，汪氏正本，清乾隆四十年（1781）。

大藏经刊行会编辑：《大正新修大藏经》，新文丰出版公司，1983年版。

戴天章：《广瘟疫论》，中国中医药出版社，2009年版。

丹波元坚：《杂病广要》，人民卫生出版社，1958年版。

单南山：《胎产指南》，人民军医出版社，2012年版。

丁日建：《治台必告录》，人民日报出版社，2009年版。

丁尧臣：《奇效良方》，中医古籍出版社，1992年版。

董诰等：《全唐文》，中华书局，1983年版。

段成式：《酉阳杂俎》，中华书局，2015年版。

段玉裁：《说文解字注》，浙江古籍出版社，2006年版。

范晔：《后汉书》，中华书局，1965年版。

伏雌教主：《醋葫芦》，青海人民出版社，2015年版。

傅青主：《大小诸证方论》，何高民校订，山西人民出版社，1983年版。

傅山：《傅青主女科歌括》，上海人民出版社，1978年版。

傅璇琮等：《全宋诗》，北京大学出版社，1998年版。

高秉均：《疡科心得集》，田代华整理，人民卫生出版社，2011年版。

高鼓峰：《医家心法》，王新华点注，江苏科学技术出版社，1983年版。

高濂：《遵生八笺》，人民卫生出版社，2011年版。

葛洪：《抱朴子》，上海古籍出版社，1990年版。

龚廷贤：《寿世保元》，上海科学技术出版社，1959年版。

顾玠：《海槎余录》，中华书局，1991年版。

郭沫若：《塔》，商务印书馆，1920年版。

郭璞著，郝懿行笺疏：《山海经笺疏》，中国致公出版社，2016年版。

国家文物局古文献研究室：《马王堆汉墓帛书》，文物出版社，1997年版。

何宁：《淮南子集释》，中华书局，1998年版。

何薳：《春渚纪闻》，中华书局，1983年版。

洪迈：《容斋随笔》，孔凡礼点校，中华书局，2005年版。

洪兴祖：《楚辞补注》，上海古籍出版社，2015年版。

忽思慧：《饮膳正要译注》，张秉伦、方晓阳译注，上海古籍出版社，2014年版。

胡道静：《梦溪笔谈校证》，上海人民出版社，2011年版。

胡慎柔：《慎柔五书》，上海科学技术出版社，1959年版。

胡文焕：《香奁润色》，中华书局，2012年版。

胡煦：《周易函书约存》，程林点校，中华书局，2008年版。

胡濙：《卫生易简方》，人民卫生出版社，1984年版。

华佗：《华氏中藏经》，李聪甫主编，人民卫生出版社，1990年版。

桓宽：《盐铁论》，上海人民出版社，1974年版。

皇甫中：《明医指掌》，人民卫生出版社，1982年版。

黄宫绣：《本草求真》，人民卫生出版社，1987年版。

贾思勰：《齐民要术》，中华书局，2015年版。

蒋一葵：《尧山堂外纪》，吕景琳点校，中华书局，2019年版。

柯琴：《伤寒论翼》，商务印书馆，1938年版。

坑余生：《续济公传》，浙江古籍出版社，1998年版。

孔平仲：《孔氏谈苑》，商务印书馆，1939年版。

孔颖达：《毛诗正义》，上海古籍出版社，2013年版。

兰陵笑笑生：《金瓶梅》，齐鲁书社，1991年版。

兰茂：《滇南本草》，云南人民出版社，1975年版。

雷丰：《时病论》，人民卫生出版社，1964年版。

李从明：《〈本草纲目〉字词句研究》，上海中医药大学出版社，1998年版。

李昉等：《太平广记》，上海古籍出版社，1990年版。

李昉等：《太平御览》，中华书局，1960 年版。

李建平：《隋唐五代量词研究》，山东人民出版社，2016 年版。

李建平：《先秦两汉量词研究》，中国社会科学出版社，2017 年版。

李经纬等：《中医大辞典》（第二版），人民卫生出版社，2020 年版。

李戎：《中医药通假字字典》，上海科学技术出版社，2002 年版。

李时珍：《本草纲目》，刘恒如、刘永山校注，华夏出版社，2013 年版。

李时珍：《濒湖脉学》，人民卫生出版社，1956 年版。

李梴：《医学入门》，江西科学技术出版社，1988 年版。

李延寿：《南史》，中华书局，1975 年版。

李渔：《闲情偶寄》，中华书局，2018 年版。

李昭祥：《龙江船厂志》，江苏古籍出版社，1999 年版。

李中梓：《本草征要》，北京科学技术出版社，1986 年版。

李中梓：《伤寒括要》，世界书局，1940 年版。

林洪：《山家清供》，商务印书馆，1936 年版。

凌奂：《本草害利》，中医古籍出版社，1982 年版。

凌濛初：《二刻拍案惊奇》，人民文学出版社，1996 年版。

刘渡舟：《伤寒论校注》，人民卫生出版社，2013 年版。

刘世儒：《魏晋南北朝量词研究》，中华书局，1965 年版。

楼英：《医学纲目》，湖南科学技术出版社，2014 年版。

逯钦立：《先秦汉魏晋南北朝诗》，中华书局，1983 年版。

毛亨传，郑玄笺，孔颖达疏：《毛诗注疏》，上海古籍出版社，2013 年版。

毛晋：《六十种曲》，中华书局，1958 年版。

梦觉道人：《三刻拍案惊奇》，北京大学出版社，1987 年版。

缪希雍：《炮炙大法》，中国书店，1985 年版。

缪希雍：《神农本草经疏》，中医古籍出版社，2007 年版。

倪维德撰，薛己校补：《原机启微》，上海科学技术出版社，1959 年版。

庞安时：《伤寒总病论》，商务印书馆，1937 年版。

彭定求等：《全唐诗》，中华书局，1960年版。

蒲松龄：《聊斋志异》，上海古籍出版社，2011年版。

浦琳：《清风闸》，刘重一校点，中州古籍出版社，1996年版。

钱超尘：《影印南朝秘本敦煌秘卷〈伤寒论〉校注考证》，学苑出版社，2013年版。

钱乙：《小儿药证直诀》，阎孝忠整理，人民卫生出版社，2006年版。

秦观：《淮海集笺注》，上海古籍出版社，2000年版。

琼瑶真人：《针灸神书》，中医古籍出版社，1999年版。

僧人惠洪：《冷斋夜话》，凤凰出版社，2009年版。

邵伯温：《邵氏闻见录》，中华书局，1983年版。

沈源：《奇症汇》，中医古籍出版社，1981年版。

盛维忠：《薛立斋医学全书·校注妇人良方》，中国中医药出版社，2015年版。

施发：《察病指南》，山西科学技术出版社，2010年版。

施耐庵：《水浒传》，上海人民出版社，1975年版。

施蛰存：《唐诗百话》，陕西师范大学出版社，2014年版。

释慧琳，释希麟：《正续一切经音义》，上海古籍出版社，1986年版。

宋慈：《洗冤集录》，上海科学技术出版社，1981年版。

宋慈：《洗冤集录》，新文丰出版公司，1979年版。

苏轼：《苏轼全集》，傅成、穆俦标点，上海古籍出版社，2000年版。

苏颂：《本草图经》，尚志钧辑校，学苑出版社，2017年版。

苏辙：《栾城集》，上海古籍出版社，1987年版。

苏辙：《苏辙集》，中华书局，1990年版。

孙思邈：《备急千金方》，中国医药科技出版社，2011年版。

孙思邈：《备急千金要方》，天津古籍出版社，2009年版。

孙思邈：《千金宝要》，商务印书馆，1937年版。

孙思邈：《千金翼方》，人民卫生出版社，1955年版。

孙思邈：《眼科秘诀》，陆绵绵点注，江苏科学技术出版社，1984

年版。

孙思邈：《中国古籍珍本集成·备急千金方》，周仲瑛、于文明主编，湖南科学技术出版社，2014年版。

孙一奎：《赤水玄珠》，上海古籍出版社，1991年版。

孙一奎：《孙文垣医案》，中国医药科技出版社，2019年版。

太平惠民和剂局：《太平惠民和剂局方》，人民卫生出版社，2011年版。

太医院：《圣济总录》，郑金生、汪惟刚校点，人民卫生出版社，2013年版。

贪梦道人：《彭公案》，上海古籍出版社，1993年版。

唐圭璋：《全金元词》，中华书局，1979年版。

唐慎微：《证类本草》，尚志钧等校点，华夏出版社，1993年版。

陶毅：《清异录》，孔一校点，上海古籍出版社，2012年版。

陶宗仪：《南村辍耕录》，中华书局，1959年版。

涂海强：《〈本草纲目〉药名词汇的认知研究》，浙江大学出版社，2017年版。

汪昂：《本草备要》，人民卫生出版社，2011年版。

汪昂：《医方集解》，上海科学技术出版社，1959年版。

汪机：《外科理例》，人民卫生出版社，1963年版。

汪维辉：《〈齐民要术〉词汇语法研究》，上海教育出版社，2020年版。

王弼：《南宋初刻本周易注疏》，上海古籍出版社，2014年版。

王弼注，孔颖达疏：《十三经注疏·周易正义》，李学勤主编，北京大学出版社，1999年版。

王冰饮：《重广补注〈黄帝内经素问〉》，学苑出版社，2013年版。

王充：《论衡》，上海人民出版社，1974年版。

王化贞：《产鉴》，河南科学技术出版社，1982年版。

王怀隐、王祐等：《太平圣惠方》，人民卫生出版社，1958年版。

王肯堂：《证治准绳》，上海科学技术出版社，1959年版。

王肯堂：《证治准绳》，人民卫生出版社，2014年版。

王清源：《医方简义》，绍兴裘氏版，光绪九年（1883）。

王士雄：《归砚录》，方春阳、楼羽刚点校，中医古籍出版社，1987年版。

王焘：《外台秘要》，王淑民校注，中国医药科技出版社，2011年版。

王焘：《重订唐王焘外台秘要方》，程衍道重订，明代养寿院经余居本。

王云路：《中古汉语词汇史》，商务印书馆，2010年版。

韦昭：《国语注》，商务印书馆，1937年版。

魏伯阳：《周易参同契》，上海古籍出版社，1990年版。

魏收：《魏书》，中华书局，1974年版。

魏文中：《绣云阁》，江西人民出版社，1989年版。

魏之琇：《续名医类案》，人民卫生出版社，1957年版。

文莹：《湘山野录》，上海古籍出版社，2012年版。

吴承恩：《西游记》，崇文书局，2016年版。

吴普等述，孙星衍，孙冯翼辑：《神农本草经》，人民卫生出版社，1963年版。

吴谦等：《医宗金鉴》，人民卫生出版社，1963年版。

吴世昌：《奇方类编》，中医古籍出版社，1986年版。

吴贞撰：《中国医学大成终集·伤寒指掌》，曹炳章编，上海科学技术出版社，2013年版。

吴自牧：《梦粱录》，商务印书馆，1939年版。

西湖渔隐主人：《欢喜冤家》，青海人民出版社，2015年版。

夏纬英：《植物名释札记》，农业出版社，1990年版。

项楚：《王梵志诗校注》，上海古籍出版社，2010年版。

萧涣唐：《医脉摘要》，中国中医药出版社，2019年版。

萧统：《昭明文选》，李善注，崇文书局，2018年版。

萧晓亭：《疯门全书》，人民卫生出版社，1990年版。

萧子良：《汉魏六朝百三家集·南齐萧竟陵集》，张溥辑，明娄东张氏刻本。

肖京：《轩岐救正论》，中医古籍出版社，2015年版。

徐大椿：《慎疾刍言》，江苏科学技术出版社，1990年版。

徐灵胎：《徐灵胎医学全书》，中国中医药出版社，2015年版。

徐时仪：《〈朱子语类〉词汇研究》，上海辞书出版社，2011年版。

徐松：《宋会要辑稿》，中华书局，1957年版。

许国祯：《御药院方》，中医古籍出版社，2015年版。

许慎：《说文解字》，浙江古籍出版社，2006年版。

许慎：《说文解字》，中华书局，1963年版。

薛己：《外科发挥》，人民卫生出版社，2006年版。

薛己：《外科枢要》，人民卫生出版社，1983年版。

薛己：《薛氏医案》，上海古籍出版社，1991年版。

严可钧：《全上古三代秦汉三国六朝文》，中华书局，1965年版。

严用和：《严氏济生方》，中国中医药出版社，2007年版。

杨伯峻：《春秋左传注》，中华书局，1981年版。

杨时泰：《本草述钩元》，山西科学技术出版社，2009年版。

杨士瀛：《仁斋直指方》，盛维忠等校注，福建科学技术出版社，1989年版。

杨倓：《杨氏家藏方》，人民卫生出版社，1988年版。

佚名：《颅囟经》，王宏利校注，中国医药科技出版社，2020年版。

佚名：《小儿卫生总微论方》，人民卫生出版社，1986年版。

佚名：《萤窗清玩》，中国文史出版社，2003年版。

佚名：《幼科概论》，上海科技出版社，1959年版。

永瑢、纪昀：《四库全书总目提要》，上海古籍出版社，1987年版。

尤怡：《金匮翼》，中国中医药出版社，1996年版。

游戏主人：《笑林广记》，中州古籍出版社，2008年版。

酉阳野史：《续三国演义》，沙文点校，凤凰出版社，2008年版。

俞根初：《重订通俗伤寒论》，上海科学技术出版社，1959年版。

俞万春：《荡寇志》，人民文学出版社，1981年版。

虞抟：《医学正传》，黄惠勇整理，山西科学技术出版社，2013年版。

袁宾：《二十世纪的近代汉语研究》，书海出版社，2001年版。

赜藏：《古尊宿语录》，中华书局，1994年版。

张春帆：《九尾鱼》，黑龙江美术出版社，2014年版。

张纯一：《晏子春秋校注》，梁运华点校，中华书局，2014 年版。

张贺芳：《小五虎演义》，黄河文艺出版社，1985 年版。

张继禹：《中华道藏》（35 册），华夏出版社，2004 年版。

张景岳：《景岳全书》，台联国风出版社，1980 年版。

张璐：《本经逢原》，刘从明校注，中医古籍出版社，2017 年版。

张时彻：《急救良方》，中医古籍出版社，1987 年版。

张显成：《简帛药名研究》，西南师范大学出版社，1997 年版。

张显成：《先秦两汉医学用语汇释》，巴蜀书社，2002 年版。

张延昌：《武威汉代医简研究》，原子能出版社，1996 年版。

张曜孙：《重订产孕集》，上海大东书局，1936 年版。

张元素：《医学启源》，人民卫生出版社，1978 年版。

张月中：《全元曲》，中州古籍出版社，1996 年版。

张之洞：《张之洞与广雅书院》，广东人民出版社，2012 年版。

张仲景：《金匮要略》，人民卫生出版社，2005 年版。

张仲景撰，朱佑武校注：《宋本伤寒论校注》，湖南科学技术出版社，1982 年版。

张仲景撰，徐彬注：《金匮要略论注》，人民卫生出版社，1963 年版。

赵鼎：《辩诬笔录》，中华书局，1991 年版。

赵佶：《圣济总录》，人民卫生出版社，1962 年版。

赵令畤：《侯鲭录》，傅成校点，上海古籍出版社，1987 年版。

赵学敏：《本草纲目拾遗》，人民卫生出版社，1957 年版。

赵振铎：《集韵校本》，上海辞书出版社，2012 年版。

郑燮：《郑板桥集》，中华书局，1962 年版。

郑玄笺，毛亨传，孔颖达疏：《毛诗注疏》，上海古籍出版社，2013 年版。

郑玄笺，贾公彦疏：《十三经注疏·周礼注疏》，李学勤主编，北京大学出版社，1999 年版。

芝屿樵客：《儿科醒》，中国书店，1987 年版。

钟邦直：《靖康稗史笺证》，中华书局，1989 年版。

周德生、陈新宇：《〈养生导引秘籍〉释义》，山西科学技术出版社，

2009 年版。

周士祢：《婴儿论》，上海科学技术出版社，1989 年版。

周文采：《外科集验方》，上海古籍出版社，1957 年版。

周扬俊：《温热暑疫全书》，赵旭初点校，上海中医学院出版社，1993 年版。

周之干：《慎斋遗书》，中国中医药出版社，2016 年版。

朱德熙：《语法讲义》，商务印书馆，1982 年版。

朱端章：《卫生家宝产科备要》，湖南长沙出版社，2014 年版。

朱肱：《北山酒经》，任仁仁整理校点，上海书店出版社，2016 年版。

朱彭寿：《旧典备征》，中华书局，1982 年版。

朱橚：《普济方》，人民卫生出版社，1959 年版。

朱熹：《楚辞集注》，上海古籍出版社，2015 年版。

朱熹：《朱子语类》，中华书局，1986 年版。

庄绰：《鸡肋编》，中华书局，1983 年版。

庄履严：《妇科百辨》，中国中医药出版社，2015 年版。

邹必显：《飞砣全传》，华夏出版社，1995 年版。

二、期刊论文

鲍健欣：《刍议"丁"与"疔"》，《广州中医药大学学报》，2010 年第 1 期。

鲍晓东：《传统音韵学在古医籍整理研究中的应用》，《浙江中医学院学报》，2000 年第 4 期。

曹小云：《〈洗冤集录〉词语札记》，《安徽师范大学学报（人文社会科学版）》，2006 年第 4 期。

草人：《"瘭"与"瘭病"考释》，《医古文知识》，2001 年第 3 期。

陈贻庭：《古籍中表示"病愈"意义的词》，《福建中医学院学报》，1994 年第 4 期。

陈瑜、许敬生：《简论清代五位著名医家在〈内经〉训诂方面的成就》，《江西中医学院学报》，2005 年第 4 期。

陈增岳：《医用古籍通假字训诂举误》，《中国语文》，1998 年第

1 期。

程文文：《出土医籍文献量词研究》，《长江师范学院学报》，2018年第 1 期。

程序：《从韵脚字校勘龚廷贤〈药性歌括四百味〉数则》，《江西中医学院学报》，2010 年第 1 期。

崔仲平：《医籍声训二百例》，《新疆中医药》，1985 年第 3 期。

崔仲平：《医籍形训拾零》，《中医药文化》，1985 年第 2 期。

段祯：《刍议〈武威汉代医简〉中的量词用法》，《甘肃中医学院学报》，2009 年第 4 期。

段祯：《浅谈〈武威汉代医简〉中的量词及其分布特征》，《甘肃中医学院学报》，2009 年第 2 期。

范登脉、赖文：《俗字研究在古医籍整理中的应用》，《中华医史杂志》，2000 年第 3 期。

范开珍、谭庆刚：《古医籍的词语探微》，《湖北民族学院学报》，2001 年第 1 期。

范开珍：《从医籍中看"工"的音义嬗变》，《湖北民族学院学报》，2004 年第 4 期。

方有国：《医籍词语札记》，《文献》，2000 年第 2 期。

付艾妮：《训诂学在中医古籍整理研究中的运用》，《中医学报》，2013 年第 11 期。

傅海燕：《〈黄帝内经〉"疾"与"病"的辨析及其意义》，《医古文知识》，2003 年第 4 期。

高新军：《中医文化是中国传统文化的缩影——访山东中医药大学终身教授张灿玾》，《中国中医药报》，2007 年 7 月 4 日第 008 版。

郭选贤：《尺寸口本义来历考》，《中医药研究》，1990 年第 1 期。

郝印卿：《奔豚音义考辨》，《山西中医》，1995 年第 2 期。

何丽敏：《帛书〈五十二病方〉通假字语音关系研究》，《安徽文学》（下半月），2009 年第 6 期。

胡止犀：《医籍训诂举隅》（一）/（二）/（三），《湖北中医杂志》，1986 年第 3 期、第 4 期、第 5 期。

黄作阵：《〈中医古籍训诂概论〉在中医训诂学方面的贡献》，《贵阳中医学院学报》，2011年第5期。

黄作阵：《训诂学与中医古籍研究》，《中华中医药学会会议论文集》，2008年8月。

贾成祥：《"涂地"与"涂炭"辨》，《中华中医药学会全国第十七届医古文学术研讨会议论文集》，2008年8月。

蒋路、杜武勋：《"胸痞"病名初探》，《浙江中医杂志》，2020年第5期。

焦振廉、武文筠、任杰：《中医古籍中的药名俗写及整理思路》，《江西中医药》，2012年第9期。

金栋：《"撞客"考识》，《甘肃中医》，2010年第3期。

金栋：《"卒中"病名考》，《世界中西医结合杂志》，2009年第3期。

金福芬、陈国华：《汉语量词的语法化》，《清华大学学报（哲学社会科学版）》，2002年第1期。

李鼎：《"病"字的古音》，《中医药文化》，1986年第2期。

李海霞：《汉语动物命名研究》，《古汉语研究》，2001年第2期。

李建平、张显成：《从简帛文献看汉语量词系统建立的时代》，《古籍整理研究学刊》，2011年第1期。

李建平、张显成：《汉语量词语法化动因研究》，《西南大学学报（社会科学版）》，2016年第5期。

李建平：《动量词"行"产生的时代及其来源——兼论"大小行"的语源》，《中国语文》，2011年第2期。

李军：《明代湖北罗田方言语音的若干特征》，《语言科学》，2012年第2期。

李宁身：《"须臾"小考》，《中医函授通讯》，1985年第6期。

李其忠、李孝刚、胡冬裴等：《中医古今病、证命名源流辨析》，《上海中医药大学学报》，2001年第1期。

李戎：《研究通假字、古今字与区别字对于中医文献整理的意义——医籍校勘整理问题之四》，《医古文知识》，2000年第2期。

李书田：《音韵与古医籍的读校之研究》，《辽宁大学学报（哲学社会科学版）》，2004年第2期。

李先银：《汉语个体量词的产生及其原因探讨》，《保定师范专科学校学报》，2002年第1期。

李亚惠、赵红霞、高蕊：《中医郁证病名解析》，《中国中医基础医学杂志》，2020年第4期。

李宗江：《语法化的逆过程：汉语量词的实义化》，《古汉语研究》，2004年第4期。

刘丹、赖文：《中医古籍训诂当注重名实考据》，《医古文知识》，2004年第2期。

刘华珍、徐子亮：《"留饮"浅析》，《中医药通报》，2012年第5期。

刘佳缘、王宇、陈艳焦等：《"辨证论治"词语源流考》，《上海中医药杂志》，2016年第6期。

刘建民：《小议个体量词"累"与"果"》，《语言科学》，2016年第3期。

刘敬林：《〈本草纲目〉"酲"字音义》，《中国语文》，2011年第3期。

刘敬林：《汉代医籍中还真存在着指"握、把"的量词"掘"》，《语言研究》，2018年第3期。

刘培培、李新良：《量词"束"的发展及其对名词性成分的选择》，《湖州师范学院学报》，2019年第11期。

刘时觉：《释醫字》，《四川中医》，1987年第3期。

刘士敬：《几种古病名正义》，《中医药学报》，1998年第6期。

吕彦：《中医语言中的"鬼""神"》，《语言文字周报》，2020年4月16日第007版。

吕有强、袁仁智：《武威汉代医简"骆苏"考辨》，《西部中医药》，2015年第10期。

麻爱民：《从认知角度看汉语个体量词"口"的产生与发展》，《湖北社会科学》，2011年第5期。

马大正：《"带下"词义转化时间考》，《贵阳中医学院学报》，1988年第1期。

马继兴：《马王堆汉墓医书中药物剂量的考察》，《中药通报》，1981

年第 3 期。

毛永森：《古代医籍中中药的特殊量词》，《陕西中医》，1994 年第 4 期。

孟繁杰、李如龙：《量词"片"的语法化》，《语言研究》，2011 年第 3 期。

明德：《中医典籍中的音韵问题》，《西北民族大学学报（哲学社会科学版）》，1987 年第 1 期。

宁静、王育林：《〈素问〉〈伤寒论〉〈金匮要略〉"几几"考》，《北京中医药大学学报》，2018 年第 1 期。

宁静：《论髁的释义及演变》，《北京中医药大学学报》，2018 年第 4 期。

宁静：《中医古籍涉医性状词研究运用的训诂方法》，《吉林中医药》，2018 年第 12 期。

戚燕平：《从音韵学角度探讨医籍语言现象及其规律》，《北京中医药大学学报》，2000 年第 3 期。

钱超尘：《本草名物训诂发展简史》，《中华中医药学会会议论文集》，2002 年 10 月。

尚志钧：《〈本草经〉"苦菜"释》，《中药材》，1989 年第 2 期。

尚志钧：《〈五十二病方〉"蜦、蛇、全虫蜕"考释》，《中药材》，1985 年第 5 期。

尚志钧：《〈五十二病方〉"堇葵""毒堇""苦""仆累"考释》，《中药材》，1986 年第 6 期。

尚志钧：《〈五十二病方〉药物"蒿、青蒿、白蒿"考释》，《中药材》，1988 年第 6 期。

尚志钧：《〈五十二病方〉药物丹、水银、青考释》，《中药材》，1987 年第 5 期。

尚志钧：《〈五十二病方〉药物厚树、朴、白付考释》，《中药材》，1987 年第 2 期。

沈林：《试论量词与名词的搭配》，《广东外语外贸大学学报》，2002 年第 3 期。

孙竞：《容器量词的功能游移与事件分析》，《世界汉语教学》，2021

年第 2 期。

孙启明：《〈五十二病方〉"麋芜本"别释》，《中华医史杂志》，1997 年第 2 期。

孙启明：《〈五十二病方〉骆阮、白苦、苦浸考》，《中成药研究》，1984 年第 8 期。

孙启明：《〈五十二病方〉仆累考》，《中成药研究》，1983 年第 5 期。

孙启明：《〈五十二病方〉鹊棠考辨》，《中华医史杂志》，1995 年第 4 期。

孙启明：《话说党参》，《家庭中医药》，1994 年第 2 期。

孙启明：《越鞠丸方名何释？》，《中医杂志》，1987 年第 12 期。

田树仁：《就咬咀一词答杨逢彬先生》，《医古文知识》，1995 年第 1 期。

王可成、王虹：《胡麻名考》，《中药材》，1997 年第 9 期。

王米渠、陈能进：《远志益智考》，《云南中医学院学报》，1986 年第 2 期。

王亚丽：《敦煌医籍中的借用名量词》，《南京中医药大学学报（社会科学版）》，2011 年第 4 期。

王育林：《中医古籍的几个问题》，《中华中医药学会会议论文集》，2012 年 7 月。

徐莉莉：《马王堆汉墓帛书［肆］所见称数法考察》，《古汉语研究》，1997 年第 1 期。

许敬生：《简论中医古代文献在古汉语研究中的价值》，《中华中医药学会第十六届医古文学术会议论文集》，2006 年 5 月。

杨骏：《"一伏法"考略》，《云南中医学院学报》，1986 年第 4 期。

杨沛煊：《医籍通假句读举隅》，《云南中医学院学报》，1986 年第 3 期。

叶桂郴、伍翠婷：《〈肘后备急方〉量词研究》，《桂林航天工业学院学报》，2013 年第 4 期。

袁开惠、陈惠娟、孙文钟等：《中医古籍词语考释三则》，《北京中医药大学学报》，2013 年第 6 期。

张东达：《古医籍数量词例谈》，《陕西中医函授》，1981年第3期。

张丽君：《"肸膊"考释》，《古汉语研究》，1995年第1期。

张丽君：《〈五十二病方〉物量词举隅》，《古汉语研究》，1998年第1期。

张妮：《〈本草纲目〉音注所反映的明代湖北蕲春浊音清化》，《青岛职业技术学院学报》，2004年第1期。

张世禄：《汉语音韵学与中医典籍》，《中医药文化》，1985年第1期。

张显成：《简帛医书中的中药异名》，《医古文知识》，1994年第2期。

张显成：《量词"步、石、斗、升、参"意义辨正——以出土文献为新材料》，《成都师范学院学报》，2014年第7期。

张显成：《马王堆医书疑难药名考释二则》，《甘肃中医学院学报》，1996年第4期。

郑少祥：《〈灵枢经〉"迎""随"含义探讨》，《浙江中医杂志》，1994年第12期。

周一谋：《"一伏时"考》，《湖南中医学院学报》，1994年第4期。

周祖亮：《简帛医籍动植物类疑难药名例考》，《农业考古》，2013年第4期。

三、学位论文

步连增：《语言类型学视野下的汉语量词》，山东大学博士学位论文，2011年。

董野：《〈黄帝内经〉肾系疾病名义研究》，辽宁中医药大学博士学位论文，2014年。

顾亚芹：《〈本草纲目〉量词研究》，南京师范大学硕士学位论文，2011年。

郭培杰：《古医籍中厥病的文献研究》，北京中医药大学博士学位论文，2013年。

郭颖：《〈诸病源候论〉词语研究》，浙江大学博士学位论文，2005年。

黄作阵：《近 30 年中医训诂成就研究》，北京中医药大学博士学位论文，2006 年。

李婵婷：《张仲景医籍药物名词研究》，广西师范大学硕士学位论文，2007 年。

李建平：《先秦两汉量词研究》，西南大学博士学位论文，2010 年。

刘文锋：《秦汉痹症病名研究》，福建中医药大学硕士学位论文，2020 年。

刘永静：《汉语动量词认知研究——个案分析》，山东大学博士学位论文，2016 年。

彭馨：《两宋医籍音注研究》，广西师范大学硕士学位论文，2002 年。

沈澍农：《中医古籍用字研究——中医古籍异位字研究》，南京师范大学博士学位论文，2004 年。

石雨：《〈备急千金要方〉医学名物词研究》，北京中医药大学博士学位论文，2014 年。

谭宏姣：《古汉语植物命名研究》，浙江大学博士学位论文，2004 年。

王亚丽：《敦煌写本医籍语言研究》，兰州大学博士学位论文，2012 年。

魏晓光：《中医药古籍中的释音研究》，长春中医药大学硕士学位论文，2008 年。

杨颖：《基于古文献对哮病的研究》，南京中医药大学硕士学位论文，2019 年。

周芍：《名词量词组合的双向选择研究及其认知解释》，暨南大学博士学位论文，2006 年。

朱圣洁：《〈医心方〉所引〈小品方〉词汇研究》，南京师范大学硕士学位论文，2018 年。

宗守云：《集合量词的认知研究》，上海师范大学博士学位论文，2008 年。